KB027925

누가
역사를
왜곡하는가

일러두기

· 인명과 지명은 국립국어원 외래어 표기법을 기준으로 표기했습니다.

· 본 도서는 일본에서 발간된 저자의 도서 《韓国 反日感情の正体》(2013, 角川), 《どうしても '日本離れ'できない韓国》(2015, 文春新書), 《韓国はどこへ?》(2016, 海竜社), 《反日 vs. 反韓》(2020, 角川新書)에서 내용을 골라 모은 평론집입니다.

누가
역사를
왜곡하는가

반일과 혐한의 기원

구로다 가쓰히로

黒田勝弘

7분의언덕

한국의 '선진국화'를 위한 남은 과제

　이 책은 필자가 일본에서 출간한 한일관계 저서 4권 가운데 특히 한국인에게 소개하고 싶은 내용을 간추려 모은 평론집이다. 오늘의 한일관계는 최악이라 할 정도로 악화되고 있다. 그 배경을 일본 측에서 살펴보면, 소위 위안부문제와 징용공문제 등이 상징하는 양국 간 역사를 놓고, 한국 측에서 끈질기게 반복하는 반일(反日) 현상에 대한 일본 여론의 반발이 존재한다.

　정치적으로는 아베 신조(安倍晋三) 정권하에서 심화된 일본의 보수화 경향과 좌경적 문재인 정권의 등장도 거기에 영향을 끼쳤다. 우경화한 일본과 좌경화한 한국의 관계가 나빠지는 건 어쩌면 당연한 일 아니겠는가.

　이 책에서는 현 상황을 다각도로 분석하면서 양국 관계의 미래를 한번 모색해보고자 했다. 마침 한일 양국에 새로운 지도자가 등장한 만큼, 이 책이 양국 관계의 바람직한 앞날을 생각하는 데 도움이 되기를 기대한다. 그러나 이는 어디까지나 일본인 시각으로 본 것인 만큼, 한국 독자들에게는 상당히 자극적일지도 모른다. 사람이란 다른 사람의 눈을 통해 자신의 진짜 모습을 보게 되는 경우도 흔한 법이지만, 일방적인 이해로는 상호 이해가 불가능하고 어디까지나 상호 비판이 있어야 비로소 상호 이해가 생겨남을 지적하고 싶다. 부디 꾹 참고 읽어주셨으면 한다.

　작년부터 한국에서는 대통령의 광복절 연설을 비롯하여 "한국은 선진국이 되었다."라는 담론이 한창이다. 경제지표를 보면 틀린 말이 아니다. 한국에 40년 넘게 살고 있는 필자도 그것을 실감한다. 그러나 선진국이란 개념은 경제지표만으로는 충분하지 않다. 그것은 현대 중국의 현실을 보면 알 수 있을 것이다. 필자는 한국이 진정 선진국이 되기 위해서는 대일(對日) 감정을 정리할 필요가 있다고 생각한다. 그러한 뜻에서 이 책의 부제를 '한국의 선진국화를 위한 남은 과제'로 해야 할지도 모르겠다.

　한일관계에서는 예로부터 '반일 감정'이라는 말이 자주 통용되었다. 한국 측에는 과거 일본에 지배당한 역사로 말미암은 피해의식이나 나쁜 감정 또는 비난 감정 등 부정적인 감정이 있다. 그것이 일본과의 관계에서 수시로 표면화되고, 나아가 반일 감정으로 승화(昇華)되어 두 나라 관계를 대립시키거나 긴장시켜왔다. 따라서 한국에 반일 감정이 존재한다는 것은 한일 쌍방이 매우 잘 알고 있는 사실이다.

반일 감정은 일본과의 관계뿐만 아니라, 한국 내의 정치, 사회를 비롯한 여러 분야에도 영향을 끼쳐왔다. '친일'이라든가 '친일파'라는 표현이 아직도 '매국(賣國)'이나 '민족 반역자'를 뜻하는 용어로 쓰인다는 사실로 그 영향을 분명히 알 수 있다. 이전부터 '반일 감정'이란 용어는 한국에서 대립하는 국내 세력을 비난하는 효과적인 표현으로 활용되었고, 지금도 여전히 그렇게 활용된다.

여기에 비하면, 일본 측의 '반한(反韓)' 내지 '혐한(嫌韓)' 표현은 비교적 새로 등장한 용어다. 이제까지 일본에서는 과거의 지배-피지배라는 역사적인 채무(빚) 때문인지 한국의 반일 감정을 나름대로 이해하고 감수해왔으며 또한 인내하며 바라보는 측면도 있었다. 그러나 최근 들어 한국의 반일 현상이 차마 바라보고만 있기에는 너무 난처한 지경에 이르자, 일본인들이 그냥 참고 넘기기에는 벅찬 상황이 되고 말았다. 그러한 일본 여론에 의해 생성된 일본인들의 감정이 반한 혹은 혐한 현상으로 나타나게 되었다.

이전의 일본에서는 반한이나 혐한 감정이 한국에 대한 차별이나 편견으로 비칠 수 있어 공식적으로 드러내기에는 망설여지는 측면이 없지 않았다. 일부는 아직도 '헤이트 스피치(hate speech 혐오 발언)'라면서 거부감을 보인다. 그러나 이제 반한 혹은 혐한이라는 말은 한국에서 일상적으로 전해지는 반일에 대한 반작용으로 점차 시민권을 얻기에 이르렀다. 과거의 한일관계에서는 한국의 반일 감정만이 화제가 되었으나, 지금의 새로운 한일관계에서는 일본의 반한(혐한) 감정도 무시하지 못할 대상으로 주목하게 되었다.

근자에 들어 최악으로 치닫는 한일관계는 과거에는 찾아볼 수 없었던 새로운 구도이다. '제재'나 '보복'이라는 단어의 등장 역시 새로운 구도로 보니 가능해졌다. 그래서 이 책에서는 새로운 사고의 시도로서 일본인의 대한(對韓) 피해의식에 관한 역사를 되돌아봄과 동시에, '역사 매달리기의 한국'과 '역사 벗어나기의 일본'이라는 관점에서 두 나라의 앞날을 예측해보았다.

또한 오래전부터 필자가 의문을 가졌던 '한국에서는 왜 천황을 일왕이라고 부르는가?'라는 주제에 관해 나루히토(德仁) 천황의 레이와(令和) 시대가 열린 것을 계기로 새삼 논해보고자 한다. 이는 특히 한국 미디어(여론)의 문제로, 한일관계를 개선하기 위해서는 반드시 해결해야 할 상징적인 테마라고 필자는 생각한다. 한국과 일본은 숙명적으로 서로 어디로도 도망갈 수 없는 관계이나, 요즈음 들어서는 위태로운 관계로까지 나아간 듯하다. 이 위태로움을 어떻게든 넘어서야 한다는 게 필자의 신념이다.

신형 코로나 바이러스로 인한 사태에서는 감염 예방을 위해 사람과 사람 사이의 '거리 두기'가 강조된다. 마찬가지로 한일관계 또한 그 같은 일종의 거리감이 필요할지도 모른다. 한국과 일본은 지리, 역사, 문화 측면에서 서로 대단히 가까운 사이다. 또한 어디로도 달아날 수 없는 관계인지라 잘만 하면 '친숙하게'란 의미의 '밀(密)'이 되기도 쉽다. 지배-피지배를 포함한 두 나라의 역사가 그걸 잘 말해주고 있다. 이를 통해 얻을 수 있는 역사적 교훈은 한마디로 '과잉 간여는 금물(禁物)'이라 할 수 있다.

원래 국제관계에서 이웃 나라끼리는 왕래나 교류, 접촉이 많은 탓에 상대 모습이 눈에 잘 들어온다. 그 바람에 어딘지 모르게 신경을 쓰는 일이나, 마찰이나 대립도 자주 일어나게 된다. 이는 한국과 일본에만 해당하는 일이라고는 할 수 없고, 세계지도를 펼쳐놓고 보면 어디서나 발견되는 일이다. 대립이나 긴장에서 초래되는 감정의 경사(傾斜)를 피하려면 때로는 달관(達觀)의 자세도 필요하리라.

이웃에 대한 감정 과다나 흥분은 자칫 과잉 간여를 초래하고 만다. 그로 인해 사고나 판단의 폭이 좁아지고, 대응을 그르치는 일도 생긴다. 그렇게 되지 않으려면 좀 진부하긴 하나 역시 상대를 냉정하게 관찰해야 할 필요성이 제기된다.

필자가 한국에서 기자 생활을 한 지 약 40년이 되었다. 지금까지 일본에서 40여 권의 한국 및 한반도 관련 저서를 출간했고, 한국에서도 《한국인 당신은 누구인가》(1983)를 비롯하여 10여 권의 번역서를 펴냈다. 그중에는 한국인의 사고방식이나 음식문화를 포함한 한국인론(論)과 한국문화론(論)이 많았다. 그렇지만 이번에 내는 이 책은 최근의 한일관계 변화를 둘러싼 골치 아픈 테마를 중심으로 이루어졌다. 이 책을 읽는 것을 한일관계의 더 나은 미래를 위한 두뇌 체조의 하나로 삼아주길 기대한다.

이 책의 출간은 경제사 연구 분야의 석학인 이대근(李大根) 성균관대학교 명예교수의 강권(强勸)으로 가능하게 되었다. 이대근 교수는 일본 교토(京都)대학 유학 경험이 있어 교토대학 출신인 필자와는 동문(同門) 관계라 할 수 있다. 필자가 이대근 교수의 저서 《귀속재산 연구(歸屬財産 研究)》(이숲, 2015)를 일본에서 번역 출간한 것을 계기로 지우(知遇)를 만난 셈이다. 깊은 감사의 뜻을 전한다.

2022년 봄 서울에서

구로다 가쓰히로(黑田勝弘)

※ 본문 중 등장인물에 대한 경칭은 경우에 따라 생략함.

반일과 더불어 '코리아 워칭' 40년

반일 현상의 초기 모습

필자가 한국을 처음 찾은 것이 1971년이므로 한국과 인연을 맺은 지어언 50년이 넘었다. 그중 한국에서 직접 생활한 기간은 대략 40년이다. 그러다 보니 사람들로부터 "어떻게 그렇게 한국에 오래 살았는가?"라든가 "무엇이 그렇게 재미있었는가?"라는 질문을 종종 받는다.

필자는 한국에서 독신 생활을 하고 있어 일본에 가끔 다녀온다. 코리아 워처(korea watcher, 한국 관찰자)로서 이게 꼭 필요하다. 대상과의 사이에 이따금 시간과 공간을 둠으로써 대상이 새롭고 신선하게 느껴져서 워칭(watching, 관찰)하는 데 의욕이 솟구치게 되기 때문이다. 상대가 '닮았지만 닮지 않은' 또는 '다른 듯하면서도 닮은' 한국(인)이라서 특히 그렇다. 이것이 일본인이 한국에 대해 흥미를 느끼는 결정적 포인트다.

일본인으로서 '다름(異)'과 '같음(同)'이 병존하는 '이동감(異同感)'을 느끼는 일은 한국 이외의 다른 나라에서는 결코 찾아보기 어렵다. 이러한 이동감은 한국과 일본의 지리적, 역사적 때로는 인종적인 깊은 인연에서 유래한다. 한국과 일본의 인연은 일본이 한국에 커다란 영향을 끼친 근대는 물론, 멀게는 한국이 일본에 큰 영향을 미친 고대로까지 소급한다. 일본의 경우 그러한 외국은 오직 한국뿐이다. 비유컨대 필자에게 한국은 오징어와 같다. 씹으면 씹을수록 그 맛이 우러난다. 필자가 한국에 오래 살게 된 이유가 바로 여기에 있다. 또 이런 이동감을 즐기기 위해서는 끊임없이 자신(일본)을 스스로 의식할 필요가 있다.

필자는 일본에서 한 해 한 번쯤 건강검진을 받는다. 예전에는 한국에서 오래 살고 있다는 필자 이야기를 들은 의사나 간호사들이 한국에서 사는 게 힘드시겠네요! 하고 말했다. 그러나 최근에는 한국이라니, 좋으시겠네요! 하며 태도가 완전히 바뀌었다.

일본이 느끼는 한국의 이미지가 이렇게 변한 것은 가히 혁명적이다. 음식이나 엔터테인먼트 등 이른바 한류(韓流) 문화가 '좋으시겠네요'를 불러온 것이리라. 필자가 혁명적이라고 하는 의미는 일본의 보통 사람이 볼 때 어딘가 미심쩍고 부정적이며 경원(敬遠)하는 대상이었던 한국의 이미지가 어느새 매우 믿음직하고 긍정적으로 변화한 것을 말한다.

여기서 사람들을 대중과 지식인의 두 그룹으로 나누어 생각해보자.

대중이란 감정에 충실하면서도 정직하고 평범한 뭇 사람들이다. 그리고 지식인은 현상을 있는 그대로 이야기하기보다 이래야 한다든가 이렇게 되지 않으면 안 된다는 식으로, 소위 당연론(當然論)을 내세우거나 글로 써서 발표하는 사람들이다.

한국과 일본의 대중과 지식인은 상대국에 대해 각각 대조적인 견해를 지닌다. 즉 일본에서는 이제까지 지식인은 친한(親韓)이었으나 대중은 반한(反韓)이었다고 해도 틀린 말이 아니다. 따라서 일본에서는 줄곧 지식인(=미디어)이 대중에게 한국에 편견이나 차별의식을 가지면 안 되며 한국을 제대로 이해해야 한다고 말해왔다. 반대로 한국에서는 지식인이 반일이고, 대중은 친일이었다. 따라서 지식인(미디어 포함)이 대중을 향해 과거를 잊어서는 안 되며 일본을 경계해야 한다는 설교를 되풀이해왔다. 만약 한국의 대중이 정말로 반일이라면 지식인이 새삼스레 그렇게 반일을 되풀이할 필요가 없지 않았을까 하고 생각한다. 한국의 반일에는 그러한 측면이 있었다. 실제로는 한국의 반일보다는 일본의 반한이 더 넓은 저변을 형성하고 있기에 일본 측의 변화가 더욱 어려울 것으로 생각해왔다. 그런데 앞서 말했듯이 일본 사람들의 태도가 변했으니 이건 가히 혁명적이라고 말하지 않을 수 없다.

반면 한국 측은 어떤가? 한국에 오래 체재하거나 거주하는 일본인들이 입을 모아 말하기를, 한국에서 만약 텔레비전이나 신문(최근에는 인터넷 포함)만 보지 않는다면 이토록 살기 좋은 나라가 세상에 또 있겠느냐고 한다. 이게 무슨 뜻인가 하면, 한국사회에서는 일상적으로 반일을 느끼는 일이 거의 없다는 얘기다. 언론에 넘쳐흐르는 불유쾌한 반일만 모르고 지내면, 일상에서는 반일이 전혀 없는 것이나 다름없기 때문이다.

　그래도 1970년대에서 80년대 초반까지는 길거리에서 일본어로 대화를 나누면 지나가던 한국인이 험상궂은 눈초리로 쏘아보거나, 식당에서는 칸막이 너머에서 젓가락이 날아온 일도 있었다. 또한 술 취한 사람이 여기는 한국이니까 한국말로 이야기하라며 생트집을 잡는 일도 적지 않았다. 필자는 습관 탓인지 지하철이나 버스에서 동행하는 일본인과 일본어로 이야기할 때는 목소리가 저절로 작아진다. 왠지 모르게 한국인이 헷갈리도록 만들자는 심리가 발동하는 것이다. 그리고 서울 지하철에서 커다란 쇼핑백을 손에 들고 일본어로 시끄럽게 떠드는 일본 여성 관광객을 보면 나도 모르게 얼굴이 찌푸려진다.

　이제 길거리에서의 반일은 없어졌다. 없는 정도가 아니라 젊은이들의 거리에서는 오히려 일본어로 쓴 간판을 멋지게 생각하며 눈에 잘 띄는 곳에 당당히 내건다. 일본어로 대화를 나누어도 누구 하나 거들떠보지도 않는다. 한국의 일상생활에서 일본 거부 현상 따위는 찾아볼 수 없게 되었다고 해도 무방하다.

반일을 부추기는 한국 지식인

그렇다면 언론, 지식인 그리고 정치와 외교에서 집요하고도 극단적으로 나타나는 반일 현상은 무엇인가? 실제로 반일은 존재하지 않는가? 이런 의문이 생길지도 모른다. 이를 제대로 설명하려면, 일본과 달리 한국에서는 앞서 소개한 '대중과 지식인 간의 일본관(觀)' 도식이 아직 변화하지 않았다는 점에 주목해야 한다. 대중은 원래 반일이 아니었으므로 변화는 미디어를 포함한 지식인에게서 일어나야 하는데, 아직 그런 조짐이 드러나지 않고 있다. 일본은 변화하는데 한국은 변화하지 않는다니 그게 무슨 소리일까?

한국사회(=대중)가 일본에 대한 반감을 거부하면서 마땅히 있어야 할 반일 현상을 약화시키는 사실에 대해 한국의 지식인이나 언론은 안달하며, 자기들의 오기만으로 반일을 지키려는 듯이 보인다. 그리고 이런 언론이나 지식인에게 약한 정치나 외교는 바로 그들의 영향을 받아 반일에 올인하게 된다고 필자는 생각한다.

한국인의 경우, 대중과 지식인(또는 지식인·미디어)은 일본을 보는 관점에서 괴리(乖離) 현상이 두드러진다. 1970년대부터 한국 워칭을 해 온 결과로 보면 최근 들어 해마다 이런 괴리현상이 더욱 심해지고 있다. 한국 거주 일본인들이 텔레비전이나 신문만 보지 않고 살 수 있으면 한국보다 살기 좋은 나라가 또 어디 있겠냐고 말하는 배경이 바로 여기에 있다.

그러나 역시 의문은 남는다. 한국 대중의 일본관, 즉 친일적인 대일관 또는 반일 감정이 거의 사라진 대일관이 언론이나 지식인, 나아가 정치외교 영역에는 왜 영향력을 행사하지 못하는가? 여기에는 대중과 지식인 양쪽에 다 원인이 있겠지만, 한국사회나 한국인 자체에 더 큰 원인이 있다고 생각한다. 한국사회가 전통적으로 지식인 사회라는 사실, 즉 조선시대 이래 전통적으로 한국사회를 지배한 집단이 지식 엘리트 계층이라는 데서 그 원인을 찾을 수 있다. 조선시대에는 과거에 합격한 책벌레이자 서재형 지식 엘리트인 사대부(士大夫)가 사회 지배층이었다. 지배 엘리트인 '사(士)'는 문인(文人, 지식인)이지, 일본처럼 무인(武人, 무사계급)이 아니었다.

지식인에게는 예로부터 사회의 엘리트(지도층)로서 민중을 깨우치고 이끄는 계몽적 역할이 부여되어 있었다. 그들의 주장은 언제나 일종의 당위론(當爲論)이므로, 실제로 있었던 모습이나 현재 모습보다 원리, 원칙, 이상, 이념에 기초한 있어야 하는 모습을 더욱 중요시한다. 이를 통해 한국 미디어가 왜 그렇게 반일에 매달리는지를 비로소 이해할 수 있다.

한국에서는 매스컴을 언론계라고 하고 거기에 종사하는 기자를 언론인이라 한다. 매스컴은 단순히 대중에게 정보를 전달하는 보도기관이 아니라, 그 이상으로 모든 일에 대해 서로 논하는 매체다. 여기서 '논(論)'이란 이래야만 한다는 당위성을 찾는 일이다. 아울러 한국 미디어는 객관보다 주관을 더 중시한다고 말할 수 있다. 그것이 미디어의 역할이라고 믿기 때문에 한국의 미디어와 기자는 언제나 논하고 주장한다. 민중을 계도(啓導)하는 일은 계몽적이고 교육적이며 때로는 선동적이 된다. 결국 한국은 미디어(언론)가 앞장서 반일을 교육하고 선동한다고 봐야 한다.

문민시대의 대일 이중성

한국 현대사를 되돌아보면, 반일을 둘러싼 흥미진진한 변화가 엿보인다. 군인 출신 대통령이 이끌던 군사정권 시대와 민주화 시대로 일컬어지는 문민(文民)정권 시대 간에 반일을 둘러싸고 심한 온도차가 있다는 점이다.

군사정권 시대의 반일은 그 힘이 비교적 미약하였고, 문민정권 시대의 반일은 힘이 더 강력했다. 반일이 격화되기 시작한 것은 1990년대 중반 문민정권이 들어서면서부터였다. 이를 시기적으로 보면, 전자는 1961년부터 1993년까지의 박정희, 전두환, 노태우 정권 시기에 해당하고, 후자는 1993년부터 현재까지의 김영삼, 김대중, 노무현, 이명박, 박근혜, 문재인 정권 시기에 해당한다.

군사정권 이전, 곧 일본 지배로부터 해방된 직후의 초대 대통령 이승만(李承晩)은 조선 말기의 전형적인 문민 엘리트 출신이자 항일 독립운동가로 그의 반일 정책은 초기부터 매우 유명했다. 그는 1952년에 독도(일본명: 다케시마 竹島)를 일방적으로 한국 영토에 편입한 '이승만 라인'의 주인공이다.

바로 이 해상 지배 라인에 근거해 일본 어선 233척이 한국 해양경찰에 의해 나포되고, 선원 2,791명이 억류되어 그중 5명이 한국에서 사망했다. 이는 전후 일본인의 대한(對韓) 감정 악화에 결정적인 역할을 했다. 반일 민족주의에 사로잡혀 있던 이승만의 재임 중에 한일 국교정상화를 위한 회담이 수차례 열렸으나 실현되지는 않았다. 한국의 군사정권은 1961년에 박정희의 쿠데타로 출발했다. 그는 1965년 학생운동을 필두로 한 여론의 격렬한 반대(반일) 운동을 계엄령으로 억누르고, 한일 국교정상화를 단행했다. 반일노선보다는 경제건설을 우선하는 실리를 택한 것이었다. 반일이라는 이념보다 경제라는 실리를 택한 것은 전투에서 이기고 지는 것은 전투력 여하에 달렸다는 군인 집단의 현실적 판단에 따른 결과였다.

한편 민주화의 기치를 올린 김영삼의 문민정권 이후 반일은 한층 강화되고 일상화되었다. 김영삼 정권은 민족주의 이념을 앞세운 정치 슬로건, '역사 바로 세우기'를 내세웠다. 한국이 독도를 반일과 애국 민족주의의 상징으로 내걸고, 위안부문제를 한일 간 외교 현안으로 협상 테이블에 올린 것도 바로 이 무렵 1990년대 이후의 일이다.

한국 미디어나 지식인이 일본의 과거 지배사를 집요하게 들먹이고, "잊지 말라, 경계하라!"며 반일 애국심과 민족주의를 강조하는 데에는 그러한 시대적 배경이 깔려 있다. 대중은 미디어나 지식인의 반일 행동에 직접 반대하거나 반론하지 않는다. 속으로는 반일은 이제 그만 했으면 하고 생각하더라도 애국이 곧 반일이라는 이념 앞에서 대놓고 반대하지는 못한다.

한국에서 반일이 그 정도로 약화하고 길거리에 일본풍이 넘쳐나며 일제(日製) 선호가 높아져도, 여론조사로 질문을 받으면 한국인은 압도적으로 일본은 싫다고 대답한다. 한국인은 일본인을 가리켜 '혼네와 다테마에'가 다른 이중인격자라며 생짜 일본어로 빈정대곤 하지만, 어떤 의미에서는 현실보다 이념을 중시하며 논쟁을 즐기는 한국인이 일본인보다 더욱 '다테마에(겉치레) 인간'이라 할 수 있다.

앞서 실리 중시의 군사정권이 이념 중시의 문민정권으로 바뀌면서 반일이 드세졌다고 지적하였으나, 한편으로는 한국 역시 대내외 정책이 실리 위주의 경제 중시가 되었다. 이처럼 경제 중시의 시대가 되었음에도 한국은 어찌하여 그처럼 맹목적으로 반일을 외치는가? 그게 바로 수수께끼가 아닐 수 없다.

경제를 중시하는 사람이란 의미는 돈, 돈, 돈의 일상으로 살아간다는 뜻이리라. 한국의 전통사상으로 보면 이는 천박한 일이기도 하다. 천박하게 보이지만 없어서는 안 되는 게 바로 돈이다. 아무리 훌륭한

말로 포장하더라도 돈은 역시 가지고 싶은 대상이다. 이것이 현실이다 보니 스트레스가 쌓일 수밖에 없다. 이런 울적함을 일시적으로나마 해소해주는 것이 바로 '반일'이라는 애국 이념이다. 실리의 시대니까 반일이란 이념으로 울적함을 떨쳐내는 것이 더욱 필요할지도 모른다. 그것은 일반 대중보다도 이념적 지식인이나 미디어 쪽에 더욱 잘 들어맞는 논리라고 할 수 있다.

'홀로서기'에 성공한 한국

한국에 대해 '좋으시겠네요!'라는 일본인의 반응은 이를테면 한국이 미국 하와이나 다를 바 없게 된다는 의미다. 이래서는 뭔가 곤란한 일, 아니 싫증 날 일이 된다. 필자와 같은 한국 워처에게는 더욱 그렇다. 워처에게는 '힘드시겠네요!'라는 말도 따라와야 한다.

'힘들다'는 말은 자극적이라는 뜻으로 긴장감을 느끼게 해준다. 한국은 일본인 워처에게 한없이 흥미진진하고 재미있는 나라다. 아울러 '힘드시겠네요!'가 있으므로 한국에 질리지 않고 오래오래 살 수 있다. 한쪽에서 일어나는 반일의 약화 추세는 필자에게 어딘가 허전함을 느끼게도 한다. 빈정거림이라 하겠지만, 이제는 일본어로 대놓고 이야기하기가 꺼려지던 그 옛날이 오히려 그리워지기까지 한다.

필자 역시 이전에는 한국이 일본과의 과거사에 계속 얽매여 일본에서 벗어나지 않는 것을 비판하고, 나아가 한국이 일본을 지나치게 의식하지 않고 보통 외국으로 대해주기를 기대한 적이 있었다. '보통 외국론(論)'에는 일본인들 사이에 뿌리 깊이 남아 있던 한국의 부정적인 측면, 예컨대 암울하고, 심각하며, 낙후되고, 성가시다는 등의 네거티브 이미지로 가득 찬 편견과 차별의식을 실정에 맞게 바로잡고 싶다는 소박한 희망도 있었다. 그런 마음에서 필자는 새로운 한국, 새로운 한국인의 이미지로 '아시아의 이탈리아인론'을 펼친 일도 있었다.

필자가 생각하는 이탈리아인의 이미지는 이렇다. 표정이 밝고, 말을 잘하고, 인정이 많으며, 왕성한 식욕에다 요리는 소박하면서도 양이 많고, 가족이나 친척을 소중히 여기고, 국가나 정부는 믿지 않으며, 해외 이민이 많고, 예능이나 스포츠에 뛰어나며, 사내다운 멋이 있는, 다시 말해 기개에 감동하는 협기(俠氣)가 있어서 해외에서는 마피아나 '야쿠자'로도 활약하는(웃음) 등의 느낌이 있다. 어디까지나 필자가 문득 떠올린 가설이지만, 이탈리아인의 이런 측면이 같은 반도 국가인 한국인과 실로 닮았다는 이야기다.

필자는 지금도 한국인은 아시아의 이탈리아인이라는 견해가 그리 틀리지 않다고 믿고 있다. 앞서 밝힌 대로 최근의 한류 붐에 의해 일본인의 한국관은 크게 달라졌다. 더 이상 '아시아의 이탈리아(인)'로 이미지 조작을 하지 않아도, 한국의 존재감 자체가 무척 커졌으므로 일본인이 생각하는 한국의 이미지도 폭넓고 자유로워졌다.

한국인에게는 외람된 말일지 모르나, 일본에서 볼 때 한국이 보통 나라가 된 것은 필자에게 그다지 재미있는 일이 아니다. 오히려 한국이 반일의 느낌을 변함없이 유지하면서 일본에게는 예사롭지 않은 특별한 나라로 자리매김하여 필자가 일본인으로부터 '힘드시겠네요!'라는 말을 자주 듣는 것도 그다지 기분 나쁘지 않다고 생각하기 때문이다.

한국 같은 나라가 옆에 있으면 일본에는 긴장의 바탕이 되어 오히려 좋지 않을까? 한국인은 지금도 반일을 '원기(元氣)의 바탕(素)'으로 삼아 일본에 대해 투지를 불태우고 있으니 말이다. 한국은 일본을 의식하면서 발전했고 이렇게 덩치가 커졌다. 일본에 대한 인식에는 부정적인 면도 있고 긍정적인 면도 있다. 일본 또한 원기를 내기 위해 이따금 한국에서 배우고, 그런 가운데서 한국을 이용하거나 활용하면 더욱 좋지 않겠는가. 원기가 넘치는 한국에 대해 더 이상의 특별 배려는 필요치 않다. 한국에 대해 일본이 오로지 수동적이기만 해서야 되겠는가. 국제적으로 이렇게 성숙해진 한국에게 그것은 실례(?)일지도 모른다.

일본에서는 한류 붐이 일어나는 한편으로 혐한 무드도 동시에 일어나고 있다. 이전엔 보지 못한 반한 데모까지 일어나는 실정이다. 이 모두가 한국의 존재감이 커졌기 때문에 생기는 일이다. 일본의 반한과 혐한은 한국에겐 일종의 유명세(有名稅)와 같은 것인데, 그 정도의 값도 치르지 않겠다면 한국은 너무 인색하다는 소리를 듣지 않겠는가. 동시에 지금 일본에서 일어나는 반한이나 혐한은 그동안 한국에서 엄청나게 일어난 반일에 대한 응분의 대가(代價)라고 해야 한다.

차례

─── 제1부 ───
한국인의 반일 정서와
식민지 트라우마

1 누구도 역사를 되돌릴 수는 없다

└── '역사 매달리기'와 '역사 벗어나기'

'역사의 올가미'에 걸려든 일본! | 대통령이 역사적 사실을 무시하다니! | 항일 정신의 고취와 반복 | 경축 100주년에 선전포고라니? | 일본에 대한 자존심 외교의 위험성 반일 선동은 관제 민족주의 | 역사 카드를 무력화해야

2 불가사의한 한국인의 역사관

└── '있었던 역사'가 '있어야 했던 역사'로 둔갑

쇠말뚝 모략설의 허구 | 반일에는 검증이 필요 없다! | 야스쿠니신사 참배에 대한 커다란 오해 | 가미카제 특공대원의 위령비, 허용할 수 없다! | 독일까지 원정하여 역사를 뒤집다! | 이제 와서 왜 한일병합 무효 선언인가?

3 한국 반일 정서의 유래

└── 식민지 해방이 반일의 기점

세계 제일의 반일국이자 친일국인 나라! | 밝은 북조선 vs 어두운 한국 | 첫 한국 여행으로 되돌아가면 | 일본 대중문화, 왜 수입 금지했나? | 8·15해방, 그 후 곧이어 반일로! | 경제발전을 위해 반일은 잠정 휴지 | 반일이 극으로, 다시 승일로! | 풀리지 않는 역사적 한의 근원

제1부

한국인의 반일 정서와
식민지 트라우마

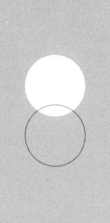

1

누구도 역사를
되돌릴 수는 없다

— '역사 매달리기'와 '역사 벗어나기'

'역사의 올가미'에 걸려든 일본!

한일관계가 최악으로 치달았던 2019년에 불길한 예감이 들었다. 이러한 사태는 한국 매스컴의 캠페인으로 그전해부터 시작되었지만, 역사가 현실의 한일관계에 이렇게까지 영향을 크게 미치리라고는 미처 예상치 못했다. 일본의 코리아 워처들은 예로부터 비유적인 말투로 '역사에 매달리는 한국'이라는 표현을 쓰곤 했지만, 2019년에 한일관계가 최악으로 치닫게 된 데는 한국의 역사 매달리기가 무척 큰 역할을 한 듯하다.

2019년은 3·1운동 100주년이 되는 해다. 정부와 민간이 나서서 역사를 되풀이하는 나라에서는 100년이라는 숫자가 사람들의 감정을 유별나게 자극한다. 더구나 3·1운동은 일본 지배에 항거하여 과감하게 싸웠다는 점에서 민족적으로도 매우 영웅적인 사건으로 역사에 새겨져 전해지고 있다. 바로 그 100주년을 기념하는 해가 되자 여론에서 일본에 대한 부정적인 정서가 고조됨은 당연했다. 반일이라는 '역사의 마그마'가 분출하기 무척 쉬운 환경이 된 것이다. 그런 위태로운 해에 일본은 근년 들어 대한(對韓) 감정이 악화한 국내 여론을 배경으로, 사상 처음 한국에게 '제재'라는 외교 카드를 내밀었다. 일본 측에서는 징용공(徵用工) 보상문제라는 당면 외교문제의 해결을 겨냥한 외교적 압력 카드였겠지만, 결국 일본은 한국 측이 놓아둔 역사의 올가미에 걸려들고 말았다.

이 시기에 한국 측에도 반일 카드를 필요로 하는 국내사정이 있었다. 역사를 효과적으로 이용함으로써 일본의 압력을 피하고, 나아가 애국 캠페인을 조장하면서 민심을 정권 지지 쪽으로 몰아가려 한 것이다. 한국은 3·1운동 100주년을 맞아 그것을 절호의 반일 역사 카드로 활용한 셈이다. 최악의 한일관계라는 현상은 일본이 이제 더 이상 한국을 배려하지 않게 되었다는 의미기도 하다. 그리하여 일본의 제재조치는 '역사에서 벗어나려는 일본'과 '역사에 매달리는 한국' 사이에서 벌어진 반한과 반일의 세(勢) 다툼으로 번지면서 지금까지 볼 수 없었던 격돌의 '막가파식 외교'(?)를 불러오게 되었다.

언제나 역사에 매달리는 한국에 대해, 일본은 이제 그만하라는 식의 역사 벗어나기 입장에서 한국에 대한 제재 외교에 섣불리 나선 셈이지만, 결과적으로 한일관계가 그간의 모습과는 완전히 달라지고 말았다. 일본이 보기에, 지금까지 한국은 속죄의식을 바탕으로 한 양보와 배려의 대상이었다. 한일관계가 대립이나 갈등으로 악화할 때마다 한국은 일본에 대해 불만과 분노를 쏟아부었고, 이에 대해 일본은 그저 한국 달래기에만 골몰한 채 의견을 주장하거나 제재를 한다는 발상은 전혀 하지 못했다. 그런데 이번에는 입장이 파격적으로 달라졌다.

과거와 달리 이번의 한일관계 악화는 일본이 화를 내면서 빚어졌다고 할 만하다. 그것이 마침내 제재로 이어진 것이다. 이는 한국에 대한 일본의 배려가 없어졌다는 의미이자, 일본이 한국을 대등한 관계로 인정한 결과이기도 하다. 크고 강해진 한국은 더 이상 과거의 한국이 아니다. 그런 한국에게 언제까지나 양보하고 배려할 수는 없는 법이다. 역사에서 벗어나려는 일본에서는 당연히 한국을 보는 관점에 변화가 일어났다.

필자는 지금 한국의 반일 감정보다 일본의 한국 비판이나 비난 감정이 더 강하다고 느끼고 있다. 한국의 반일은 여태까지 해온 형태의 연장이라 하겠지만, 일본의 반한(혐한)은 최근에 급속히 퍼지고 있다는 점에서 더욱 살벌하다고 할 수 있다. 한국에는 과거 일본통치의 결과 또는 일본의 영향력 때문에 오래전부터 일본은 선진국이라는 이미지가 있었고, 다른 한편 긍정적인 친근감도 잠재하고 있었다. 이에 반해 일본에서는 한국에 대해 그런 이미지나 감정을 찾아볼 수 없었다.

한일관계의 새로운 구도는 주로 일본 측의 변화로 만들어진 셈이지만, 과거에 없던 새로운 상황인 만큼 좀처럼 그 타개책을 찾지 못하고 있다는 데 문제가 있다. 불만을 가진 한국을 일본이 달랜다는 종전의 도식에서는 서로 경험을 쌓으면서 관계를 개선할 틈새를 나름대로 찾을 수 있었다. 그러나 일본의 분노와 불만이 증폭된 새 구도에서는 그런 노하우를 찾을 길이 없다.

역사에 매달리는 한국은 말하자면 '역사 절대주의' 입장이므로 역사에서 벗어나려는 일본에 대한 이해가 부족하고, 이해하려고도 하지 않는다. 그 결과 한국의 대일(對日) 외교는 오로지 익숙하고도 속 편한 역사 카드에 매달려 반일 구호만 되풀이하고 있다. 한편 일본의 대한(對韓) 외교는 한국의 반일 감정과 일본의 혐한 감정 양쪽을 동시에 달래야 하는, 전례 없이 어려운 과제에 직면한 셈이다. 여기서는 우선 일본이 최초로 한국에 외교 카드로 사용한 제재조치가 과연 어떤 결과를 초래했는지 살펴보면서, 중간결산의 시각에서 그 이해득실을 한번 따져보기로 한다.

대통령이 역사적 사실을 무시하다니!

서두에서 언급한 것처럼, 한일 격돌의 배경이 된 3·1운동 100주년에 대해 먼저 검토해보자. 한국에서 역사란 어디까지나 살아 있는 것으로 현실에 계속 영향을 끼친다. 외교든 비즈니스든 또는 연애든 싸움이든, 상대를 알지 못하면 제대로 대응할 수가 없다. 또한 앞을 전망하려면 현재 상황을 확실하게 파악해야만 한다.

그럼 100년 전의 3·1운동이 현재의 한일관계에 미친 최악의 영향이 무엇인가를 살펴보자. 1919년은 일본 지배가 시작된 초기에 해당하고, 그해 3월 1일을 기해 일본의 식민 지배에 항거하는 독립운동이 전국으로 퍼져나갔다. 한국 국사편찬위원회가 2019년 2월에 발표한 연구에 따르면, 3·1운동 당시 2개월에 걸쳐 전국(해외 포함)에서 약 1,700건의 집회와 데모가 있었고, 일본 관헌의 탄압으로 인한 사망자가 최대 934명, 최소 725명으로 추정되었다.

희생자 숫자에 관해서는 흥미로운 점이 있다. 한국에서는 지금까지 역사 교과서 등 공식 역사관에서 독립운동가 박은식(朴殷植)의 저서《조선독립운동지혈사(朝鮮獨立運動之血史)》에 근거해 사망자 숫자를 7,509명으로 보는 것이 정설로 되어 왔다. 그런데 그 숫자가 이번에 정부 차원 연구에서 크게 줄었다. 지금까지 정설로 믿어온 피해 규모가 무려 10배 가까이 부풀려진 것이었다. 당시 조선총독부 자료에는 사망자가 553명으로 되어 있다고 하니 오히려 일본 측 숫자가 사실에 더 근접했다고나 할까! 국사편찬위원회의 발표는 역사적 사실에 근접하려는 한국 측의 노력이 엿보이는 사례라고 할 수 있다.

사망자 숫자는 여하튼 간에, 한국에서는 3·1운동을 찬란한 민족사의 큰 사건으로 보아 국가 기념일로 지정하고, 해마다 정부 차원에서 대대적인 기념행사를 개최해왔다. 일본의 패전과 철수로 일본 지배에서 해방된 1945년의 8·15해방은 교과서에 불과 한두 줄로 기술되어 있지만, 일본과 싸운 3·1운동은 그보다 훨씬 자세하게 기술되어 있다. 한국에서는 일본통치 35년의 역사를 일본에 지배당한 비참한 시대가 아니라, 일본과 싸워서 이긴 빛나는 시대로 가르치고 있다.

일본통치 시대는 근년 들어 일본에 강제로 점령된 시대라는 뜻에서 '일제(日帝) 강점기'('일제'는 '일본제국주의'의 준말로, 일본의 식민지 지배의 주체가 될 수 없다. 조선 통치의 주체는 어디까지나 '일본'이므로 이 시기의 표현은 '일정(日政) 시대'라 해야 한다.)로 불리고, 오로지 항일 독립전쟁의 시대로 서술되어 있다. 그 결과 최근에는 1945년의 해방도 한국이 스스로 싸워서 자력으로 달성한 것(광복)이란 견해까지 확산하고 있다.

지금까지 한국의 역사 교과서는 8·15해방에 대해 이렇게 기술했다. "연합국의 대일(對日) 승전에 의해 초래되었지만, 당시 우리의 끈질긴 독립투쟁의 결과이기도 하다." 그동안은 고육책으로 양론을 병기하며 8·15해방을 다루었으나 최근에는 점차 자력에 의한 '광복론' 쪽으로 기울어지는 형국이다.

그 대표적인 경우가 문재인 대통령이다. 2018년 8월 15일에 광복절 기념 연설에서 문재인 대통령은 급기야 "광복은 결코 밖에서 주어진 것이 아닙니다. 모든 국민이 평등하게 힘을 모아 이룬 광복이었습니다."라고 단정하기에 이르렀다. 전년도 연설에서는 "광복은 주어진 것이 아닙니다."라고 했던 것을, '밖에서'를 추가하여 자력 해방론을 강조한 것이다. 덧붙이면 문재인은 3·1운동 100주년 기념 연설에서 앞서 소개한 희생자 숫자를 변함없이 '약 7,500명'이라고 하여 일본의 빈축을 샀다.

대통령이 자국의 새로운 연구 결과를 완전히 무시하는 셈이다. 더불어 일본 규탄을 위해서는 희생자 숫자가 많을수록 좋다는 생각으로 숫자를 일부러 부풀리는 것도, 나아가 8·15해방을 '자력에 의한 해방'으로 규정하는 것도 한국인의 특이한 역사관, 즉 '있어야 했던 역사'로서 역사 당위론(當爲論)의 대표 사례다.

항일 정신의 고취와 반복

한국에는 '역사 바로 세우기'라는 말이 있다. 김영삼 정권에서는 이를 국책으로 추진했다. 여기서 '올바르게 바로 세워진 역사'가 '올바른 역사'인 셈인데, 표현을 달리하면 실제로 있었던 역사적 사실보다 그렇게 되었어야 했다는 것을 더욱 중시하는 사관이라 할 수 있다.

역사란 과거에 있었던 일이므로 원래 올바른 일도 그른 일도 아니다. 그저 있는 그대로 받아들여야 하는 것이다. 그러나 한국인의 역사관으로는 그렇지도 않은 모양이다. 마음에 들지 않는 역사에 대해서는 본래 이래야 했다는 식의 역사, 소위 한국식의 '올바른 역사'로 그 내용을 바꾸거나 되도록 거기에 근접하게 하려고 시도한다. 다시 말해 한국인의 역사관은 '원님 지나간 다음 나팔 불기'인 셈이다. 일반적 관점에서 볼 때 왜곡이나 과장이 넘쳐흐른다. 예컨대 8·15해방은 한국의 독립운동과는 아무 관련도 없이 연합국의 대일(對日) 승리로 이루어졌다는 것이 엄연한 역사적 사실이다. 그러나 이것이 수용하기 싫은 역사이므로 '있어야 했던 역사'인 '자력에 의한 광복'으로 하고 싶을 뿐이다. 그것이 대통령 연설로 표출되고, 누구에게나 기분 좋은 이야기라서 아무도 여기에 시비를 걸지 않는다.

한국에서 일본 지배하의 역사는 항일 독립전쟁의 역사다. 그중에서도 일본과 과감하게 싸운 3·1운동이야말로 민족으로서 가장 자랑스러운 역사다. 그것이 최근에는 광복을 안겨 주었기에 영원히 전해져야 할 빛나는 역사로 뒤바뀌었다. 또한 그것이 100주년이라는 타이밍을 맞자 역사의 총체적 복습이 이루어져 당시 싸우던 모습이 새삼스레 소개되었다. 특히 3·1운동은 항일 테러나 항일 무력투쟁과 같이 외지(外地)에서 일부 사람이 벌인 운동이 아니라, 국내 각지에서 많은 사람이 가담하여 장기간에 걸쳐 일어난 운동이기 때문에 온 민족이 하나가 되어 전개한 독립운동이라는 이미지로 칭송받아 왔다.

3·1운동 100년을 맞기 한 해 전부터 신문과 방송을 비롯한 매스컴은 3·1운동 장면을 재현하며 민족의 저력이라고 캠페인을 벌였다.

2019년 한 해 동안 텔레비전에서는 3·1운동이나 항일 테러를 비롯한 항일 투쟁 장면이 기록뿐만 아니라, 드라마와 영화 같은 창작물로도 만들어져 영웅전의 모습으로 매일 방영되었다. 종결 멘트는 언제나 "우리는 그대들의 혼(魂)을 절대 잊지 않겠습니다."였다. 신문에 게재된 재벌급 대기업의 수많은 광고에는 "100년을 이어준 영웅들의 이름을 영원히 기억하겠습니다."라고 쓰여 있었다.

　역사에 매달리는 한국에서 2019년은 결국 우리는 일본과 잘 싸워서 이겼다는 기분 좋고 의기양양한 분위기가 넘치는 한 해였다. 그런 분위기에 갑자기 뛰어든 것이 한국에 대한 무역관리 강화라는 일본의 제재조치였다. 이에 한국은 일본에게 선전포고라도 받은 듯 즉각 과잉 반응을 보였다. 계절은 마침 여름, 해마다 한국의 여름에는 8월 15일을 전후하여 과거 일본의 만행을 규탄하고 해방을 위한 투쟁을 되풀이하는 역사의 되새김이 행해지고, 반일 애국 무드가 되살아나기 마련이다. 3·1운동 100주년에다가 광복의 여름이 더해지면서 역사의 마그마가 기다렸다는 듯이 분수처럼 뿜어져 나왔다.

경축 100주년에 선전포고라니?

한국에 대한 일본의 제재는 '반도체 소재의 수출관리 강화'와 전략물자 수출에 관한 우대조치인 '화이트리스트에서 한국 제외'란 두 가지였다. 일본정부는 공식적으로 제재조치는 전략물자와 관련된 수출품에 대한 한국의 관리체제 개선을 촉구하는 경제 조치이며, 결코 경제 제재가 아니라고 설명했다. 그러나 형식은 그렇더라도 실질적으로는 외교 현안인 징용공 보상문제의 해결을 한국 측에 촉구하기 위한 압력 수단임이 분명했다. 필자는 한국에서의 인터뷰나 토론회에서 일관되게 그렇게 주장해왔다.

징용공 보상문제의 한국 대법원 판결과 관련하여 일본정부는 한일관계의 기본인 1965년 국교정상화 당시에 맺은 조약으로 해결이 끝났다는 입장이다. 그러나 한국정부는 일본 측이 말하는 조약상의 문제 제기를 무시하고 무대응으로 일관했다. 일본은 여기에 안달이 난 것이다. 그 배경에는 그동안 일본 여론에 쌓인 반한(혐한) 감정이 있었다. 이러한 조치는 외교 현안을 해결하기 위해 경제(무역) 문제를 원용(援用)하는 외교적 압력 수단으로서 있을 수 있는 일이었다. 한국 측은 예상대로 경제를 통한 '한국 괴롭히기'라며 민관이 한목소리로 일본 비난에 나섰다. 매스컴에서 경제 선전포고, 경제 전쟁, 경제 침략, 더 나아가 한국경제 무너뜨리기 등과 같은 격렬한 비난의 언사가 춤을 추면서 사람들의 흥분을 부채질했다.

여기서 중요한 것은 한국정부나 미디어가 '전쟁'이라는 단어를 함부로 썼다는 점이다. 이는 분명히 2019년의 3·1운동 100주년 캠페인에서 보듯 일본과 잘 싸웠다고 하는 역사관에 근거한 표현으로 여겨졌다. 게다가 각 신문에는 "일본의 경제 보복, 우리는 100년 전의 역사를 기억한다!"와 같은 어마어마한 광고가 실렸다.

문재인 대통령은 당초에는 비교적 어른스러웠다. 일본이 역사문제(징용공문제)를 경제문제와 결부시킨다며 비난하고, 역사문제는 주머니 속의 송곳처럼 이따금 우리를 찔러 상처를 낸다면서, 이번 조치는 한국의 경제성장도 방해하겠지만 일본경제에 더 큰 피해를 미칠 거라 경고했다. 과거 몇 차례나 온 국민이 일치단결하여 경제 위기를 잘 극복한 사례에서 보듯, 이번에도 한국은 어려움을 잘 타개할 수 있다며 자신했다.

당시 발언에는 "상호 의존과 공생으로 반세기에 걸쳐 쌓아온 한일 경제협력의 틀을 부수는 것"이라는 비판도 있었다. 그러나 한일관계를 이처럼 최악으로 만든 핵심 배경인 징용공 보상문제에 대해 일본 정부는 양국 관계의 기본적인 틀을 무너뜨리는 것이라면서 한국정부의 대응을 거듭 촉구했지만, 이를 계속 무시한 것은 한국 측이었다.

8월에 들어 일본 측이 제2탄으로 '화이트리스트 제외' 카드를 꺼내자, 한국 측은 기다렸다는 듯이 더욱더 대대적인 반일 캠페인을 펼쳤다. 그러나 반도체 소재의 수출관리 강화나 화이트리스트 제외 조치가 한국에 일본제품을 수출하지 않는 금수(禁輸)조치는 결코 아니었다. 전자는 고작 3개 품목에 대한 수출 절차의 강화 조치였고, 후자는 전략물자에 관한 지금까지의 절차상 우대 조치에서 한국을 제외한 것에 불과했다. 일부 일본제품을 수입할 때 소요시간이 약간 더 걸리긴 하지만, 그로 인해 한국 업계가 사활이 걸릴 정도로 큰 타격을 입는 건 아니었다.

그 증거로 한국경제를 무너뜨리려 한다는 식의 일대 소동에도 불구하고, 소재산업의 육성이나 대일 의존도 감소 등의 이야기는 있었지만 한국경제가 무너질 정도로 피해가 일어나지는 않았다. 한국 여론은 일본 제재로 인한 피해보다 보복 수단으로 일본상품의 불매운동을 벌이면서 일본에 해를 끼치는 쪽에 오히려 관심이 더 많았다.

이런 상황에서 한국정부는 오히려 일본의 제재를 기회로 삼아, 민관이 '반일=애국' 분위기를 함께 부추기며 즐겼다. 거기에는 정권 후반으로 넘어가면서 여의치 못하게 돌아가는 정세 속에서 민심을 규합하고 정권에 대한 구심력을 높이려는 정치적 계산도 깔려 있었다. '화이트리스트 제외' 조치가 발표되었을 때, 문재인 대통령은 참 잘됐다는 식으로 자신만만하게 이렇게 말했다.

"사태의 책임은 전적으로 일본정부에 있다. 일본의 조치는 명백한 무역 보복이다. 가해자인 일본이 적반하장으로 큰소리를 치는 것을 절대 좌시하지 않겠다. 일본의 부당한 경제 보복에는 상응 조치를 단호히 취할 것이다. 일본도 큰 피해를 감수해야 할 것이다 … 당장은 어려움이 있겠지만 우리 기업과 국민에게는 그것을 극복할 역량이 있다. 우리는 두 번 다시 일본에 지지 않을 것이다. 충분히 일본에 이길 수 있다. 우리 경제는 일본경제를 능가할 수 있다. 도전을 물리친 승리의 역사를 국민과 더불어 다시 한번 만들고자 한다."

역사를 끄집어내어 가해자 일본을 강조하면서 이제는 일본에 지지 않는다, 일본에 이기자, 일본에 이길 수 있다고 하며 실로 당당하기 그지없었다고나 할까. 이러한 대통령의 반일 역사 카드에 한국 여론은 어떻게 반응했을까? 여론의 동향을 살피기 위해 일간 신문의 제목을 소개하면 이러했다. 좌익계 〈한겨레신문〉은 1면을 통틀어 "경제 전쟁을 선택한 아베 신조(安倍晋三), 文 대통령은 지지 않는다."라는 제목의 기사를 실었고, 보수 계열의 〈조선일보〉도 1면을 통틀어 "文 대통령 도전에 응하다, 두 번 다시 일본에 지지 않는다" 하는 기사를 실으며 전투 무드를 선동했다. 그밖에 〈중앙일보〉도 전면을 할애하여 "한국은 우호국이 아니라고 아베가 도발, 여기에 文 대통령은 '전면전 선언'"이라는 기사를 실으면서 역시 전투 무드를 조장했다. 〈동아일보〉역시 "文 대통령, 가해자 일본이 적반하장, 두 번 다시 일본에 지지 않는다"라는 기사로 현 상황을 임전 태세라고 강조했다.

　여담이지만, 대통령 발언에서 나온 '적반하장(賊反荷杖)'이라는 표현에 대해, 일본에서는 문재인 비판의 목소리가 치솟았다. 일본 미디어 대다수는 이를 두고 도둑이 되레 덤벼든다는 식으로 보도하며 일본인의 반한 감정을 한층 자극했다. 이 말을 직역하면 도둑이 도리어 몽둥이를 든다는 되치기의 의미다. 정치적 장면을 포함하여 한국에서는 이 말이 일상적으로 두루 사용된다. 사전적으로는 도둑이 덤벼든다는 식의 번역이 많고 그게 틀리지는 않다. 그러나 말에는 사용될 때의 뉘앙스가 있는 법이다. 이번에도 뉘앙스로는 '되치기'에 가깝다고 필자는 생각했다. 일본어 어감으로 볼 때 도둑이 덤벼든다는 상당히 센 느낌은 아니었지만, 문재인에 대한 비판이 강한 일본 미디어가 도둑이 되레 덤벼든다는 식의 번역에 쏠렸다고나 할까.
　비슷한 사례나 이와 반대인 경우도 있었다. 이전에 아베 총리가 국회에서 야당 의원으로부터 위안부문제 해결책의 유무에 관한 질문을 받고, 전혀(일본어: 毛頭) 생각하고 있지 않다고 답변했다. 이때 한국 매스컴이 털끝만큼도 생각하지 않는다고 직역하여 전하면서 아베를 비난했다. 아베에 대한 평소 반감에서 한국 언론들이 이렇게 강렬한 표현을 사용한 것이다.

기자회견에서 아베가 한국을 상대로 한 외교 전망에 대해 미진(微塵)도 바뀌지 않는다고 대답했을 때도 그랬다. 그냥 조금도 바뀌지 않는다 또는 전혀 변함이 없다 정도의 표현이면 될 것을, 한국 매스컴은 일부러 티끌만큼도 변하지 않는다고 번역했다. 아베를 악한으로 꾸미느라 그렇게 센 표현을 동원했으리라.

일본에 대한 자존심 외교의 위험성

2019년에 문재인 정권은 일본 제재에 대해 선전포고한 후, 그 보복으로 일본과의 군사협정인 지소미아(GSOMIA, 한일 군사정보포괄보호협정)의 파기 결정을 발표했다. 3·1운동 100주년으로 고양된 반일 애국 무드를 배경으로 한 민족주의 외교는 극한으로 치달았다.

지소미아 파기 발표는 국내외를 막론하고 극히 충격적이었다. 소문은 있었으나 한국 내에서도 '설마'라는 의견이 압도적이었고, 안보 문제까지 희생해가면서 일본에 앙갚음하겠다는 결정은 전혀 예상 밖의 일이었다. 한반도의 안전보장 문제와 직결된 GSOMIA는 미국과도 연결되어 있어, GSOMIA의 파기는 곧 한·미·일 3국 협력체제에 지장을 주는 일종의 금기사항이었기 때문이다. 당연히 미국은 소문만 있던 단계부터 강한 우려를 표명하면서 문 정권을 견제하고 나섰다.

미국까지 무시한 반일 발상에 대해 정권 내부에서도 이견이 있었던 모양이다. 최종 결정을 내려야 할 NSC(국가안전보장회의)에서도 찬반양론이 갈렸다고 한다. 결국 반일 우선을 내세운 민족 자주파가 GSOMIA 파기에 비판적인 국제 협력파를 압도하고, 대통령이 거기에 올라탄 꼴이 되었다. 파기 결정에 경악한 미국은 즉각 한국 측에

재고를 촉구했다. 워싱턴에서는 실망과 비판 발언이 쏟아졌고 공식·비공식적으로 한국에 대한 압력의 수위를 높였다. 결국 파기 선언 후 3개월이 되기 직전, 즉 협정 효력이 실제로 사라지기 직전에 그때까지 대일 강경 발언을 거듭해온 문재인이 일반 여론을 뒤엎고 느닷없이 GSOMIA 파기 유보를 발표했다.

한국 언론은 GSOMIA 파기를 둘러싼 3개월을 '외교적 사건'으로 표현했다. 문재인 정권의 모노드라마로 막을 내린 셈이지만, 상식을 뛰어넘는 그 같은 외교의 정체가 도대체 무엇이었는가는 지금도 수수께끼다. 문 정권은 파기 결정 발표에 즈음하여, 일본이 전략물자 취급 등 안보상의 신뢰성이 훼손되었기 때문에 무역관리를 강화한다고 주장하는데, 일본이 그렇게 한국을 신뢰할 수 없다면 양국 간 안보 정보의 교류가 과연 가능하겠는가? 하는 논리를 전개했다.

가는 말이 고와야 오는 말도 곱다는 옛말도 있지만, 한국 미디어는 한국 측 입장을 '자존심'이라고 해석했다. 자존심이란 한국인이 아주 좋아하는 말이지만, 한낱 심리적 요소에 불과하다. 자존심은 특히 민족 감정이 결부된 외교에서 종종 사용되므로 일본인에게 익숙한 말이다.

아무리 그렇더라도 GSOMIA 파기라는 안보 카드를 던지면, 한일 관계뿐 아니라 한·미·일 3국 관계로 불똥이 튄다는 사실은 그 누구라도 짐작할 수 있었다. 결국 한국은 미국의 반발을 사서 꼬리를 내렸다고 봐야 한다. 한국의 외교, 특히 한국의 대일 외교는 때로 실리가 아닌 자존심이라는 감정에 따라 움직인다. 그리하여 언제나 예측 불가능하고 어딘가 위태위태함을 금할 수 없다.

반일 선동은 관제 민족주의

앞서 소개한 발언에서도 드러나듯 문재인은 일본과의 관계를 변함없이 가해자와 피해자의 도식으로 파악한다. 이것이 바로 한국식 '역사 매달리기'인 셈인데, 당시 한일 외교 대립을 가리켜 한국 매스컴에서는 '제2의 항일 독립전쟁'이라고 종종 표현했다. 일본에게 두 번 다시 지지 않는다는 말도 이와 같은 감정에서 나온 것이리라.

GSOMIA 문제에서 표출된 자존심이란 감정 역시 3·1운동 100주년을 배경으로 한 국가·사회적 분위기와 무관하지 않다는 것이 필자의 종합적인 결론이다. 동시에 2019년 여름에 문재인 정권이 내민 반일 카드에는 내정 문제도 분명히 포함되어 있었다. 예컨대 한국에서는 일본과의 관계가 악화하면 대통령 지지율이 올라가고, 거꾸로 대일 관계가 좋으면 대통령 지지율이 내려간다는 견해가 있다. 당시 한국 미디어가 역대 정권하에서의 여론조사를 인용하며 보도한 바에 따르면, GSOMIA를 에워싼 3개월 동안은 문재인 정권이 내정에서 중대한 위기에 빠져 있던 시기였다.

이른바 법무부장관 조국의 스캔들이 터졌다. 조국 의혹 사건은 문재인 정권의 존재 이유까지 힐문(詰問) 당한 최초의 정치 위기였다. 이를 돌파하기 위해 정권은 반일 애국 카드를 꺼내 들고 여론을 돌려세워 정권에 대한 비난을 잠재우려 했다. 일본과의 경제 전쟁이라는 국난 무드 속에서 국민 단결을 호소하면서 민심을 다시 정권 쪽으로 끌어오고자 했다. 일본을 적으로 돌리면 여론은 항상 따라오기 마련이었기 때문이다.

조국 문제를 놓고 여론은 문재인 지지와 비판으로 갈라졌다. 쌍방이 날마다 대규모 집회와 데모로 맞부딪쳤다. 친정부 데모에서는 '문재인 지지', '조국 수호'에 뒤섞여 'NO JAPAN', 'NO ABE'라고 적힌 플래카드도 넘쳐났다. 반면 반정부 데모에서는 관제 민족주의 반대, 문재인의 반일 선동에 속지 말라는 슬로건도 눈에 띄었다. 국내 정국에 반일 카드를 이용하는 구태의연한 수법에 진절머리가 난 이들도 더러 있었던 모양이다.

일본이 사상 처음으로 시행한 제재로 말미암은 한일관계의 이해득실은 아직 분명치 않지만, 변함없는 한국의 격렬한 반발, 즉 반일 풍경만이 인상에 남았다. 일본의 제재는 오히려 대일 보복인 GSOMIA 파기와 같은 극단적인 조치를 불러왔고 과거에는 전혀 보지 못한 반일의 극단적 수단으로 일본상품 불매운동이라는 골치 아픈 반동적 분위기를 고조시켰다.

역사 카드를 무력화해야

앞서 지적한 것처럼 일본은 한국이 친 역사의 올가미에 완전히 걸려들었다는 느낌이 들기도 한다. 그렇다면 일본의 제재조치는 역시 서툰 짓이었을까? 한국의 반일은 역사 카드다. 역대 정권은 언제나 역사 카드로 일본에 대항하여 민심(국민감정)을 자극하고 선동하면서 여론을 한데 뭉치게 함으로써 권력을 유지하고자 했다. 이를테면, 박근혜 대통령은 "천년이 흘러도 가해자와 피해자의 관계는 변치 않는다."라고 했고, 문재인 대통령 역시 일본은 가해자니까 일본의 주장은 적반하장이라면서 일본을 물고 늘어졌다.

한국은 과거의 대일 외교 경험에 비추어 일본은 역사 카드에 약하다고 믿고 있다. 대일관계에서 즉각 역사를 거론하는 이유가 여기에 있다. 한국은 최근 일본인의 '역사 벗어나기' 현상을 알지 못하며 알려고도 하지 않는다. 그런 의미에서 이번 제재는 일본의 '역사 벗어나기' 현상을 한국에 인식시키기 위한 하나의 결단이었다고 해도 무방할 것이다. 한일관계에서 일본의 역사 벗어나기 현상에는 분명 한국의 변화가 영향을 미쳤다. 경제가 눈부시게 발전한 한국은 이제 크고 강해졌으며 국제적으로도 존재감이 높아지고 외교력 또한 매우 신장하였다. 한국은 이제 국제적으로 약자가 아니다. 국제관계의 가해-피해 도식으로 보면 한국은 이미 피해자 범주에서 벗어났다. 대통령 역시 한국은 지원 받는 나라에서 벗어나 이제 지원하는 나라가 되었다며 스스로의 실력을 과시하고 있다.

그럼에도 불구하고 상대가 일본이 되면 한국은 곧장 역사 카드를 뽑아 들고 순식간에 피해자 입장으로 도피한다. 덩치가 커진 한국의 존재감 앞에 일본은 되레 피해의식마저 느끼게 되었음에도 말이다. 국제적으로 경제, 외교, 스포츠, 문화 등 여러 분야에서 한국의 위세가 두드러지고 있다. 이리하여 일본에서는 한국에게 부당하게 얕잡아 보이고 있다는 피해감정까지 생기고 있다.

일본인 대다수는 발전한 한국에 대해 속죄의식으로 말미암은 양보와 배려가 더 이상 필요하지 않다고 생각하게 되었다. 오히려 한국의 불합리한 처사에 대해 때론 제재나 보복도 불사해야 한다고 생각하기에 이르렀다. 한국 또한 일본의 제재에 맞서 한국인의 일상생활에 이미 정착한 일본제품에 대한 불매운동을 벌이거나 일본 관광을 전면 거부하는 등 노골적인 보복 조치를 자행하고 있다. 이는 일본에 대한 한국의 존재감 과시였다. GSOMIA 파기 카드 역시 옳고 그름은 별개로 일본에 대한 한국의 존재감 과시에 다름 아니다.

역사에 매달리는 한국은 여전히 자신을 일본의 영원한 피해자로 규정짓는 역사 카드를 구사하면서 대일관계를 헤쳐 나가려고 한다. 일본에게 역사 카드는 대한(對韓) 외교의 암(癌)적 존재다. 역사라는 '병(病)'이 등장하면 그만 모든 관계가 뒤틀리고 만다. 한국이 스스로 역사에서 벗어나려 하지 않는다면, 일본이 나서서 강제로라도 역사 벗어나기를 실행할 수밖에 없다.

한일관계의 새 구도에서 일본이 겨냥해야 하는 것은 한국의 역사 카드를 어떻게 무력화 시키는가 하는 문제다. 무력화든 무효화든 그 효과가 약해지거나 효과가 나지 않도록 만들어야 한다. 서로가 역사 벗어나기를 이행하지 않는 한 새로운 한일관계는 열리지 않는다. 일본의 제재는 한국의 격렬한 반발만 불러일으켰다. 그러나 제재가 구체화되자, 한국의 민관 모두 일본이 한국에게 이렇게까지 할 수 있느냐며 깜짝 놀랐다. 이는 시대의 변화를 느끼게 하는 장면이 아닐 수 없다. 일본도 이제는 예전의 일본이 아니라는 인상을 한국에 어필했고, 그 효과는 확실하게 나타났다. 이번 제재조치는 한국에 대한 '역사 카드의 무력화'라고 할, 다시 말해 역사 벗어나기를 향한 일본 외교의 시행착오 중 하나였다.

2

불가사의한
한국인의 역사관

'있었던 역사'가 '있어야 했던 역사'로 둔갑

쇠말뚝 모략설의 허구

한국의 반일 배경에는 역사에 관한 한국인 특유의 사고방식, 다시 말
해 한국인 특유의 역사관이 있다. 예컨대 한국에서는 '역사 바로 세우
기'라는 말을 태연하게 입에 담는다. 일반적으로 역사란 지나간 시절
에 일어났던 일로 생각하므로, 역사를 '바로 세운다'고 하면 그게 무슨
뜻인지 일본인은 뇌리에 얼른 와 닿지 않는다. 그러나 한국인은 얼른
알아듣는 모양이다.

  필자는 그것을 '있었던 역사'보다 '있어야 했던 역사'를 중시하는
사고방식으로 설명했으나, 문제는 그러한 역사관이 국제적으로 얼마
나 통용되는가다. 한국은 일본에 대해 끊임없이 역사 왜곡이라면서
역사인식의 일치를 요구한다. 때로는 역사인식 문제를 외교문제로 들

고나와서 일본을 비난하거나 규탄하기도 한다. 역사에 대한 사고방식(역사관)이 다르면 일치든 뭐든 불가능한 일 아닌가. 아니, 처음부터 일치할 리가 없지 않은가. 무리한 요구일 뿐이다. 여기서 한국인의 특이한 역사관을 한번 살펴보기로 하자. 한국에서 행해지는 반일의 정체를 밝히기 위해서는 반드시 이 문제를 먼저 짚고 넘어가야 한다.

좀 오래전인 2012년의 일이다. KBS 아침뉴스를 보다가 깜짝 놀란 일이 있다. 새로운 행정수도인 세종시 뒷산에서 '일제'가 우리 민족정기를 말살하기 위해 박은 쇠말뚝이 발견되었다는 소식이었다. 사정을 잘 아는 일본인 기자들이야 "또 그 소리!"라고 했겠지만, 그것은 일본이 한국을 지배한 과거사와 관련하여 예로부터 자주 등장하던 일본 모략설의 하나였다.

이 모략설은 일본이 한국통치 시기에 한국(인)의 민족혼을 말살하기 위해 민족의 정기가 흐르는 각 지방 명산(名山)의 정상에 쇠말뚝을 박았다는 주장이다. 모략설의 배경에는 사람, 국가, 민족의 운명이 자연환경 즉 지세(地勢)에 좌우된다는 소위 풍수설(風水說)이 도사리고 있다. 예컨대 박정희 대통령의 고향인 경상북도 구미에 가면, 택시 운전기사를 비롯한 현지 사람들이 "저 산을 봐요, 용(龍)처럼 생겼지요? 저런 산의 뒤쪽에서는 반드시 훌륭한 인물이 난답니다. 박 대통령이 바로 그런 경우죠!"라는 이야기를 즐겨 한다.

풍수설은 자연환경(지세)에 온갖 기대를 건다. 그 예를 하나 들어보면 각 지방의 명산에는 저마다 민족정기가 깃들어 있고, 그것이 지맥(地脈)이 되어 흘러내리며 우리나라, 우리 민족을 떠받쳐준다는 사고방식이다. 일종의 산악신앙(山嶽信仰)이라고나 할까? 민족정기가 무엇인지 필자는 그 뜻을 잘 알지 못한다. 한자로는 정기(精氣) 또는 정기(正氣)로도 쓰는 모양이다. 한국인이 자주 사용하는 독자 개념이지만, 한국인들에게 그 뜻을 물으면 대부분은 잘 모른다고 답한다. 한국인조차 모르고 있으니 외국인이 그 뜻을 알 턱이 없다. 결국 '민족의 혼', 그도 아니면 '아이덴티티(identity)'에 가까울지도 모르겠다.

풍수설의 대표적인 예는 14세기 말 조선이 배산임수(背山臨水)의 현재 서울을 수도(首都)로 지정한 것에서 찾아볼 수 있다. 서울은 뒤쪽에는 북악(北岳)이란 산을, 앞쪽에는 한강(漢江)이라는 물을 낀, 풍수설의 명당이며, 그 이유로 수도로 정해졌다고 한다. 서울의 북악산이나 뒤편의 북한산도 명산으로 민족의 정기가 흐른다는데, 그런 산은 전국 각지에 널려 있다. 앞서 말한 모략설은 일본이 그런 민족정기의 흐름을 끊기 위해 명산마다 쇠말뚝을 박았다는 내용으로, 이런 사실을 폭로하기 위해 문제의 쇠말뚝을 찾느라고 한국인들은 한바탕 소동을 벌이기도 했다.

닭이 먼저인지 달걀이 먼저인지는 차치하고, 일본의 쇠말뚝 모략설 또는 풍수 모략설은 산이나 바위에 박힌 철봉이 발견되면서 유포된 모양이다. 도대체 이 쇠말뚝은 무엇이냐에서 시작해 일본과의 과거를 끄집어내면서 일본은 나쁜 사람(악인)이란 전설을 만들어냈다. 결론부터 말하면 쇠말뚝은 삼각점(三角点), 측량, 등산 등과 관련하여 어떤 시설을 짓기 위한 용도였고, 민족정기 말살을 위해 일본이 쇠말뚝을 의도적으로 박았다는 증거는 아무 데도 없다. 그럼에도 역사 바로 세우기를 정권의 슬로건으로 삼았던 김영삼 정권은 정부 예산으로 쇠말뚝 찾기 운동을 벌이고 군대까지 동원하여 전국적인 운동으로 전개했다. 또한 김영삼 정권은 1995년 8월 15일에 광복절 기념행사의 하나로 옛 조선총독부 건물을 폭파, 철거하기도 했다. 일본통치의 상징적인 건물이 남아 있다는 사실에 민족적 자존심이 상해 용납할 수 없다는 이유였다. 그러한 총독부 건물 폭파가 김영삼의 '역사 바로 세우기'를 보여주는 본보기였다.

당시 〈월간조선〉 10월호에 쇠말뚝 뽑기 운동에 대한 상세한 조사 보도가 실리면서 일제 쇠말뚝 모략설은 근거가 없다는 결론이 내려졌다. 아울러 〈월간조선〉은 김영삼 정권은 풍수(風水) 정권, 풍수 매카시즘이라고 통렬하게 비난했다. 이로써 일제 풍수 모략설은 끝장이 난 듯 했으나 사실은 그렇지도 않은 모양이었다. 풍수 모략설이 일본통치 시대에 대한 하나의 전설로 남은 것이야 그러려니 했지만, 매스컴이 그것을 새삼스럽게 끄집어내어 매우 진지하게 다루고 있다는 사실이 무척 흥미로웠다.

언론은 하필 현장이 제2의 수도 세종시의 뒷산이라며 예삿일이 아닌 것으로 취급하며 보도했다. 발견된 쇠말뚝은 산 중턱 커다란 바위의 동서남북 사방에 모두 8개가 박혀 있었고, 크기는 지름 3센티미터, 길이 50센티미터가량이었다고 한다.

8월 15일에 전라남도 해남의 산에서도 쇠말뚝 뽑기 의식이 거행되었다. 여기에는 야당의 대통령 후보로 나선 현지 출신 거물 정치인도 참석했다. 관련 영상을 보니 조그만 쇠말뚝에 하얀 끈 세 가닥을 묶어, 그 정치인을 포함한 현지 유명인사 3명이 매스컴의 플래시 세례를 받으며 영차! 영차! 하는 구령과 함께 끈을 잡아당기며 쇠말뚝을 뽑아

내고 있었다. 그런 다음 삶은 돼지머리와 과일 등이 차려진 제단(祭壇) 앞에서 민족정기의 회복을 산신령에게 고하는 제사를 올렸다.

문제의 쇠말뚝도 역시 길이가 50센티미터 정도였다. 이 같은 쇠말뚝 뽑기 소동은 예전에도 서울 주변에서 종종 벌어졌다. 그럴 때마다 필자는 이렇게 조그만 쇠말뚝을 박아서 끊어질 민족정기라면 그게 도대체 뭐란 말인가? 하는 생각이 들었다.

반일에는 검증이 필요 없다!

이 무렵 3건의 풍수 모략설 뉴스가 있었다. 모두 보도를 통해 알게 되었는데, 내용 자체는 진짜같이 보였지만 이에 대한 의문이나 문제 제기가 전혀 없는 것이 문제였다. 그토록 비판하기 좋아하는 한국 미디어가 어떻게 이 뉴스에 대해선 입을 굳게 다물고 있는지 이상할 뿐이었다. 이것이 일정시대라는 과거와 관련하여 일본을 비난하는 반일 뉴스였기 때문일 것이다. 일본 비판 즉 반일문제라면 법적인 검증을 안해도 누구도 뭐라 하지 않는다. 또 바보 같은 짓을 하는구먼! 하며 웃거나 고개를 젓는 국민도 있을 법 한데, 그러지 않으니 참으로 불가사의한 일이 아닐 수 없다.

풍수 모략설에 근거가 있는지 없는지는 문제 되지 않는다. 쇠말뚝 뽑기를 진지하게 다루는 심정이 반일 애국주의이므로 그걸 비웃거나 부정해서는 절대 안 된다. 어디까지나 중요한 것은 동기다. '반일 무죄'라는 표어가 말해주듯이, 동기만 좋다면 그 밖의 것은 불법, 위법, 심지어 범죄행위도 용납되는 곳이 한국사회니까 말이다.

한국이 일본을 비난하는 반일 테마에는 그때그때 다소 변화가 있었다. 단지 관심의 중심이 변했다는 말이 맞을지도 모르겠다. 일본 미디어에서는 곧잘 '반일 3종 세트'라고 하지만, 최근에는 오로지 독도문제와 위안부문제 2종 세트로 줄어들었다. 경우에 따라 여기에 교과서 문제나 야스쿠니신사(靖國神社) 참배 문제가 포함되기도 하고, 동해(東海)냐 일본해(日本海)냐 하는 바다 명칭 문제가 추가되기도 한다.

이 가운데 야스쿠니신사는 한동안 소강(小康)상태였는데, 아베 신조 정권에 들어 각료와 국회의원의 참배가 있자 다시금 한국과 중국이 반발하고 나섰다. 여기서 야스쿠니신사 문제와 한국과의 관계를 잠깐 살펴보고자 한다. 한국은 왜 일본 주요 인사들의 야스쿠니신사 참배에 반발하는가? 이 문제 역시 한국인의 역사관을 관찰하는 데 안성맞춤인 또 하나의 테마라 할 수 있다.

야스쿠니신사 참배에 대한 커다란 오해

한국이 중국과 더불어 야스쿠니신사 참배에 반대하는 이유는 일본 패전 후 소위 A급 전범(戰犯)으로 지목되어 극동국제군사재판(일명 도쿄재판)에서 사형판결을 받아 처형된 사람(7명)이 다른 전사자들과 함께 야스쿠니신사에 합사(合祀)되어 있기 때문이다. 그런 야스쿠니신사에 참배하는 행위는 과거의 잘못된 역사를 미화하는 것이며, 군국주의와 침략전쟁을 용인하는 것과 다름없다는 것이 한국 측 주장이다.

전쟁의 승자가 패자를 단죄한, 극동국제군사재판의 옳고 그름은 일단 접어두자. 이 재판은 미국, 소련, 영국, 중국 등 일본과 싸워 승리한 이른바 연합국이 일본의 군부와 정치 지도자들을 전쟁 범죄인으로 몰아 재판에 부친 것이다. 그러나 그들의 범죄 혐의와 죄과는 만주사변

(1931년) 이후의 전쟁 행위와 연관된 것으로 한국(조선)과는 직접적인 관계가 없다고 봐야 한다. 피고로 법정에 세워진 A급 전범 용의자 중에는 일정시대 말기에 조선 총독을 지낸 군 출신의 미나미 지로(南次郎)와 고이소 구니아키(小磯國昭)가 포함되었을 뿐이다. 그러나 재판에서는 그들에게 조선 총독으로서의 죄를 묻지 않았고, 그들을 처형자에 포함하지도 않았다.

원래 이 재판은 일본의 식민지 지배를 단죄하려는 게 아니었다. 그럴 목적이었다면 영국, 프랑스, 네덜란드 등 연합국의 죄를 먼저 물었어야 한다. 더구나 한국은 일본과 싸운 전승국이 아닐 뿐더러, 당연히 연합국의 일원도 아니었다. 처음부터 한국은 이 재판과 아무런 관계가 없고, 처형된 소위 A급 전범들도 한국과는 그럴 만한 관계가 없었다. 그런데도 한국은 왜 야스쿠니신사 문제로 일본을 비난하고 소란을 피우는지 알다가도 모를 일이다. 분명히 한국은 당시 한일병합(1910년 8월 대한제국과 일본제국 간에 체결된 조약 이름이 '한일병합조약'이므로, 이에 준하여 '한일병합'으로 표기하기로 한다.)으로 일본에 편입되어 있었고, 전쟁 중에는 일본인과 마찬가지로 징병과 군수 동원의 대상이었다. 도쿄재판에서는 그런 내용을 전쟁 범죄로 다루지 않았다.

결국 한국의 태도는 자신이 전쟁 전 일본 지배의 피해자라는 사실을 들어 민족감정을 앞세우며 재판 결과에 한 발 들여놓겠다는 억지에 지나지 않는다. 다시 말해 실제와는 달리 한국은 심정적으로 대일 전승국(연합국)의 일원이 되고 싶을 뿐이다. 즉 일본과 싸워 전승국이 되고 싶었다든가, 연합국의 일원이 되고 싶었다든가 하는 민족의 한

(恨)을 표출하는 것으로, 이는 '있어야 했던 역사'로서 이룰 수 없는 꿈에 불과하다.

한국과 야스쿠니신사 문제를 둘러싼 이 같은 사실관계는 한국은 물론 일본에서도 지금까지 거의 지적되지 않았다. 오로지 한국이 군국주의 일본의 피해자라는 차원에서 적당히 그렇게 받아들여지고 있었다. 그러나 앞으로 또다시 일본 정치인의 야스쿠니신사 참배로 한국에서 반일 현상이 고조하면 틀림없이 일본 측에서 이 같은 문제 제기가 일어날 것이다.

야스쿠니신사 문제와 관련하여 한국에서는 신사에 합사된 한국인 전사자의 명의(名義) 삭제를 요구하는 소송이 제기되었다. 이 역시 반일 행위 중 하나지만, 일본에서도 일부 일본인 유족들이 종교상의 이유나 반국가적 입장(일본인에 의한 반일)에서 야스쿠니신사를 비판하며 소송을 벌이고 있으므로 그렇게 이상한 일은 아니다. 이와 관련하여 몇 해 전, A급 전범 도조 히데키(東條英機)의 손녀인 도조 유우꼬(由布子) 씨가 한국 텔레비전의 다큐멘터리 프로그램에 출연하여 발언한 내용은 매우 인상적이었다.

"한국인 전사자 이름을 야스쿠니신사에서 삭제해달라고 하는데, 그것이 야말로 차별이 아닌가? 일본은 출정 병사들에게 전사하면 그 혼령을 야스쿠니에 모시겠다고 약속하고 전선으로 내보냈다. 병사들도 그것을 믿고 전쟁터로 갔다. 그런데 나중에 한국인이었다고 해서 그 혼령을 따돌리는 것은 도저히 있을 수 없는 일이다. 유족분들은 전사하신 아버지의 기분을 헤아릴 수 있는가? 돌아가신 아버지가 이렇게 소란을 피우는 것을 기뻐하리라고 생각하는가? 나는 오히려 슬퍼하리라고 본다."

실로 용기 있고 당당한 발언이었다. 일본 입장에서는 더 이상 할 말이 없지만, 한국인의 역사관으로 보면 반드시 그렇지는 않은 모양이다. 이제 와 생각하니 그것은 침략전쟁이었다, 한국인은 속아서 또는 억지로 전쟁에 끌려 나갔다, 그런 한국인을 일본인 전사자의 전우 또는 일본의 협력자로 합사해서는 곤란하다는 식이다. 그들은 어디까지나 일본통치의 희생자일 뿐 결코 일본인의 전우가 아니라는 생각이다. 그러니 혼령이라도 꺼림칙한 일본(야스쿠니신사)에서 모셔와야 한다고 한국은 주장한다.

전우는 '있었던 역사'이며, 희생자는 '있어야 했던 역사'라는 걸까. 있었던 역사를 부정하고 지우는 것이 한국의 역사 바로 세우기란 말인가. 한국인 전사자 가운데에는 특공대원도 있었다. 그 특공대원을 소재로 한, 일본의 특급 배우 다카쿠라 켄(高倉健) 주연의 일본 영화〈호타루(반딧불이)〉가 2002년에 한국에서도 상영되었으나, 반향은 그리 크지 않았다. 일본통치 시대를 경험한 세대가 줄어든 상황에서는 그럴 수밖에 없었으리라.

영화는 전쟁이 끝나고 상당한 세월이 흐른 뒤, 살아 남은 전우가 전사한 한국인 특공대원의 유품을 한국 유족에게 전달한다는 이야기다. 살아 남은 전우 역을 맡은 다카쿠라 켄이 한국을 방문하지만 처음에는 유족이 만나주지 않았다. 유족은 죽은 육친이 일본인의 전우였다는 사실을 거부한 것이다. 그러나 특공대원이 출격을 앞두고 "나는 일본을 위해 죽는 게 아니다. 조국을 위해 그리고 도모꼬(知子, 특공대원의 연인)를 위해 죽는다."라고 한 유언을 다카쿠라로부터 전해 듣자, 비로소 유족도 마음을 열고 그를 만나게 된다. 이 영화는 "일본을 위해 죽는 것이 아니라 조국을 위해 죽는다."라는 대사 덕분에 한국 상영이 가능했다고 생각한다. '있어야 했던 역사'가 대사로 흘러나오고 있었기 때문이라고나 할까.

한국인 특공대원의 심정을 추적한 논픽션 스타일의 소설 《가이몬다케(開聞岳), 폭음(爆音)과 아리랑 노래가 사라져간다》(이이오 겐지 飯尾憲士, 1985년)에 의하면, 그들은 "조선인의 배짱을 보여주겠다. 나는 조선을 대표하고 있다. 꽁무니를 빼거나 하면 조국이 웃음거리가 된다. 조선인의 긍지를 위하여"라고 말했다고 한다. 영화 〈호타루〉의 대사와 통하는 이야기다. 따라서 영화 대사가 창작이었다고는 말할 수 없음을 덧붙여둔다.

가미카제 특공대원의 위령비, 허용할 수 없다!

한국인 특공대원에 대해서는 에피소드가 하나 더 있다. 필자의 오랜 친구인 여배우 구로다 후쿠미(黑田福美)가 한국에서 계획한 위령비 건립 이야기다. 어렵사리 위령비를 건립했으나 현지에서 강렬하게 반대하여 결국 철거할 수밖에 없었다는 슬픈 사연이다. 이는 2008년의 일이다.

구로다 후쿠미는 한국통으로 알려져 있다. 한국 관련 에세이도 몇 권 출간했고 한국 사정에 그 누구보다 정통한 편이다. 한국의 텔레비전 드라마에도 출연하여 한국에서는 꽤 유명한 일본 여배우로 평판도 좋다. 그녀는 뜻밖의 계기로 한국인 특공대원의 위령비 건립을 작심하게 되었다. 그리고 특공대원의 혼을 고향으로 모셔와 위로하기 위해 한국 남부 지역 그의 고향에 위령비 건립을 추진했다. 특공대원의 이름은 미쓰야마 후미히로(光山文博) 소위로, 한국 이름은 탁경현(卓庚鉉)이다. 그는 출격 전날 밤, 특공대원의 어머니로 불리던 식당 여주인 도리하마(鳥濱) 도메 앞에서 민요 〈아리랑〉을 불렀다고 알려졌다. 지금까지 이름이 확인된 한국인 특공대원 14명 가운데 가장 상징적인 인물이라 할 수 있다.

위령비 건립 계획은 우여곡절을 겪었지만, 유족은 그녀 뜻에 찬성하고 감사의 뜻을 표하였다. 최종적으로 정해진 위령비 건립 장소는 탁경현의 고향 부근인 경상남도 사천시로, 행정 당국이 건립 부지를 제공키로 했다. 그런데 제막식 당일, 건립에 반대하는 지역 주민들이 밀어닥치고, 경찰 기동대까지 출동하는 등 한바탕 소동이 벌어져 결국 제막식은 취소되고 말았다.

건립 반대 세력은 특공대원이 일본에 협력한 친일파이며 야스쿠니에 합사된 인물이므로, 그의 기념비를 용납할 수 없다고 했다. 시 당국도 대세에 밀려 반대할 수밖에 없게 되어 위령비는 철거되고 말았다. 그 후 위령비는 한국의 어느 조그만 사찰에 방치된 채 햇빛을 보지 못하고 오늘에 이르렀다. 위령비 건립을 계획했던 그녀는 한국 사정을 잘 알기에 '귀향(歸鄕) 기념비'란 이름으로 위령비를 제작했지만, 그것은 단순한 위령의 뜻이 아니라 후세에 전하는 역사의 교훈으로 평화 기원의 뜻을 담고 있어 '평화 기념비'라고 할 수 있었다. 그러나 한국의 반일 감정은 이러한 그녀의 염원조차 허용하지 않았다.

필자 해석으로는 전사한 한국인 특공대원이 일본인 손에 의해 (특공대원으로) 돌아왔기 때문에 허용되지 않은 듯하다. 당초 그녀의 위령비 건립 계획은 그 혼을 고향에 모신다는 발상이었다. 그러나 위령비에 새겨지길, 태평양전쟁 당시 오키나와 해역에서 산화(散花)한 특공대원 으로 되어 있으니 한국인으로선 받아들일 수 없었을지도 모른다. 특 공대원이란 사실을 지우고 '일제의 희생자'로 새겼으면 당당하게 고 향으로 돌아오지 않았을까.

독일까지 원정하여 역사를 뒤집다!

기념비 이야기를 하다 보니 생각나는 일이 또 있다. 1936년 베를린 올림픽대회 마라톤에서 우승한 한국인 손기정(孫基禎) 선수의 '기념 비'에 관한 이야기다. 베를린에는 베를린 올림픽을 기념하여 금메달 리스트의 이름을 새긴 기념물이 있다. 올림픽 스타디움의 기념탑에 새겨진 손기정의 이름은 당시의 일본어 발음 '손기테이'에 따라 영문 으로 'KITEI SON'이라 쓰여 있다. 국적 역시 'JAPAN'으로 적혀 있 다. 이것이 한국인에겐 도저히 참을 수 없는 일이었던 모양이다.

당시 손기정은 일본 국적으로 일본 선수단의 일원으로 올림픽에 출 전했다. 한반도 출신이지만 마라톤 실력을 평가받아 국가대표로 선발 된 것이다. 물론 가슴에 일장기가 새겨진 유니폼을 입고 레이스를 펼 쳤다. 그 무렵 일본의 육상 경기는 세단뛰기와 멀리뛰기에서 금메달 을 따는 등 수영과 더불어 성적이 양호했다. 이미 세계 수준의 기록을 보유한 손기정은 올림픽에서도 금메달에 빛났다. 일본 마라톤 선수 3 명 가운데 2명이 한국인이었는데, 다른 한 명은 동메달을 딴 남승룡 (南昇龍)이었다.

그런데 당시 〈동아일보〉는 시상식 소식을 전하면서 시상대에 선 손기정의 가슴에 새겨진 일장기를 지운 사진을 신문에 게재했다. 이것이 유명한 '일장기 말소 사건'으로 〈동아일보〉 편집자가 반일의 민족감정을 드러낸 것이다. 이로써 〈동아일보〉는 총독부의 미움을 사게 되어 즉각 정간(停刊) 처분되었는데, 그 심정만은 충분히 이해할 만하다.

그런 심정은 그 후에도 오래 이어졌다. 한국은 독일 스포츠계와 국제올림픽위원회(IOC)에 손기정의 국적 회복을 요구해왔다. 그러나 아직 인정받지 못했다. 재독(在獨) 한국인 사회는 해마다 베를린에서 손기정 기념 마라톤대회를 개최하며 '손기정 코리아'를 어필하고 있다. 그 과정에서 아예 베를린으로 날아가 비문을 고쳐 쓰려는 한국인까지 등장했다. 그중에는 국회의원도 있었는데, 그는 한밤중에 스타디움으로 몰래 들어가 끌과 망치로 기념탑의 글자를 파내는 사건을 일으켰다. 1970년의 일이지만 해외로 원정하여 벌인 희귀한 한국식 애국 퍼포먼스였다. 독일 당국이 문제의 국회의원에게 체포 영장을 발부했으나 그는 이미 출국한 뒤였다. 독일 당국은 비문을 즉시 원상 복원했다고 한다.

IOC를 비롯하여 국제적으로는 당연히 1936년 베를린 올림픽의 기록 그대로 역사에 남긴 것이지만, 한국인은 그것을 인정하고 싶지 않았던 모양이다. 한국식의 '있어야 했던 역사'로 보면 손기정은 '손기정 코리아'여야 하고, 그걸 위해서는 실제로 '있었던 역사'인 '기테이손 재팬'은 지워져야 마땅하다는 논리다. 마라톤의 손기정에 관해서는 IOC가 역사 고쳐 쓰기를 인정하지 않았지만, 한국의 역사 바로 세우기가 성공한 예가 없진 않다. 바로 인도네시아에서 일어난 일이다.

인도네시아는 17세기 이래 300년 이상 네덜란드의 식민지 지배를 받았으나, 태평양전쟁 당시 일본군이 진주, 점령하면서 네덜란드 지배에서 벗어났다. 그러나 1945년에 일본이 패전한 이후 네덜란드가 인도네시아에 다시 돌아왔을 때, 독립과 건국을 선언한 인도네시아인의 저항운동이 일어났다. 당시 현지에 남아 있던 일본군은 대(對)네덜란드 게릴라전에 협력하면서 인도네시아 독립운동에서 지도적인 역할을 했다. 그 후 1949년에 인도네시아는 네덜란드 지배로부터 완전히 벗어났다. 독립투쟁에 가담한 예전의 일본 군인들은 영웅 취급을 받았고, 그 가운데 네덜란드군의 포로가 되어 총살 당한 3명은 '외국인 독립 영웅'으로 받들어져 국립묘지에 그 이름과 국적을 새겨 안장(安葬)되었다. 그런데 그중 한 명이 실은 한국인으로 밝혀졌다. 그는 전쟁 당시 군속 신분으로 인도네시아에 파견되어 포로수용소 감시원으로 근무했던 야나가와 시치세이(梁川七星), 한국 이름은 양칠성(梁七星)이었다. 그는 일본 패전 후 그곳에 남아 인도네시아 여성과 결혼하였으며, 그의 이름은 국립묘지 묘비명에 'YANAGAWA SICHISE JAPAN'으로 새겨졌다.

이 같은 사실이 일본인 연구자에 의해 밝혀졌다. 그러자 한국의 매스컴에서 보도되면서 양칠성의 국적과 이름을 되찾는 시민운동이 애국 캠페인으로 펼쳐졌다. 그 결과 인도네시아 정부도 이를 받아들여 새 묘비가 만들어지면서 묘비명이 'YANG CHILSUNG KOREA'란 한국 이름으로 바뀌었다. 새 묘비는 유족과 시민운동 단체에 의해 한국에서 제작되어 인도네시아로 옮겨졌고, 이는 해방 50주년이었던 1995년 8월의 일이었다.

양칠성은 당시 전직 일본 군인으로 일본인 동료와 함께 인도네시아 군에 가담했다. 인도네시아 측 역시 그를 그런 존재로서 받아들여 기록으로 남겼으나, 후세의 한국인이 그래서는 안 된다면서 사실 자체를 인정하지 않았다. 일본 이름, 일본 국적으로는 민족적 자존심이 허락하지 않는다는 주장이다. 이미 세상을 떠난 본인 의사와는 상관없이, 후세 사람들이 후세의 사고방식으로 과거에 실재했던 사실을 뒤바꿔 놓은 희귀한 일이라 할 수 있다.

이로써 인도네시아 국립묘지에서 '전 일본군 야나가와 시치세이'는 영원히 사라졌다. 이 또한 '있었던 역사'를 '있어야 했던 역사'로 뜯어고친 한국식 '역사 바로 세우기'의 하나였다. 한국인의 역사관으로는 아무런 문제가 없을지 모르나, 일반 견해로는 역사를 그렇게 마음대로 뜯어고칠 수 있느냐는 의문이 제기될 만하다. 그것이야말로 틀림없는 '역사 왜곡'이 아닐까.

이제 와서 왜 한일병합 무효 선언인가?

2010년은 한일병합(1910년)이 일어난 지 100년이 되는 해였다. 이를 기념하는 의미에서 쌍방은 한일관계의 과거 회고와 미래 전망에 관한 많은 논의와 행사를 가졌다. 그 일환으로 일본은 국가 차원에서 당시 총리였던 간 나오또(菅直人)의 담화를 발표했다.

한일병합 100주년 논의에서 한국 측이 노린 것은 100년 전의 한일병합조약에 대한 무효 선언이었다. 한국에서는 예로부터 민관이 이 문제에 집념을 불태워오다가 100주년을 계기로 단숨에 이를 실현하고자 시도했다. 이제 와서 왜? 하며 고개를 갸웃거릴 사람들도 많겠지만, 한국인의 역사관을 살피는 데 이는 귀중한 테마라 할 수 있다.

2010년은 한국이 한일병합에서 벗어난 지 이미 65년이 지난 때다. 35년의 병합 시대보다 훨씬 더 긴 기간이다. 병합이 지속되고 있다면 몰라도 끝난 지가 언젠데, 지금에 와서 병합문제를 논하다니! 이건 한국에게도 큰 실례가 아닐까? 굳이 어떤 논의를 하려면, 해방과 독립 후의 65년은 물론 한일 국교정상화 45년의 역사도 동시에 논의하면 더욱 좋지 않을까. 필자는 그게 지난 100년을 종합적으로 바라보는 일이라고 주장했다. 그러지 않으면 반일파의 주도로 한일 쌍방이 시종일관 일본 비판만 하다가 끝나게 될 것이 눈에 선했기 때문이다. 즉 반일을 위한 100주년 기념이 되리라는 점이 충분히 예상되었고, 결과는 예상 그대로였다. 특히 심했던 것이 간(菅) 총리의 담화였다. 유감스럽게도 간 총리의 담화에는 한일관계 100년에 대한 일본 측의 역사인식이 완전히 결여되어 있었다.

한국 측의 요구와 감정에 맞추는 데 급급하여 역사에 대한 일본 측의 진지한 통찰이 전혀 눈에 띄지 않았다. 담화 내용은 병합시대의 식민지 지배가 안겨준 수많은 손해와 고통에 대해 새삼 통절(痛切)한 반성과 사죄의 기분을 표명하는 데 그쳤다. 반면 국교정상화 이후의 교류 확대와 결속 강화에 대해서는 추상적으로 표현하는 데 그치고 있어 담화문이 전혀 박력이 없었다.

100년을 총괄하려면, 이와 동시에 병합시대보다 훨씬 더 긴 기간 동안 있었던 신생 한국의 국난 극복과 경제발전, 나아가 국력의 증진을 높이 평가하고 축하하면서 거기에 일본이 크게 기여할 수 있었음을 기뻐한다는 발언이 들어갔어야 균형 잡힌 역사인식이라 할 수 있었다. 유감스럽게도 담화에는 그런 관점이 결여되어 있었다. 거의 졸작이나 다름없는 내용이었으나 한국 측이 집요하게 노린 한일병합조약의 무효화 선언까지 가지 않은 것이 다행이라면 다행인지도 모른다. 그 바람에 한국에서는 일본정부가 고심한 만큼 총리 담화가 관심을 끌지 못했다. 담화는 병합조약의 옳고 그름은 언급하지 않은 채 일본통치에 대해 다음과 같이 지적하고 있었다.

> "정치적 군사적 배경 아래, 당시 한국인들은 자신의 의사에 반하여 이루어진 식민지 지배에 의해 나라와 문화를 빼앗기고, 민족의 긍지에 깊은 상처를 입었습니다."

이에 대해 한국의 일부 신문(《조선일보》)에서는 "간접적이지만 일본 총리 담화로 일본에 의한 식민지 지배의 강제성을 처음으로 인정했다."라고 좀 과도한 평가를 했으나, 대부분의 미디어는 냉담한 논평을 냈다. 이를테면 불법조약은 애당초 무효이고, 한일병합조약은 일본의 강제에 의한 것이므로 불법, 무효라는 주장이었다. 그럼에도 그것을 인정하지 않은 점에 대해 좋은 평가를 할 수 없다는 식이었다.

이와 같은 간 총리의 담화는 그에 앞서 2010년 5월에 발표된 〈한일 지식인 공동성명〉보다 관심을 끌지 못했다. 한일 쌍방의 지식인이 공동으로 발표한 이 성명의 주된 내용은 한국 측에서 꾸준히 펼쳐온 주장이 그대로 반영된 한일병합 무효선언이었다. 일본 측에는 노벨문학상 수상자인 오에 겐자부로(大江健三郎)를 비롯한 이른바 일본 좌파 문화인들의 이름이 열거되었다. 일본에서는 거의 관심을 보이지 않았으나, 한국에서는 거의 모든 미디어가 톱뉴스로 보도하고 특집으로 꾸미며 크게 다루었다.

한국은 문치주의 전통 때문인지 지식인의 정치적 발언권이 강하며 영향력도 크다. 양국 간의 이런 차이는 그 나름의 흥미로운 테마이나, 병합은 이미 100년 전에 이루어진 일이고 또 65년 전에 끝났음에도 불구하고 한국은 왜 계속 조약의 유-무효와 합-불법 문제에 그렇게 집착하는가? 이전부터 일본정부는 한일병합 조약은 쌍방 대표가 정식으로 조인한 것이므로 유효하고 합법적이라는 입장을 견지해왔다. 그러나 1965년의 국교정상화에 즈음하여 서로 '이미 무효'에 합의한 것처럼, 한국의 독립으로 조약의 효력은 없어졌다. 하지만 한국 측은 1910년까지 거슬러 올라가 '이미 무효가 된 조약'을 조약 자체가 무효라는 뜻으로 해석하면서 그것을 재차 정부 차원에서 확인하라고 요구했다.

국제적으로는 체결 당시에 합법이었고 국제사회도 그것을 인정했다. 지금도 그러한 관점이 대세를 이루지만, 한국은 이를 납득하지 않는다. 과거 〈한일역사 공동연구 위원회〉에서 이 문제를 논의할 때도 일본 측은 국제법적 관점에서 합법론을 주장했으나 한국 측은 제국주의 비판이라는 역사인식을 강조했다. 한국 측은 제국주의 시대의 실상성(實相性)과 도의성(道義性)을 염두에 둔 역사인식 입장에서 불법과 무효를 주장하며 일본과 대립한 것으로 알려졌다.

이와는 별도로 일본 연구자에 의한 귀중한 증언이 있다. 한국이 연합국에 포함되지 못하여 대일 전승국이 되지 못하고 샌프란시스코 강화조약에 참가하지 못했다는, 이른바 '역사의 한'에는 바로 병합조약이 있다는 것이다. 한국의 공개 문서를 통해 밝혀진, 당시 한국 측 조사위원회 보고서를 분석한 연구 결과는 다음과 같았다. 이를테면, 한국이 샌프란시스코 강화조약에 참가하지 못한 것은 한국이 대일 전쟁에 참가하지 않은 사실에 기인하지만, 이것으로는 한일병합조약 무효 주장의 논거가 불충분했기 때문이기도 하다. 한일병합조약 등 구(舊)조약이 무효라는 한국 측 주장은 일본에 대해 자신을 연합국의 일원으로 규정해달라는 것과 마찬가지므로 처음부터 타협의 여지가 전혀 없었다는 주장이다.

한일병합조약 무효론 역시 한국인에게는 이루지 못한 꿈의 한풀이이자, 있어야 했던 역사를 위한 '역사 바로 세우기'의 대상일 뿐이다. 한국에서는 이를 역사청산이란 이름으로 일본에 끊임없이 인정하길 요구하지만, 일본이 한국인의 이러한 특이한 역사관에 맞장구를 칠수는 없지 않은가?

3 한국 반일 정서의 유래

식민지 해방이 반일의 기점

세계 제일의 반일국이자 친일국인 나라!

필자가 처음 한국을 찾은 때는 1971년 여름이었다. 서른이 채 되기 전이었고, 신분은 기자였지만 취재 목적이 아니라 여름휴가를 이용한 관광 여행이었다. 해외여행이 일반화되지 않았던 시절이라 필자의 첫 해외 나들이였다.

이 여행이 지금까지 한국과 오랜 인연을 맺게 된 출발점이었다. 당시 한국에서 느낀 첫인상은 일본에서 전해 듣던 '반일'의 나라가 아니라 오히려 '친일'에 가까운 나라였다는 사실이다. 한국에는 일본인에 대한 친근감이 넘치고 있었다. 매우 신선하고 불가사의했던 첫 경험이 지금까지 기억에 생생하게 남아 있고, 그런 기억 덕분에 한국에 장기 체류하는 오늘이 있게 된 것이 아닌가 싶다.

반일이면서도 반일이 아닌 한국, 친일이면서도 반일인 한국, 단적으로 세계 제일의 반일국이자 동시에 세계 제일의 친일국인 나라! 그런 불가사의한 나라에 사는 불가사의한 한국인! 이 점이 너무나 매력적이고도 흥미로워 필자가 이토록 한국에 오래 살게 되었으리라. 그럼에도 불구하고, 요즘 들어 반일이 왜 이처럼 요란스럽게 활개를 치게 되었는가? 여기서 필자 나름대로 그 경위를 한번 살펴보려고 한다.

40여 년 전 필자는 취미 삼아 연로한 재일 한국인으로부터 한국어를 배우기 시작했다. 그리고 함께 공부하던 친구와 함께 '한글 탐방'이라고 할 첫 한국 여행에 나섰다. 나보다는 친구 쪽의 여행 동기가 더 강렬했을지 모른다. 그는 해방 전 어린 시절을 서울에서 보낸 터라 이참에 그 옛집을 한번 찾아가려고 마음먹고 있었기 때문이다.

친구는 한국 여행을 나서면 우선 서울로 가 예전에 살았던 집부터 찾아가려고 했다. 그러나 필자는 먼저 서울 근교의 수원(水原)으로 갈 계획이었다. 수원을 첫 번째 방문지로 삼은 이유는 당시 일본에서 크리스천들이 한국에 대한 속죄 사업으로 제암리(堤岩里)교회 재건을 위한 모금 운동을 펼치고 있었고, 필자가 그걸 취재하여 기사로 쓴 적이 있었으므로 그곳부터 먼저 찾아가고 싶었다.

제암리교회는 3·1운동의 진압 과정에서 화재로 수많은 희생자가 나온 제암리 사건의 현장이었다. 일본에서는 거의 알려지지 않은 곳으로, 필자는 현장에 꼭 가보고 싶었다. 전형적인 속죄사관의 발로였다. 서울에 도착한 이튿날 우리는 서둘러 수원으로 떠났다. 기차로 수원역에 가서 역전에 있는 한 신문사(《한국일보》) 지국의 문을 밀고 들어가 떠듬거리는 한국어로 제암리 가는 길을 물었다. 필자가 신문기자라서 그런지 신문사 지국이 현지 사정에 밝다는 사실을 알고 있었고, 같은 신문기자니까 안내를 해줄지 모른다는 기대감도 있었다.

수원이 서울 근교라 해도 일본 기자가 불쑥 찾아왔으니 신문사 지국에서도 신기했으리라. 우리는 당연히 호기심의 대상이 되었고 더구나 3·1운동의 사적(史蹟)을 찾는다고 하니 나름의 환영도 받았다. 기대했던 대로 지국장이 직접 검은색 지프에 우리를 태워 현장으로 안내해주었다. 포플러 가로수가 늘어선 길을 달려 나지막한 언덕 위에 있는 제암리교회 터에 도착했다. 조그만 건물과 기념 표지판이 있었던 것 같은데 지금은 잘 기억나지 않는다. 필자는 당시 더운 여름 날씨에 조용한 농촌 풍경 속에서 역사적 상상력을 펼쳐보았다.

속죄 여행의 장소가 경복궁의 민비(閔妃) 암살사건 현장이나 안중근 관련 장소가 아니라 왜 제암리였는가는 좀 의아한 일이지만, 이미 유명한 사실(史實)보다 제대로 알려지지 않은 사실 쪽에 관심이 더 쏠렸던 것이리라. 돌이켜보면 당시의 시대 배경도 어느 정도 작용했던 것 같다. 그 무렵 한국은 일본과의 국교정상화(1965년)를 이룬 박정희 정권하에서, 일본과 직접적인 과거사에 얽매이기보다 '잘살아 보자'라는 슬로건을 내걸고 미래지향적 경제건설에 국력을 쏟고 있었다. 즉 언론매체를 포함하여 한국은 스스로 일본에 대해 과거 일은 뒤로 미루고 현재와 미래를 향해 더욱 노력을 기울이고 있었다.

밝은 북조선 vs 어두운 한국

1970년대까지의 한일관계에서는 이른바 독도문제나 위안부문제는 물론 야스쿠니신사나 역사교과서 문제도 전혀 존재하지 않았다. 이들은 모두 1980년대 이후의 산물이다. 당시 서울 중심부인 광화문에는 이순신 동상이 세워져 관광 포인트가 되고 있었다. 16세기 일본의 침공에 맞서 싸운 '구국의 장군'은 박정희 정권에 와서 더욱 위대한 영웅으로 부활했다. 이순신의 '오래된 과거'는 군인 출신 박정희 정권에 의해 민족정신의 발로로 추앙받았다. 이순신과 그의 호 충무(忠武)는 내셔널리즘의 상징이 되어 여러 곳에서 등장하고 있었다.

이에 비해 소위 일정시대라는 '가까운 과거'는 한일 국교정상화와 일본과의 새로운 협력관계를 고려해서인지 상대적으로 뒤로 밀려났다. 한국은 오로지 경제건설이라는 미래지향적인 추세였다. 이런 분위기 속에서도 필자를 비롯한 일본의 한국 워처(특히 저널리즘이나 지식인)들은 속죄사관의 영향으로 도리어 과거에 얽매여 있었다. 필자는 교육받은 대로, 한국에서는 한과 규탄의 상징이며 일본에겐 속죄의식의 대상이라 할 '제암리'에서 첫 한국 여행을 시작했다.

전후 일본에서는 한국의 그림자가 북조선('한국 대 북한'이란 대칭 표현은 잘못이다. 북한은 한국의 일부이기 때문이다. 지역 대칭으로는 '남한 대 북한', 국가 개념으로는 '한국 대 북조선'으로 표현해야 옳다.)보다 훨씬 옅고 왜소(矮小)했다. 한국이라는 명칭이 일본인들 사이에서 일반화된 것은 1970년대 이후였다. 전후 일본은 저널리즘이나 지식인 세계를 중심으로 오랫동안 사회주의 환상에 젖어 있었기 때문이다. 다시 말해 순진하게도 전전(戰前)의 일본 군국주의에 대한 부정의 반작용으로 사회주의를 새 시대의 이상으로 추종하고 있었다.

한반도를 둘러싼 이미지 역시 마찬가지였다. 중국과 소련을 배경으로 한 사회주의 북조선은 선(善)이고, 제국주의 미국에 지배당한 한국은 악(惡)이자 부정적인 존재였다. 북조선은 사회주의 혁명에 매진하는 밝은 나라고, 한국은 가난하고 어두운 독재국가였다. '밝은 북, 어두운 남'이라는, 지금은 상상조차 할 수 없는 이미지가 형성되는 데는 전후 한반도의 정치 상황도 크게 영향을 미쳤다고 할 수 있다.

전후의 한반도는 미국과 소련의 분할 지배와 동서 냉전 상태에서 남북의 대립 상황이 극심했다. 급기야는 6·25전쟁이라는 열전(熱戰)으로 치달았다. 특히 한국은 북쪽의 공산주의 공세하에서 내부적으로는 좌우 대립이란 정치적 혼란이 이어지고 있었다. 일본에서 '밝은 북, 어두운 남'이라는 이미지가 형성되는 데는 북조선에 의한 대일 공작과 한국의 내정(內政)이 강하게 영향을 미쳤다. 이승만, 박정희 정권 하에서 야당 진영은 일본을 무대로 하여 본국을 줄곧 비난했다. 망명자를 비롯한 한국의 반정부파가 전하는 한국의 국내사정은 정말 암울했다. 전후 일본사회에서는 북조선의 정치공작과 한국의 반정부 세력 때문에 한국에 대한 부정적 정보만이 판을 치고 있었다.

예컨대 1959년에 시작되는 재일(在日) 조선인 조국 귀환 운동의 경우, 그에 대한 의문이나 비판은 없이 오로지 환영 일색이었다. 이는 '밝은 북, 어두운 남' 이미지의 집대성이나 다름없었다. 필자는 북조선 귀환 운동을 니가타(新潟) 항에서 취재한 일이 있었다. 당시의 신문 기사는 귀환 선박을 가리켜 '인도(人道)의 배'라고 하며 선박이 오고가는 길을 '인도(人道)의 항로'라고 했다. 실로 통탄할 일이었으나 당시 일본 저널리즘의 대세는 그러했다.

그 무렵 필자 심정은 다음 세 가지 관념으로 엮여 있었다. 첫째, 사회주의 환상에 의한 혁명적 로맨티시즘, 둘째, 한반도와 결부된 역사적 속죄의식, 셋째, 자학적인 일본 비판이 그것이었다. 그리하여 마지막 종착역을 북조선(조국)으로의 귀환으로 보고 이를 '차별로 가득 찬 일본에서 벗어나 밝은 미래의 북조선으로 떠나는 탈출'이라 규정했다. 과거에 대한 반동에서 기인한 일본 비판은 전후 일본 저널리즘을 비롯한 지식사회의 일등 간판이자 유행병이었다.

첫 한국 여행으로 되돌아가면

한국 여행 둘째 날에는 친구를 따라 그가 살던 집을 찾아 나섰다. 친구의 기억대로 옛 가옥은 그대로 남아 있었다. 긴장하며 조심스레 문을 두드리자 중년 여성이 나왔다. 우리는 서툰 한국어로 찾아온 이유를 설명한 뒤, 집안을 보여줄 수 있는지 물었다. 그러자 상대는 잘 찾아왔다는 듯 얼굴에 웃음을 띠며 우리를 집안으로 안내했다. 매우 친절한 응대에 도리어 우리는 어안이 벙벙해졌다.

일주일 간의 한국 체험은 매우 인상적이었다. 두 가지가 특히 그러했다. 하나는 한국과 한국인이 의외로(!) 힘차고 인상이 밝다는 점이고, 다른 하나는 일본인에 대한 친근감이 넘친다는 점이었다. 그때까지 일본에서 책이나 이야기로 전해 듣던 한국의 인상과는 너무나 딴판이었다. 지방을 포함하여 일주일 동안 한국에 머물면서 우리는 반일 감정을 전혀 느끼지 못하였다. 부산항이 내려다보이는 용두산공원 벤치에서 한 노인으로부터 일본 비판을 들은 것이 고작이었다. 노인이 일본어로 이야기한 내용도 실은 일본에 대한 그리움으로만 여겨지는 것이었다.

일본인 여행자가 거의 없던 시절이었다. 일정시대(가까운 과거)를 지난 지 얼마 되지 않은 무렵이라 지금보다 그 시절의 경험자가 훨씬 더 많았다. 그리고 사람들은 다들 친절했다. 그들 시선에서 호기심은 느낄 수 있었으나 칼로 찌르는 듯한 날카로움은 전혀 느껴지지 않았다. 우리 두 사람이 내린 결론은 이러했다. 음침하리라고 짐작했던 한국인이 의외로 명랑하고 활달하다. 그리고 흔하리라고 믿었던 '반일'이 죄다 사라져 흔적도 찾아볼 수 없다.

이렇게 한국에 대한 첫인상이 역전(逆轉)된 것은 나중에 북조선관(觀)의 역전으로 연결되는데, 첫인상의 배경에는 분명 일본에서 접하는 한국과 북조선 양측에 대한 정보 왜곡이 있었다. 이런 정보 대부분이 한국이나 북조선으로부터 정치적 의도를 띠고 전해진 것일 뿐 필자 스스로 알아낸 것이 아니었다. 한국 여행을 통해 그것을 통감했다고나 할까. 이러한 경험은 필자가 나중에 어학연수를 하고 특파원으로 지내는 한국 생활에서 남의 글과 말에 의존하지 않고 모든 것을 직접 자신의 노력으로 대처하는 계기로 작용했다.

일본 대중문화, 왜 수입 금지했나?

일본통치로부터 해방된 1945년 이후, 한국의 반일에는 몇 가지 에포크(epoch, 전기)가 있었다. 모두가 일본과의 관계보다는 한국의 내부사정에 의한 것이었다. 우선 한국에서는 해방 후 오랫동안 일본 대중문화의 수입이 금지되었다. 일본 가요나 영화 등을 TV, 라디오, 극장에서 방송이나 공연하는 것이 전면 금지되었다. 수입도 물론 금지되었다. 1968년에 일본 가수로서 처음으로 한국에서 공연한 프랭크 나가이(永井)는 영어로 노래하고 그것도 재즈만 불러야 했다. 일본 가요 금지에도 불구하고 한국에서 프랭크 나가이는 유명 가수로 통했다. 그의 노래가 일본발 전파나 해적판 등으로 널리 알려졌기 때문이다. 공연장으로 달려온 그의 한국 팬들은 그의 재즈 노래를 들으려는 것이 아니었다. 그들은 〈유라쿠초(有樂町)에서 만나요〉라든가 〈밤안개에 젖은 제2국도〉 같은 그의 히트곡을 듣고 싶어 했다.

아무리 기다려도 기대하는 가요가 나오지 않자 관객들이 입장료를 물어내라며 한바탕 소동을 벌였다. 주최자는 당국과의 약속을 무시하고 급히 일본 가요를 부르게 하여 가까스로 위기를 넘겼다. 주최 측은 당국으로부터 심한 질책을 받았을 것이다. 이후 주최 측이 이런 사태를 예상하고 결국 그런 식으로 그에게 히트곡을 부르게 하는 작전을 폈을 것이라는 설이 나돌았다.

일본 대중문화의 수입과 공연 금지는 1965년의 한일 국교정상화 이후에도 계속 이어졌다. 그것이 해금(解禁)된 것은 세월이 한참 지난 김대중 정부(1998~2003년)에 와서다. 그러나 해금이 단계적으로 진행되어, 2013년까지도 TV(지상파)에서 일본 가요나 영화, 드라마는 방송되지 않았다. 일본에는 한국 드라마나 K팝 가수들이 물밀듯이 들어오고 있었는데도 말이다.

한낱 농담이지만, 한국에서는 북조선 것도 오래전에 해금되었는데, 일본 것만 안 된다는 이야기가 있었다. 21세기의 한국은 일본 이외의 다른 나라에는 절대 하지 않을 불가사의한 일들을 일본에게는 태연히 하고 있다. 인터넷 시대인 요즘 무엇을 금지한다는 의미가 사실상 없어졌음에도 말이다. 아울러 일본 대중문화의 수입 금지가 시대착오적인 조치라 하더라도, 굳이 그렇게 하는 것은 오로지 '반일'의 상징으로 남겨두려는 것이 아닐까?

일본 대중문화 수입 금지에 대해 한국 측은 국민의 반일 감정이 그것을 용납하지 않는다고 설명한다. 정부 측의 이런 설명에 한국 여론(미디어)도 동조해왔다. 그러나 진상은 그게 아니었음이 드러났다. 왜냐하면 반일 감정이 그토록 심하다면 정부가 금지하지 않아도 국민 스스로 보기를 거부하지 않겠는가? 아무도 보지 않고 듣지 않는다면 방송을 하라고 해도 하지 않을 것 아닌가. 그러면 정부가 일부러 금지하지 않아도 누구도 일본 대중문화를 수입하지 않을 텐데 말이다.

일례로 지난날 나치 독일에 지배당한 폴란드나 프랑스의 경우, 정부가 나서서 독일의 대중문화 수입을 금지하거나 공연을 금지한 일이 있었을까? 없었을 것이다. 한국에서는 금지하지 않으면 국민이 일본 대중문화에 너무 빠져들지도 모르니까 되레 겁이 나서 금지하는 것이 아닐까. 역으로 한국인에게는 진심으로 일본 대중문화를 거부하는 반일 감정이 없다고 봐야 한다. 위에서 본 프랭크 나가이 에피소드가 그것을 단적으로 보여준 셈이다. 이런 현상은 일정시대를 경험한 세대가 많이 살아 있던 시기에 더욱 뚜렷했다.

8·15해방, 그 후 곧이어 반일로!
한국인에게는 1945년 8월의 해방이 갑자기 찾아왔다고들 한다. 종교인이자 대표적 반체제 인사였던 함석헌이 "해방이 도둑같이 뜻밖에 왔다."라는 유명한 말을 했고, 많은 사람들이 해방에 대해 그런 시각으로 증언했다. 이태준의 체험소설 《해방전후(解放前後)》에도 주인공 입을 빌어 "일본이 망했다는데 왜 다들 이렇게 조용할까?"라고 묻는 대목이 나온다.

일정 말기에 해당하는 태평양전쟁 중에는 일본이 한반도를 포함한 총동원 체제였기 때문에, 당시 표현으로 내선일체(內鮮一體) 정책에 따라 조선인의 일본화가 급속하게 이뤄졌다. 필자가 잘 아는 같은 연배의 한국인은 다음과 같은 이야기를 들려줬다. 1944년 여름에 유학 중이던 도쿄에서 방학을 맞아 서울(당시 경성)로 돌아와 영화관에 갔을 때 그는 일본군 진격 뉴스 영상에 열광하는 한국인을 보고 깜짝 놀랐다고 한다. 그 모습이 도쿄의 영화관에서 봄직한 장면 이상이라 우리가 언제 이렇게까지 일본인이 되어 버렸나! 하며 복잡한 심경을 가누지 못했다고 고백했다.

해방이 갑자기 찾아왔기에 일본인화(化)하던 한국인에게 우선 필요한 일은 신생 한국에 걸맞은 '진짜 한국인'으로 되돌아가는 일이었고, 그 방편으로 펼쳐진 것이 철저한 반일교육이었다. 이를 위해서는 먼저 일정시대의 과거를 무조건 부정하지 않으면 안 되었다.

만약 일본이 통치하던 시대가 오로지 지독한 빈곤과 암흑의 시대였다면, 애써 반일교육을 시킬 필요가 없지 않았을까? 그 시대 체험만으로도 충분했을 테니까. 다시 말해 잠자코 있어도 반일이 저절로 되었을 것이다. 그렇지 않았기에 일본인이 얼마나 나쁜 사람들이었고, 일본통치가 얼마나 지독했는가를 새삼스럽게 교육하며 대응해야 했다고 봐야 한다.

그 당시에는 교육을 통해 일본인화에서 벗어날 수 있다고 보았다. 일본과의 과거를 부정하는 것이야말로 새로운 한국인이 되는 길이었다. 이 경우 과거 부정(일본 부정)은 강력할수록 더욱더 효과적이고, 일본의 죄악을 강조할수록 더욱더 효과적인 교육이 되었을 것이 틀림없다. 한마디로 그것은 '친일에서 반일로'의 교육이었다. 한국의 반일은 이런 반작용의 과정을 거치면서 교육을 통해 의도적, 계획적으로 형성되었다고 봐야 한다. 오해일지도 모르지만, 한국의 반일 현상은 해방 후 국가적, 민족적 필요성에 의해 의무교육을 통해 격화되었다고 말할 수 밖에 없다.

경제발전을 위해 반일은 잠정 휴지

반일교육에 브레이크가 걸린 것은 1960년대 이후 박정희 정권에 들어서다. 그렇게 된 결정적 사건은 1965년 한일회담을 반대하는 국내 여론을 계엄령으로 억누르고 체결한 일본과의 국교정상화 조치였다. 국교정상화를 서두른 주된 목적은 경제건설이었다. 박정희는 반일이란 민족적 자존심을 일단 뒤로 미루고 경제발전이라는 실리를 챙기고자 했다. 오늘의 한국을 보면 그때의 선택이 옳았음을 확인할 수 있다. 그런데 경제발전이 실현되자 이번에는 반일이라는 민족적 자존심도 동시에 충족시키려는 마음이 생겼다. 이는 새로운 반일시대의 등장으로 이어졌다.

그 첫번째 계기가 바로 박정희 시대의 종언(終焉)과 더불어 불현듯 나타난 정치적 민주화의 출현이다. 한국에서 '과거'가 다시 부상하는 데는 민주화의 영향을 무시할 수 없다. 박정희 사후 1980년대 후반 부터 민주화 세력에 의한 과거 비판, 즉 과거 군사정권에 대한 비판이 한층 드세어졌다. 아울러 지금까지 상대적으로 억제되었던 일본과의 과거 역사가 재등장하게 되었다.

민주화는 곧장 좌익에 대한 해금(解禁) 조치를 불러왔다. 좌익-친북 세력을 중심으로 한 이른바 민주화 세력은 자기 정당화를 위한 조치 로 과거 좌익에 대한 억압정책을 폈던 이승만, 박정희 시대를 부정하 는 데 전력을 쏟았다. 여기서 과거 부정의 가장 중요한 포인트가 바로 친일에 대한 철저한 비판이었다.

이승만 정권은 반일 정권으로 알려졌지만, 신생 한국에서 북의 위 협에 대항하는 반공 체제 구축을 위해서는 과거 일본통치하의 행정조 직이나 관련 인재들을 그대로 활용할 수밖에 없었다. 그래서 좌익-친 북 세력으로부터 친일파를 등용했다는 이유로 친일, 반(反)민족 정권 이란 비난을 받았다. 한편 박정희 정권은 주지하듯이 여론의 반대를 억누르고 한일 국교정상화를 실현하고, 일본과의 관계를 재구축하면 서 경제발전을 통한 국가재건사업을 추진했다. 그 추진과정은 과거보 다 미래를 위한 것이었고, 일본과의 과거 역사는 뒤로 밀려났다. 일본 의 협력과 지원을 받으면서 동시에 반일을 추구할 수는 없었을 테니 말이다.

한일 쌍방은 국교정상화를 위해서 서로 대립하고 있는 영토문제는 일단 뒤로 미루어 놓았다. 그러나 민주화 이후의 한국에서는 왜 한일

협상 당시 독도가 한국 영토임을 일본으로부터 확실히 인정받지 않았느냐고 불만이다. 경제발전과 국력 증진을 실현한 다음 뒷북을 치는 식이지만, 경제 지원을 받느라고 영토문제를 보류한 박정희 정권이 괘씸하다는 것이다. 그리고 옛 일본군 출신이라는 박정희의 경력을 내세워 박정희와 그 정권을 새삼 친일파(정권)로 낙인찍어 비난의 대상으로 삼았다. 한국의 민주화는 이처럼 과거 군사정권하에서 파묻어 두었던 양국 간 현안 문제들을 다시 끄집어내어 상대 정당에 대한 정치적 공격수단으로 활용했다.

반일이 극일로, 다시 승일로!

한국에서 반일이 다시 고개를 들게 된 계기는 객관적 여건의 변화가 아니라 국내 정치 사정에 의한 것으로, 반일 현상은 민주화 이후 현재에 이르기까지 선명하게 드러난 국내 정치의 격렬한 좌-우 대립양상에 크게 영향받았다.

한국에는 '극일(克日)'이라는 단어가 있다. 친일이나 반일은 예전부터 있었지만, 극일은 비교적 신조어라 할 수 있다. 지금도 또렷이 기억하지만, 1980년대 초반에 생겨난 이 단어는 정책적 필요로 고안한 말이다. 그 의미는 문자 그대로 일본을 극복한다는 뜻이며, 한때는 유행어로 널리 쓰이기도 했다. 이와 비슷한 뜻으로 일본에 이긴다는 의미의 '승일(勝日)'이란 단어도 있다. 극일의 뜻이 실은 일본에 이기자고 다짐하는 뜻임에도 노골적으로 승일로 표현하지 않고 한 발짝 물러나 일본을 극복하자는 뜻의 극일로 표현한 대목이 무척 흥미롭다.

극일이란 말은 전두환 정권(1980~88년) 초기인 1982년에 한일 간

교과서문제가 처음 제기되었을 당시 생겨났다. 그때까지는 이런 단어가 한국에 존재하지 않았다. 무슨 사연으로 이 말이 등장했을까? 당시의 교과서문제란 이런 내용이었다. 일본정부가 역사 교과서의 문부성 검정 과정에서 '아시아 침략'을 '아시아 진출'로 고치도록 했다는 일본의 언론 보도가 그 배경이었다. 이에 한국과 중국이 즉시 침략을 부정하는 역사 왜곡이라고 반발하면서 외교문제로 비화되어 한바탕 소동이 빚어졌다. 그런데 실제로는 검정 과정에서 그런 수정 요구는 없었고, 일본 언론의 단순 오보로 판명되었으나 원님 행차 뒤에 나팔 부는 격이 되고 말았다.

이것이 그 후 한일관계를 끊임없이 뒤흔들게 되는 교과서문제, 나아가 양국 간 상반된 역사인식 문제를 불러온 출발점이었다. 한국이 일본을 비난할 때 쓰는 상투적 표현인 '역사 왜곡'이란 단어도 이 무렵부터 한국사회에 널리 퍼져 현재에 이르고 있다. 당시 한국 매스컴은 일본에 대한 반격으로 일본과의 역사 재확인 캠페인을 펼쳤다. 그러면서 소위 '일제의 만행'을 비롯하여 일본 식민지 지배 시절의 모든 잘못을 죄다 끌어모았다. 박정희 정권 20년간 사라져가던 과거를 새삼 끄집어내어 국민들에게 주입하고자 했다. 과거가 점점 멀어진 만큼 과거를 주입하는 일은 단순하고 강렬해졌다. 예컨대 평화로운 들녘에서 꽃을 따던 가련한 소녀들이 갑자기 들이닥친 일본군에 붙잡혀 트럭에 태워져 끌려갔다는 식의 가짜 스토리, 그것은 훗날 위안부문제의 이미지로 부각되면서 하나의 전설처럼 자리 잡았다.

한국정부는 이러한 반일 정서에 보조를 맞춰 마음껏 국민을 선동했다. 박정희 사후 쿠데타와 다름없는 방식으로 정권을 잡은 전두환 정권은 정권의 정당성을 국민에게 심어주기 위해서라도 반일 내셔널리즘에 올라탈 필요가 있었다. 한국인의 마음을 하나로 뭉치게 하는 것은 언제나 반일이었다. 그러나 언제까지나 반일로 일본과의 관계를 정체시킬 수는 없었다. 정치적 안정을 위해 내세운 슬로건, '안보는 미국, 경제는 일본'에 따라 대일 관계 회복이 급선무였다고나 할까.

여기에서 '극일'이라는 신조어가 등장했다. 일본에 대해 비난하고 규탄하는 반일로 기분은 좋아질지 모르나, 그것만으로는 아무것도 이루어내지 못한다. 그리고 일본이 역사 왜곡을 하지 못하게 하려면 먼저 우리가 힘을 길러 일본을 넘어서야 한다는 의미였다. 아울러 구호도 '반일에서 극일로'로 바뀌었다. 극일을 위해서는 일본을 알아야 한다는 주장도 나왔다. 적을 이기려면 먼저 적을 알아야 한다는 의미에서 언론에서는 '지일(知日)' 캠페인을 펼쳤다.

다른 한편 독립기념관 건립을 위한 국민모금운동이 전개되면서 반일은 근사하게(?) 수습되었다. 이러한 반일의 대전환을 계기로 한일관계가 호전되면서 전두환, 레이건, 나카소네 3자 간의 '한·미·일 허니문 시대'라는 말까지 나왔다. 여담이지만 이 무렵 한일 사이에서 일본 황태자 부부의 방한 계획이 추진되고 있었다. 1983년에 나카소네 야스히로(中曾根康弘) 일본 총리의 첫 방한과 함께, 1984년에 전두환 대통령의 첫 방일을 배경으로 삼은 계획이었다. 당시 한국 매스컴은 고대의 한일관계를 끄집어내어 일본 황태자의 고향 방문이라고 보도하는 등 환영 무드 일색이었다. 그러나 일본 황태자비의 건강 문제로 계획은 무산되고 말았다.

반일 현상을 국력 배양론으로 누르고 수습한다는 전두환 정권의 발상은 박정희 정권과 기본적으로는 마찬가지였다. 박정희가 격렬한 반일 여론을 억누르고 일본과의 국교정상화에 나선 것은 경제발전이 곧 애국이라는 굳은 신념의 발로였다. 반일은 애국이며 민족적이라 주장하고 싶지만 그래서는 밥을 먹지 못한다. 그러니 할 수 없이 반일이라는 자존심을 일단 뒤로 미뤄놓겠다는 취지였다. 앞서 '지고서 이긴다'라고 한 지적도 바로 그런 뜻이었다. 이런 식으로 한국의 역대 정권은 나름대로 당면의 반일 요구를 조절해왔다고 할 수 있다.

그 후 반일 요구를 국력 배양론으로는 조절할 수 없게 되었다. 이미 소개했듯이 1990년대 이후 민주화 시대에 반일이 재등장하면서 극일이라는 말은 차츰 모습을 감추더니 이제는 완전히 사라져 버렸다.

민주화 이후 최근에 이르는 반일의 고양에는 정치적 상황론 외에 한국인의 의식 변화와 사회 분위기의 변화가 깔려 있다. 극일론이나 국력 배양론이 더 이상 먹혀들지 않게 된 이유는 이미 한국의 국력 배양이 상당히 이루어졌기에 일본을 이긴다는 것이 그다지 절실하지 않게 되었기 때문이다. 국력 배양에는 북한에 대한 시각도 포함되어 있다. 포식과 기아로 상징되는 남과 북의 격차가 매우 커지면서 박정희 시대나 1980년대와 같이 북한의 위협을 배경으로 한 발상은 더 이상 효과가 없게 되었다.

게다가 민주화 이후에는 한국이 개발도상국 가운데 경제발전과 민주화를 함께 실현한 세계 유일의 나라라며 국내외에 스스로를 자랑하게 되었다. 정치적 입장을 초월하여 관민이 입을 모아 마음껏 이를 외치기도 했다. 특히 2000년대 이후로 '월드컵 축구 신드롬'에서 보여준 스포츠 내셔널리즘, 나아가 세계로 퍼져나가는 한류 붐과 삼성(三星)으로 상징되는 경제발전 등에서 나온 자기도취 또는 과잉 홍보로 여겨지는 민족적 자신감이 상당히 커졌다.

독도문제나 위안부문제, 동해(東海, 일본명: 日本海)의 명칭 문제와 같은 반일문제를 국제사회에 어필하는 것 역시 넘쳐나는 자신감을 그 배경으로 삼고 있다. 한마디로 세계 속의 한국이 된 것이다. 아울러 중국의 영향력 증대에 기대어 "일본은 이제 그만!"이라는 한국의 분위기도 여기에 한몫하고 있다고나 할까.

풀리지 않는 역사적 한의 근원

그렇다면 국력 배양이나 극일의 시대가 지나간 현 단계에서 벌어지는 반일의 정체는 무엇인가? 왜 그렇게 한국은 반일을 계속 외친단 말인가? 국제무대에서 표출하는 반일까지 포함하면 반일 정서가 더욱 강해졌다는 느낌을 지울 수 없다. "일본은 이제 그만!"이라 할 정도의 자신감이 생겼다면 한국은 이제 일본에서 벗어나도 좋지 않을까? 그리고 좀 더 여유로운 외교를 펼쳐도 되지 않을까? 이런 수수께끼를 풀려면 역시 민족적 자존심에 대해 알아야 한다. 그러려면 1945년 8월 15일 해방 당시로 되돌아가야 한다. 하나의 가설이지만, 한국의 반일은 아직도 충족되지 않은 민족의 한(恨) 내지 자존심 때문이라는 이야기에 다름 아니다.

얘기가 좀 벗어나지만, 한국인들은 남북 분단이 일본 때문이라고 종종 말한다. 듣는 일본인은 "엣?" 하고 놀라지만, 한국 정치인이나 지식인도 그런 말을 서슴없이 하며 북조선 관련 세미나에서도 그런 말을 자주 듣는다.

한반도가 남북으로 갈린 것은 1945년 8월 15일에 일본의 패전으로 미국과 소련이 진주하여 분할 지배했기 때문이 아니던가. 게다가 6·25전쟁으로 분단이 고착화되었기 때문이 아니던가. 그러나 일본 책임론을 주장하는 사람들은 일본이 한반도를 식민 지배하지 않았더라면 미국과 소련의 진주도 아예 없었을 테니 남북 분단은 일본의 책임이라 말한다. 그러나 이는 좀 지나친 말장난이 아닌가? 그렇다면 일본이 러일전쟁에서 이겼으니까, 아니 청일전쟁에서 이겼으니까, 한국을 개국시켰으니까 등. 얼마든지 역사를 거슬러 올라갈 수 있지 않겠는가? 한국의 불행을 일본 탓으로 돌리는 이런 주장은 한국에 살다보면 흔히 듣는 난처한 언사가 아닐 수 없다.

남북 분단의 일본 책임론에는 일본의 패전 방식에 문제가 있다는 좀 엉뚱한 의견도 있다. 일본이 좀 더 일찍 미국에 항복했더라면 소련이 개입할 여지를 주지 않았을 것이라는 설명이 그것이다. 아니 그럼 모조리 남의 탓이란 말인가? 자신의 책임은 하나도 없단 말인가? 이렇게 물으면 이번에는 정반대의 이야기를 꺼내면서 이야기를 더욱 재미있게 만든다. 얘기인즉, 일본의 항복이 너무 빨랐다는 것이다. 항복이 조금만 늦었더라면 그사이 한국의 광복군(光復軍)이 중국에서 한반도로 진군했을 것이고, 그랬다면 광복군이 일본과 독립전쟁(해방전쟁)을 벌여 보기 좋게 일본을 물리치고 자력으로 해방을 성취했을 것이라는 공상소설 같은 소리를 하곤 한다.

광복군이란 당시 중국에서 일본군과 싸우던 장제스(蔣介石)의 중국군 아래에 편성되어 훈련받던 소규모 한국인 부대를 가리킨다. 실제로 그들은 일본이 항복한 뒤에도 한국으로 제대로 귀환조차 하지 못한 처지였다. 이 마지막 이야기는 한국이 이루지 못한 꿈으로 길이길이 '역사의 한(恨)'이 되었다. 이것이 곧 민족적 자존심으로 연결되고, 결국 그 꿈이 이뤄지지 못한 채 오늘에 이르렀다는 사실이 오늘날 한국에서 벌어지는 반일의 정체(正體)라는 얘기다.

그렇지만 어디까지나 과거는 과거일 뿐 1945년 8월 15일을 지금에 와서 현재로 되돌릴 수는 없는 일 아닌가. 영원히 불가능한 일이건만, 유감스럽게도 한국인은 이를 제대로 납득하지 못한다. 솔직히 말해 존재한 과거를 몸소 경험하고 과거를 그 자체로 분명히 인식한다면 이미 체념하고 말았을 일이 아니던가.

그러나 해방 후 젊은 세대는 일정시대의 체험은 없이, 일정시대의 항일 독립운동을 중심으로 긍정적 업적에 대한 과잉의 반일교육을 받았다. 이런 세대일수록 과거사에 대해 체념하지 못한다. 특히 요즈음 풍족한 시대에 자라면서 자신감이 넘쳐나게 된 한국 사람들은 과거 일본의 한국 지배 사실을 상상조차 하지 못할 뿐더러, 그런 사실을 알게 되면 미칠 지경으로 분노하게 된다.

지금 반일의 상징이 된 독도문제나 위안부문제를 살펴보면 그런 사정을 충분히 알 수 있다. 그러다 보니 한국에서 독도문제는 마치 대일(對日) 전쟁을 하는 기분마저 들게 하고, 위안부문제는 일본에 대해 국가로서의 굴복을 요구하는 셈이 되기도 한다. 이렇게 되면 문제 해결이 무척 어렵게 될 수밖에 없다. 민족적 자존심을 회복하기 위해 잃어 버린 역사를 되찾고 싶다는 한국에게 일본은 이제 더 이상 보조를 맞 춰줄 수가 없기 때문이다. 오히려 일본 측이 민족적 자존심을 회복하 지 않으면 안 될 시대로 바뀌었기 때문이기도 하다.

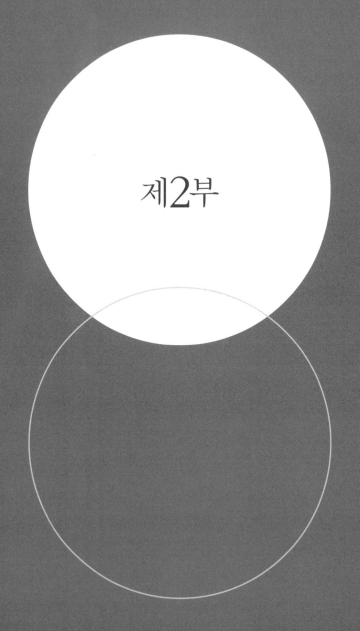

제2부

일본은 한국에
무엇을 남겼는가?

4 남·북한 격차는 어떻게 만들어졌나?

─────────── 열쇠는 일본과의 관계에서 찾아야!

남한은 농경문화, 북한은 수렵문화

남·북한 사이에는 전통적으로 지역 차이가 존재한다. 가령 말씨만 해도 북한 사투리를 들으면 금방 북한 출신임을 알 수 있다. 외국인인 필자도 금방 알아들을 정도니까. 북한 사투리를 쓰는 사람을 만나면, 대개 8·15해방 당시나 6·25전쟁 통에 북에서 남으로 넘어온 실향민 (失鄕民)이 아닐까 생각한다. 물론 그 후 북에서 넘어온 탈북자도 많다. 중국 거주 조선족도 한국으로 많이 건너와 살고 있다.

　남북 사이에는 사람들의 기질 차이도 있다. 북은 남보다 산이 많고 기온이 낮으며 비도 적게 내린다. 이런 자연조건은 당연히 사람들의 생업을 비롯한 산업구조에도 영향을 미치기 마련이다. 농업을 보면 북한은 밭농사 중심이고, 남한은 논농사 중심이다. 좀 더 거슬러 올라가 남과 북의 기층(基層)문화를 살펴보면, 대체로 북한은 수렵문화, 남한은 농경문화라는 견해도 있다.

따라서 북한 사람들은 남한 사람들보다 기질이 과격하고 생활력이 강하다고 말한다. 농경문화인 남쪽 사람들은 보수적이나, 수렵문화인 북쪽 사람들은 진취적이라는 시각도 있다. 이런 설명은 소위 문화인류학적인 측면의 분석이라 할 수 있으나, 여기에 해방 후 70여 년간의 북한 공산화가 더해지면서 남북 간의 이질화(異質化)가 초래되었다는 목소리도 자주 듣는다. 지역 차이에 관한 이야기가 나온 만큼, 한반도의 지역적 기질의 특성을 설명하는 '8도(道)의 기질론'을 여기에 간단히 소개해본다. 예로부터 전해져 내려오는 속설이지만, 북한을 포함한 한국인 전체를 떠올릴 때 참고가 될 만한 내용이다.

한반도는 전통적으로 팔도강산(八道江山)이라고 불렸다. 국토가 8개 행정 구역인 8도로 나뉘며 강과 산이 있는 강토(疆土)라는 의미일 것이다. 이 8도를 현재 남-북한(한국 대 북조선)의 행정구역으로 나누면, 북조선에는 평안도, 함경도, 황해도 그리고 강원도 및 경기도 일부가 들어가고, 한국에는 충청도, 전라도, 경상도 그리고 경기도 및 강원도의 나머지 일부가 포함된다(현재 북조선에는 자강도, 양강도가 신설되고, 한국에는 제주도가 독립되는 등 변화가 있다).

조선시대 누군가가 조선 8도 사람들의 기질을 다음과 같은 사자성어로 압축 표현한 바 있다. 그러나 이 역시 그 시대상을 반영한 것으로 오늘의 지역적 특성을 나타낸다고 할 수는 없다.

평안도: 맹호출림(猛虎出林)	함경도: 이전투구(泥田鬪狗)
황해도: 석전경우(石田耕牛)	강원도: 암하노불(巖下老佛)
경기도: 경중미인(鏡中美人)	충청도: 청풍명월(淸風明月)
전라도: 풍전세류(風前細柳)	경상도: 태산교악(泰山喬嶽)

이런 사자성어를 통해서도 짐작할 수 있듯이, 대체로 북쪽은 격렬한 이미지를 남쪽은 온건한 이미지를 느끼게 한다. 이런 현상은 아마도 각 도의 자연환경과 밀접한 관련이 있을 것이다.

오늘의 남북 격차, 원인은 일본에 있다!

남과 북은 예로부터 기본적으로는 같은 민족, 같은 문화다. 인간적, 문화적, 사회적으로 현저한 우열(優劣)은 찾아볼 수 없었다. 서로 차이가 있었다면 지역적 특성 정도가 아니었을까. 그런데 지금의 한반도 사정은 어떠한가?

누구든 남북의 현저한 격차에 놀라게 되리라. 특히 국력의 차이랄까, 국가발전의 격차가 두드러진다. 과연 남과 북을 같은 민족이라고 할 수 있을지 의아스러울 지경이다. 경제발전의 격차는 말할 것도 없고 사회, 문화 심지어 스포츠 등을 포함하는 예체능 측면에서도 한국과 북조선의 격차는 너무나 크다. 그리하여 국제사회에서 국가 위상 또한 현저히 달라졌다. 한국의 세계 진출은 눈부신 데 반해, 북조선은 국제적인 사고뭉치로 알려졌다. 한국의 경제 규모는 이제 세계 10위권으로 발전했으나, 북조선은 경제를 포함한 모든 지표에서 세계 최하위권을 맴돌고 있다. 예외로 단 한 가지, 북조선은 독재국가답게 핵

무기를 포함한 군사력에서만 놀랍게도 세계 상위권에 자리잡고 있다.

그럼 이러한 남북의 격차는 어디서 온 것일까? 이토록 극단적인 격차는 과거 분단국가였던 동서독이나 남북 베트남에서는 결코 찾아볼 수 없던 현상이다. 그렇다면 그동안 남북한 사이에 무슨 일이 있었을까? 이 점이야말로 크나큰 관심사가 아닐 수 없다.

그동안 한반도의 심각한 남북 격차를 마치 자연스러운 현상처럼 여기며, 특별히 의식하지 않고 모르는 척하면서 살아온 것도 따지고 보면 여간 불가사의한 일이 아닐 수 없다. 그런 가운데서 이 문제가 어쩌면 일본과의 관계 여하와 밀접한 관련이 있지 않을까? 하는 문제의식과 더불어 한반도의 '남·북 격차와 일본'이란 실로 흥미로운 연구 테마에 특별히 주목하게 되었다.

결론부터 미리 얘기하면, 1945년 해방 이후에 벌어진 남·북한의 격차에는 일본이 깊숙이 연관되어 있다고 봐야 한다. 남한은 해방 후에도 일본과의 관계를 계속 긴밀히 유지해왔기 때문에 발전할 수 있었고, 북한은 일본과의 관계를 완전히 단절한 탓에 발전하지 못하고 그대로 낙오하고 말았다는 설명이다. 다시 말해 남한은 일본과 사이좋게 지내면서 발전할 수 있었고, 북한은 일본을 멀리하는 바람에 발전할 수 없었다는 얘기에 다름 아니다.

과거 일본통치하의 한반도에서는 개발정책의 역점이 지역별로 크게 달랐다고 알려져 있다. 예컨대 북한 지역에는 대규모 공업지대를 만들어 광공업 개발에 역점을 두었고 그 대신 남쪽에서는 쌀농사를 비롯한 농업 개발에 역점을 두었다고 할 수 있다. 소위 '남농-북공(南農北工)'의 산업구조를 만들었다. 그리하여 1945년 해방 당시에는 집중적인 공업 개발이 이뤄진 북쪽이 농업 중심의 남쪽보다 경제발전 수준이 훨씬 높았다고 할 수 있다.

전문가 연구에 따르면, 한일병합 이후 북한의 광공업은 크게 발전했다. 특히 1940~45년에 예상 밖으로 군수공업이 급속히 발전하였고, 당시 북한은 아시아에서 유수의 근대적 공업지대로 변모했다. 해방 후 이러한 생산설비는 모두 소련 점령군의 손을 거쳐 김일성 정권으로 넘어갔다. 김일성 정권은 이를 기반으로 주도면밀하게 전쟁을 준비하여 놀랍게도 해방된 지 5년이 되던 1950년에 남쪽으로 침공할 수 있었다. 그리하여 지난날 일본제국이 대륙 전쟁을 위해 북조선에 만들어놓은 전쟁 물자가 그 후 김일성의 6·25전쟁 준비에 쓰이게 되었다는 연구도 있다(木村光彦·安部桂司,《北朝鮮の軍事工業化》知泉書館).

발전 가능성은 오히려 북쪽이 높았다

1945년 8·15해방 이후, 이전 상태 그대로라면 북한이 남한보다 경제발전의 가능성이 확실히 더 컸다고 말할 수 있다. 적어도 6·25전쟁이 끝난 후 1960년대까지는 공업화가 앞선 북한의 경제력이 남한보다 훨씬 우월했다고 해야 한다. 그것은 오로지 일본통치 시대에 이루어진 공업화의 유산(遺産) 덕분이었다. 그러나 현재 상황이 분명히 말해주듯이, 북한은 남한에 역전당하여 상당한 남북 격차가 생기고 말았다. 지금 한국은 경제 규모 세계 10위권에 속하는 경제 강국으로 비약했으나, 북조선은 세계 최빈국이란 나락으로 떨어지고 말았다. 남북 격차를 상징적으로 말하면, 북조선은 대외적으로 기아 상태로 알려져 해외로부터 식량 지원을 받을 정도로 굶주림이 심각한 실정이나, 한국은 외식업에서 나오는 음식찌꺼기 처리 문제를 고민할 정도로 식량이 남아도는 상태다.

한국과 북조선 간 경제발전의 차이를 가져온 근본 원인이 무엇이라고 생각하는가? 하는 질문을 받으면 사람들 대부분은 입을 모아 "북은 사회주의, 공산주의고 남은 자유주의, 자본주의니까!"라고 자신있게(?) 대답한다. 즉 남북 격차의 원인은 정치체제 선택의 차이로, 쉽게 말해 북은 공산주의권에 속해 있고, 남은 자유주의권에 속해 있기 때문이라는 설명이다.

해방 후의 사정으로 보면, 북은 소련 영향권 아래 들어갔고, 남은 미국 영향권으로 들어간 것이 주된 원인이라는 것이다. 여기서 알아야 할 것은 소련 주도의 사회주의 진영인가? 미국 주도의 자유주의 진영인가? 하는 체제 선택의 문제가 앞의 지적처럼, 남과 북이 자주적으로 선택한 것이 아니라는 점이다. 남과 북은 타율적으로 각기 다른 정치체제를 선택할 수밖에 없는 운명이었다.

이처럼 피동적인 선택의 결과가 그 후 엄청난 발전의 차이로 이어졌다는 주장은 일단 정답이라 할 만하다. 또한 그것은 누구나 쉽게 떠올릴 수 있는 대답이기도 하다. 흔히 20세기는 공산주의에 대한 자본주의 승리의 역사라고도 하며, 이런 역사의 귀결은 한반도에서도 예외가 아니였기 때문이다. 이러한 체제 선택의 문제가 남·북한의 발전 격차를 초래한 기본 원인임을 인정하더라도, 한반도의 경우는 다른 원인 한 가지를 더 살펴야 한다는 것이 필자의 견해다. 그것은 바로 일본과의 관계 여하(如何)라 할 수 있다.

일본을 잘 활용한 한국

남-북 간 심각한 격차를 초래한 결정적 계기로 1965년의 한일 국교 정상화 조치를 들 수 있다. 국교정상화 조치로 성립된 새로운 한일 협력체제가 그때까지 북한에 비해 열세였던 남한의 경제를 우위로 역전시키는 중요한 계기가 되었기 때문이다. 당시 국교정상화를 통해 한국이 확보하게 된 대일 청구권자금(일본 측은 경제협력자금이라 부른다.)은 정부자금 5억 달러(무상 3억, 유상 2억)와 민간 상업차관 3억 달러 규모였다. 지금의 느낌으로는 대수롭지 않은 규모일 수도 있으나, 당시 한국의 외화보유고가 수억 달러에 불과하고, 일본의 외화보유고가 20억 달러 정도였음을 감안하면, 이는 결코 적은 금액이라 할 수 없다. 더욱이 자금을 받는 쪽에서 보면, 예컨대 굶주릴 때의 라면 한 그릇과 배부를 때의 비프스테이크 가운데 어느 쪽이 더 맛있고 감사할까를 생각하면 그 답은 분명해진다.

이 정도의 대일 청구권자금이 얼마나 한국 경제발전의 초석(礎石)이 되었는가 하는 점은 제쳐두더라도, 한일 국교정상화 조치는 한국이라는 존재가 국제적으로 공식 인정받고 평가받는 데 중요한 역할을 하게 되었다. 덕분에 한국이 안정적인 국가라는 이미지를 국제사회에 심어주었다.

당시까지 한국은 6·25전쟁은 물론, 그 후의 군사적 긴장과 남북대립, 나아가 이승만 정권을 붕괴시킨 학생혁명과 군사 쿠데타 등으로 국가 이미지가 불안하기 짝이 없었다. 한마디로 당시 한국은 국가 리스크가 대단히 큰 나라였다. 국가 리스크가 큰 나라는 해외로부터 자력으로 투자나 차관을 받기가 어려울 뿐 아니라 일상의 경제교류조차 잘 이루어지기 어렵다고 봐야 한다.

이런 조건에서 일본과의 국교정상화가 이루어지면서 한국은 국제적으로 안심할 수 있는 나라로 인정되어 여러 나라로부터 투자와 차관 등을 받게 되는 등 경제교류와 인적교류가 가능한 나라가 되었다. 즉 일본이 한국의 국제적 국가신용도를 보증한 셈이었다. 이러한 국제적 보증의 의미와 효과는 직접적인 자금지원이나 협력만큼 중요하다. 이리하여 1965년에 맺어진 새로운 한일관계 설정이 그 후 한국의 경제발전을 뒷받침하고, 나아가 북조선과의 발전 격차를 벌리는 근본 요인으로 이어졌다고 해야 한다.

다른 한편 북조선은 어떠했는가? 1948년의 정부 수립 이래 지금까지 북조선은 계속 일본을 배척함으로써 일본과의 새로운 관계 설정을 거부해왔다. 얼마 전 경제문제를 해결하기 위해 일본과의 수교 이야기를 꺼낸 바 있었으나 크게 진전되지 못하였다. 아마도 북조선은 경제적 고난에서 벗어나기 위해 일본의 경제 지원과 협력이 절실했던 것이 아닌가 싶다.

한일 국교정상화가 수립된 지 이미 50년 이상의 세월이 흘렀다. 북조선도 이제 와서 그 의미와 효과를 알아차리기 시작한 것이 아닐까? 그러나 그동안의 공백은 너무나 컸고, 이러한 일본의 공백이야말로 남북의 엄청난 발전 격차를 초래한 결정적 원인임이 밝혀졌다고나 할까. 그러나 그동안 북조선이 일본과 관계가 전혀 없었던 것은 아니다. 국가발전 또는 경제적 의미에서 북조선은 일본 내의 조총련(朝總聯)을 통하여 제한적으로 일본을 받아들이고 있었다. 실제로 조총련이 북조선에 제공한 자금, 기술, 정보 등의 규모는 예사롭지 않게 컸다고도 볼 수 있다. 북조선이 (특히 경제적으로) 여기까지 온 배경에는 조총련을 경유한 일본의 영향을 결코 무시할 수 없다. 북조선이 시종일관 조총련을 중시하고, 조총련 간부들이 북한의 권력 중추에게 국빈 대우를 받은 것은 이런 이유 때문이며, 아울러 북조선도 조총련이 제공하는 일본의 영향이 얼마나 귀중한지를 잘 이해하고 있다고 봐야 한다.

앞서 한일 국교정상화 덕분에 한국의 국가신용도가 국제적으로 높아졌다고 지적한 바 있으나, 그건 북조선이 일본과 국교를 맺을 경우도 마찬가지일 것이다. 우선 북조선의 국가신용도가 올라갈 것은 틀림없고, 언젠가 일본과 북조선의 국교정상화가 성립될 때 북조선의 정치상황이 어떨지는 알 수 없지만, 일본과 북조선의 국교정상화나 경제협력이 한국의 경우처럼 영향을 미치게 될 것은 분명하다.

'당신은 친일파'란 표현이 아직도 터부라니!

새로운 한일관계 설정과는 별도로, 한반도에는 또 다른 의미의 '일본'이 존재하고 있다. 그것은 일본통치 시대의 유산과 관련된 내용이다. 일본이 남겨놓은 과거의 일본(식민지 유산)에 대해 한국과 북조선은 서로 다르게 대처했다. 거기에는 소위 말하는 '친일파' 문제가 얽혀 있는데, 이를테면 한국에서는 정치·사회적으로 지금까지도 친일파에 대한 평가를 에워싸고 논쟁과 대립이 이어지고 있다.

결론적으로 한국은 일본통치 시대의 유산, 즉 '과거의 일본'을 보존하고 활용함으로써 발전했으나, 북조선은 일본통치 시대의 유산을 수용하길 거부함으로써 발전을 이루지 못했다고 할 수 있다. 이런 점에서도 남북의 경제발전 격차의 배경에는 일본이 깊숙이 관련되어 있음을 알 수 있다. 한국에서는 과거청산이니 일제청산이니 하는 말을 곧잘 듣는다. 또한 친일파 규탄에 관한 이야기도 여전히 중요한 화젯거리가 되고 있다. 친일파란 일본통치 시대에 일본 당국의 정책에 협력한 사람들이라는 뜻으로, 지금도 악의 대명사처럼 사용되고 있다.

한국에서는 일본인과 친한 사람이나 일본에 대해 친근감을 가진 사람에게 "당신은 친일파로군!"이라고 말해서는 안 된다. 친일파란 말에는 민족의 배신자 또는 매국노라는 나쁜 의미가 있고, 지금도 여전히 그렇게 통용되고 있기 때문이다. 친일이란 단어에 그런 역사적 의미가 담긴 나라는 지구상에 오직 한국밖에 없다. 그렇다면 일본에 친근한 감정을 품고 있거나 일본을 지지하는 한국인을 어떻게 표현해야 할까? 이는 필자를 비롯하여 한국에 주재하는 일본 기자들의 오랜 고민거리 중 하나다. 지금으로서는 '지일파(知日派)'라고 할 수밖에 없다는 것이 필자의 소견이다. 일본을 비판하는 사람 중에도 지일파가 있으므로, '지일(知日)'과 '친일(親日)'은 뜻이 좀 다르지만 어쩔 도리가 없다. 참으로 불편하기 짝이 없는 노릇이다.

친일이란 단어를 부정적인 역사의 암흑 속에서 해방할 수는 없을까? 노무현 정권 당시 다시금 친일파 규탄 법률인 「일제강점하 친일 반민족 행위 진상규명에 관한 특별법」이란 이상한 법이 제정되었다. 그때 필자는 한국의 정부 여당 관계자에게 몇 차례 문제를 제기했었다. '반민족 행위'만으로도 충분하지 않은가? 어째서 거기에 '친일'이 들어가야 하는가? 하고 물었다. 그 때문인지는 모르겠으나 그 후 법률 개정 때 친일이란 표현이 삭제되었음을 확인하고 기뻤다.

북의 침략으로부터 한국을 수호한 일본

일본 지배로부터 해방된 지 70여 년이 지난 21세기 현재까지 한국에서는 왜 과거청산, 일본 잔재 청산, 친일파 규탄이란 말이 계속 유행하고 있는가. 한국에서는 과거(일본)의 친일파가 청산되지 않은 채 살아남았다는 인식이 뿌리 깊게 박혀 있기 때문이리라. 민족정기를 바로 세우기 위해 친일파는 완전히 청산되어야 한다는 대의명분 때문일까.

이런 주장의 배경에는 해방 후 한국은 북조선에 비해 친일파 청산이 제대로 이루어지지 않아, 그것을 옳게 처리한 북조선에 민족의 역사적 정통성이 있다는 논리가 존재한다. 북조선이나 한국 내의 반정부 세력(좌익)은 예로부터 이런 논리를 앞세워 해방 후의 한국역사를 비난하고, 나아가 역대 한국정부를 뒤흔드는 정권타도 운동마저 전개해오지 않았던가? 친일파 문제가 과거 이야기가 아니라 현실의 정치적 문제로 계속 관심을 끄는 것은 바로 이런 이유 때문일 것이다. 민족주의 경쟁에서 북조선이 여전히 한국에 대해 공세를 취하는 까닭도 바로 이런 이유인데, 과거청산이나 친일파 추방이란 측면에서는 북조선 쪽이 우위를 점하고 있다는 주장이기도 하다.

한국의 국내 정치에서 과거사 처리 문제는 결코 과거의 것이 아니라 아직도 현재에 살아 있다. 가령 상징적으로는 박정희 문제만 해도 그렇다. 박정희는 이미 과거의 인물이지만, 일본통치 시대에 만주 군관학교를 나와 일본의 육군사관학교를 졸업한 구(舊) 일본군 장교였다. 새로 제정된 친일파 규탄 법률에서 일본군 출신자 가운데 장교 이상은 무조건 친일파로 규정되면서 그는 규탄의 대상이자 민족의 반역자로서 역사에 길이 남았다. 박정희의 큰딸 박근혜가 대통령 선거에 나서자, 반대세력은 친일파의 딸을 대통령으로 만들 수 없다며 네거티브 캠페인을 펼치기도 했다.

그간 한국에서 과거청산이 이루어지지 않은 것은 아니다. 정부수립 직후 제정한 「반민족행위처벌법」에 의거하여 친일파에 대한 체포, 재판, 처벌 등이 부분적이지만 행해진 바 있다. 이승만 정권을 비롯한 한국의 역대 정권은 일정시대의 행정(군대나 경찰 포함)과 교육, 비즈니스, 문화 등 각 분야에서 일했던 유경험자들을 그대로 남겨 그들의 경험을 잘 활용하여 신생 국가건설을 도모한 것이 사실이다. 적어도 박정희 정권까지는 한국의 정치, 행정, 경제, 교육, 문화 등 모든 분야에 걸쳐 일본통치 시대 유경험자들이 무척 많이 활동했다.

이승만 정권 때는 남쪽이 북쪽보다 경제력이나 군사력 등 국력이 열세였으므로 북의 위협에 직면하고 있었다. 그러나 다른 한편 해방 직후의 한국은 관료를 비롯하여 조직이나 제도 등 일정시대의 인적, 물적, 제도적 유산을 잘 활용함으로써 북의 공산주의 침략으로부터 자신을 잘 지켜냈다고 말할 수 있다.

미국 학자가 말해준다

지금까지 일어난 이러한 남북 간의 경제적 역전과 현저한 격차는 1960년대 이후 박정희 정권하에서 추진한 급속한 공업화에 의한 고도성장의 귀결(歸結)이다. 이 시기의 급속한 공업화와 경제발전의 배경에는 역시 과거 일본통치 시대의 각종 유산이 살아 숨 쉬고 있음을 알아야 한다. 이를테면 사람, 물건, 제도, 정보, 사고방식 등 모든 면에서 한국은 일본 유산을 잘 활용하여 스스로 괄목할 만한 발전을 이룩

했다. 굳이 말하자면, 공산화된 북조선에서 행해진 친일파 청산과 같은 과거청산이 한국에서는 없었기 때문에 한국이 크게 발전하게 되었다는 역설이 성립할 수도 있다.

1960년대 이후 한국의 공업화와 경제발전으로 말미암은 '한국 자본주의의 식민지 기원(起源)'을 연구한 탁월한 저서《제국의 후예(Offspring of Empire)》(2008, 푸른역사)를 보면, 저자 카터 에커트(Carter Eckert) 미국 하버드대학 교수가 책의 마지막에서 이렇게 지적하고 있다.

> "1948년 건국 이후 한국경제에 공헌한 것이 식민지 시대의 유산만은 아닐지도 모른다. 그러나 이 나라(한국)의 최근 놀라운 변화, 특히 급격한 공업화를 이룩한 박정희 정권 20년 동안의 변화를 살펴보면, 식민지 연구자는 마치 '데자뷰(기시감 旣視感)'와 같은 불가사의한 감정에 휩싸인다. (과거 식민지) 역사는 역시 압도적 승리를 거두었다. 결국 과거는 현재에도 능동적으로 작용하며 살아 움직이고 있다."

한국인은 어쩐 일인지 일본인이 이와 같은 이야기를 하면 귀를 전혀 기울이지 않는다. 필자가 굳이 미국 학자의 연구 결과를 여기에 인용하는 까닭은 바로 이런 사유 때문이다.

5

박정희와 김일성의
서로 다른 만주 체험

해방 후 남과 북의 운명을 가르다

반일과 친일의 수지결산

현재 남·북 간의 현저한 격차를 초래한 원인은 정치체제 선택의 차이와 일본과의 관계 여하라는 것이 필자의 평소 소신이다. 이와 밀접하게 연관되는 문제가 남과 북의 최고 지도자가 젊은 시절에 직접 겪은 체험(?)이라고 생각한다. 체제 선택이 옳았더라도 최고 지도자의 국가경영에 잘못이 있으면, 국가가 제대로 발전하기 어렵기 때문이다. 그런 의미에서 해방 후 남과 북에서 각기 오랫동안 정권을 잡았던 박정희와 김일성, 이 두 사람의 지난날 '경험 차이'가 오늘날 남북 격차를 초래한 중요 배경이 아닐까 하는 문제를 제기해본다.

김일성과 박정희 모두에게는 '일본의 그림자'가 짙게 드리워져 있다. 이러한 공통점을 바탕으로 두 사람을 비교, 분석하는 것은 실로 흥미로운 주제가 아닐 수 없다. 두 사람의 과거 경험을 비교하면서 한반도에 미친 일본의 의미를 고찰해보자. 결론부터 말하면, 그 시대에 김일성은 '반일'이었고 박정희는 '친일'이었다. 이러한 극명한 차이가 남북 격차의 근본 요인이라는 설명에 다름 아니다.

김일성은 해방 전 항일 빨치산으로 일본통치에 저항했고, 해방 후에도 일본을 계속 거부한 '반일가(反日家)'였던 탓에 지도자로서 국가발전에 완전히 실패했다. 반면 박정희는 해방 전에는 일본군 장교로서 일본을 적극적으로 받아들이고, 해방 후에도 재빨리 일본과의 협력관계를 모색한 '친일가(親日家)'였기에 크게 성공했다는 것이 필자의 주장이다. 일본을 배격하여 실패한 김일성의 북한과 일본을 수용하여 성공한 박정희의 남한, 여기에 설명을 좀 더 추가해보면 이러하다.

김일성은 1945년부터 1994년까지 거의 반세기에 걸쳐 북한 최고권좌를 누리면서 오늘날의 빈한(貧寒)한 북한을 만들어낸 반면, 박정희는 1961년부터 1979년까지 18년 동안 통치하면서 엄청나게 부유한 현재의 남한을 일궈냈다. 김일성은 1912년생, 박정희는 1917년생으로 나이 차이는 다소 있으나 동시대 인물이라 할 수 있다. 그런 두 사람이 남과 북으로 갈라져 서로 라이벌 관계를 형성하면서 다 같이 역사에 이름을 남겼다.

'일본'을 매개로 두 사람을 비교해보는 것이 이 글의 목적이지만, 여기서는 먼저 김일성과 박정희 두 사람이 일본과 어떤 관계였는지를 검토해보자. 두 사람의 성장 과정에는 '또 하나의 일본'이라고 할 만주(滿洲)에서의 생활이라는 흥미로운 공통분모가 있다. 이른바 만주를 무대로 하여 김일성은 철저히 '반일의 삶'을 산 반면, 박정희는 철저히 '친일의 삶'을 살면서 대척의 경험을 가지게 되었다.

두 사람은 해방 전의 청년 시절에 다 같이 만주를 체험했다. 두 사람이 만주를 통해 일본과 연계한 방법의 차이가 해방 후 남과 북 지도자로서의 차이, 나아가 국가발전의 차이로 이어졌다고 말할 수 있다. 만주생활이라는 공통 경험을 가졌지만, 어떻게 두 사람은 그 후 행적이 그렇게 달라졌을까? 우선 만주에서 두 사람의 삶이 어떻게 일본과 관련되었는지부터 살펴보자.

만주는 현재 중국 동북지방이다. 1932년에 일본은 옛 청조(清朝)의 후예(만주족)를 내세워 이곳에 만주국을 건설했다. 건국 이념이었던 '오족협화(五族協和)'란 일본, 조선, 만주, 중국(한족), 몽골의 5개 민족이 서로 협력하여 새로운 근대 국가를 만든다는 야심에 찬 원대한 이상이었다. 만주국은 1930년대에 들어서 성립되었으나, 그것은 러일전쟁(1904~05년)에서 일본 승리의 산물이기도 했다. 일본은 러일전쟁의 승리로 만주에서 러시아를 배격하고 지배권을 확보하면서 만주국을 세웠지만, 다른 한편 1917년에 러시아가 공산주의 정권을 세우자 이에 따른 반공의 방파제로서 만주국을 세웠다고도 할 수 있다.

지금으로 말하면, 미국이 군사력을 배경으로 이라크의 후세인 정권을 타도한 뒤, 이라크에 새로운 민주국가를 만들고자 한 것과 유사한 측면이 있다. 어쨌든 만주국은 1945년에 일본의 패전과 더불어 멸망했다. 만주국은 일본제국주의에 의한 중국 침략의 상징이자 일본의 괴뢰 국가였다는 이유로 불행히도 지구상에서 완전히 자취를 감추고 말았다.

어느 시대나 이상과 현실 사이에는 괴리가 있기 마련이다. 만주국의 역사는 13년에 불과하나, 최근 들어 일본에서는 만주국의 이상과 현실 그리고 공죄(功罪)와 명암(明暗) 등에 대한 연구가 활발하게 진행되고 있다. 관련 서적도 많이 출판되고 있으나, 한반도와의 관련성에 대한 연구는 아직 그리 활발하지 않은 것 같다.

朴과 金에게 만주는 청춘의 꿈!

만주는 한반도와 국경을 접하고 있어 예로부터 조선인이 많이 살던 지역이었다. 특히 예전에 '간도(間島)'라고 불렸던 국경지대의 지린성(吉林省) 남부는 조선인에게 삶의 거점이었고, 지금도 여전히 '연변(延邊) 조선족 자치주'로 되어 있어, 장래 중국과 영토분쟁이 발생할 가능성도 배제할 수 없는 지역이다.

만주에는 지금까지 약 200만 명의 조선족이 살고 있다. 일본통치시대에는 한반도에서 꽤 많은 사람이 이주했는데, 특히 북부 헤이룽장성(黑龍江省)에 이주자가 많았다. '만몽(滿蒙) 개척'이라는 당시 일본 당국의 슬로건에 따라 한반도로부터 이주한 수많은 사람들이 만주에서 새로운 삶을 개척하고자 했다. 당시 일본인에게 만주는 '신천지(New Frontier)'란 이름으로 호기심과 의욕을 불러일으켰고, 덩달아 조선인에게도 만주는 꿈과 희망의 땅이었다.

조선인이 많이 이주하여 살게 되면서 만주에서는 항일 독립운동도 활발했다. 한반도와는 직접 국경을 접하고 있어 오고 가기가 쉬웠음은 물론, 땅이 드넓어서 일본 관헌의 지배와 통제도 느슨했기 때문이다. 한반도에서 활동이 어려워진 독립운동가들은 만주로 도피하는 경향이 컸다. 만주는 조선인에게 '친일'이든 '반일'이든 가리지 않고 새로운 삶을 기약하는 꿈과 희망의 활동무대였다고나 할까!

당시 조선인 사이에는 만주를 상징적으로 노래하는 대중가요도 많이 유행했다. 지금까지도 한국에서 인기를 끄는 그리운 트로트 명곡들이 그에 속한다. 예컨대 KBS TV의 장수 프로그램인 「가요 무대」에서 가장 자주 불리는 〈찔레꽃〉은 만주 땅에서 한반도의 남쪽 고향을 그리워하며 불렀던 노래라고 한다. 또한 〈감격 시대〉나 〈대지의 항구〉도 만몽(滿蒙) 개척기에 불린 노래라고 할 만하다.

이 노래들은 만주국이 건국된 1930년대 초부터 40년대 초에 걸친 히트곡이다. 특히 밝고 경쾌한 〈감격 시대〉는 그 곡명 때문에 많은 한국인들이 일본통치에서 해방된 기쁨을 노래한 해방 직후의 가요로 착각할 정도이다. 〈대지의 항구〉는 일본에서 이토 히사오(伊藤久男)가 호쾌하게 부른 만몽 개척의 노래 〈열사(熱沙)의 맹서〉와 아주 닮은 가요다. 또한 국경의 강을 건너간 사랑하는 사람에 대한 그리움을 노래한 〈눈물 젖은 두만강〉은 그리운 트로트 명곡 중의 명곡으로 꼽힌다. 여기서 '그리운 내 님'은 만주 땅으로 건너간 독립운동가라는 것이 최근의 해석이다.

당시 일본에서는 만주 붐이 일어나 "좁은 일본 땅에서 사는 건 지겹다."라는 내용의 가요가 있었고 일본통치하의 한반도에서도 만주 붐이 일었다. 그런 야망의 땅 만주에서 김일성도 박정희도 인생의 이념 형성기라 할 다정다감한 청년 시절을 보냈다. 그 시절 김일성은 철저한 '반일'의 삶을, 박정희는 철저한 '친일'의 삶을 살았음은 앞에서 지적한 바 있다.

김일성의 비정규 생활

김일성은 만주를 무대로 중국공산당 계열의 항일 독립운동에 가담했다. 그에 비해 박정희는 만주 군관학교를 거쳐 일본 육군사관학교를 나온 친일 군인이었다. 박정희가 있던 만주국 군대나 그들을 지도, 지휘하던 일본군(관동군)은 김일성 등의 항일 독립투쟁(공산 게릴라)을 단속하는 쪽이었다. 만주를 무대로 두 사람은 '일본'을 둘러싸고 상호 대립하는 입장이었다. 전기(傳記)에 의하면 김일성은 한일병합 2년 뒤인 1912년에 태어나, 일곱 살 때 아버지를 따라 만주의 지린성으로 건너갔다. 중국과의 국경지대인 그곳에는 현재 조선족 자치주가 있는 것처럼, 당시에도 조선인이 많이 거주하여 조선인의 생활권이 형성되어 있었다.

김일성이 태어난 곳은 평양의 만경대(萬景臺)라지만 그는 태어난 후 바로 만주로 이주했다. 김일성 전기에는 아버지가 민족주의 운동가로 항일 혁명투쟁을 위해 만주로 건너갔다는 식의 '혁명 신화'가 실려 있으나, 실제로는 다들 그러했듯이 더 나은 삶을 찾아 만주로 이주했을 가능성이 높다. 아니면 단순히 돈벌이를 위해 만주로 건너갔을 수도 있다. 그의 아버지 직업은 한방 약재상이었다고 한다. 김일성이 14세가 되던 1926년에 그의 아버지가 31세로 일찍 사망하고, 어머니 역시 김일성이 20세가 되던 1932년에 사망했다. 만주에서 김일성(본명: 김성주)은 중국인이 경영하는 중학교에 다녔다. 지린에 있던 육문(毓文)중학 시절에 공산주의자가 되었고, 17세에 항일운동에 투신했다고 알려져 있다.

김일성은 항일활동을 위해 중학 2학년에 퇴학했다고 알려져 있으나, 만주 땅에서 부모를 일찍 여읜 탓에 소년시절부터 부모 슬하에서 다복한 가정생활을 하지 못하였고, 그때부터 공산주의건 항일 독립운동이건 속마음이 통하는 사람들과 함께 패거리 생활을 시작한 것으로 짐작된다. 이런 생활환경이나 인간관계는 그 후 만주에서 중국공산당 지휘하의 항일 무장 투쟁조직인 '동북항일연군(東北抗日聯軍)'에 가담한 항일 빨치산 생활에서도 마찬가지였을 것이다.

항일 공산주의운동을 단속하던 일본군(관동군 關東軍)이나 만주군은 당시 조선인의 항일 무장집단이나 중국공산당 지휘하의 항일 공산주의자 집단을 '공산 비적(匪賊)', 약칭 '공비(共匪)'라고 불렀다. 만주에는 청나라 시절부터 '마적(馬賊)'이라고 불린 무장 도적집단이 숱하게 존재했다. 이들은 기마(騎馬) 집단으로 기동력을 갖추고 있어 마적이라 불렀다. 김일성이 속한 항일 게릴라집단도 일본 관헌이나 거류민 측이 볼 때 마적의 이미지가 있었다. 이것이 공산 비적, 줄여서 공비라고 불리게 된 까닭이다.

해방 후 소련 지배하의 북한에서는 정권을 잡은 김일성 집단을 '마적 집단'이라 부르는 것이 유행했다고 한다. 지금도 나이 든 보수 인사들로부터 가끔 그런 말을 듣는다. 아울러 1960~70년대에 남한에 수시로 침투한 북한의 무장 게릴라를 남한에서 '공비'라고 부른 것도 그런 연유였다.

마적도 그렇지만 항일 빨치산 역시 일종의 게릴라이므로 비정규 소규모 무장집단인 셈이다. 정규군의 교육과 훈련을 받은 적이 없을 뿐 아니라, 무기도 소화기(小火器) 중심이었으며, 무기나 식량 등은 물론 소요자금도 스스로 조달했고, 때로는 주민들을 약탈하는 일도 자행했다고 봐야 한다.

잠자리도 고정적이지 않았다. 벽지 농촌이나 산간 지역, 삼림지대에 텐트를 치고 거기를 근거지로 삼은 뒤 마을이나 시가지에 침입하여 물자를 약탈하거나 관헌이나 관청을 습격하여 시설을 파괴한다. 정규 무장집단끼리 조직적으로 싸우는 정규전은 벌이지 않는다. 전투는 오로지 정규군에 대한 비정규전으로 하되, 소규모 병력에 의한 소화기 중심의 저항 투쟁이었다. 비정규전이기 때문에 대개 상대를 교묘히 속이는 계략 내지 위계(僞計)를 장기로 삼았다고 할 수 있다. 항일 빨치산은 자신들의 세력을 실제 이상으로 잔뜩 부풀리거나, 거짓 정보를 흘려 상대를 위협하거나 교란하는 등의 정보작전이라 할 중상모략에 특히 능하였다.

여담이지만, 요즈음 북조선이 보여주는 '핵 외교'가 바로 여기에 해당한다. 북조선 워처들 사이에서 북조선은 예로부터 빨치산(partizan) 국가로 불렸고 북조선의 외교 역시 빨치산 외교라고 불렸다. 이는 지난날 만주 시절 김일성의 행적에서 유래한 용어라고 해도 무방하지 않을까!

김일성을 키운 중국공산당

만주에서 보낸 김일성의 청년기를 항일 빨치산의 생활 측면에서 볼 때, 반일과 비정규성에 더하여 중국이란 존재를 키워드로 꼽을 수 있다. 그는 만주에서 중국인 학교에 다녔으므로 당연히 중국어를 배웠을 것이다. 활동무대는 조선인이 많이 거주하던 남만주 지역이었으나,

그는 중국적인 생활환경과 중국문화 속에서 성장하면서 청년기를 보낸 셈이다. 그리고 중국공산당 계열의 무장조직인 동북항일연군에서 항일 무장투쟁을 펼쳤다는 점에서, 만약 그가 마르크스-레닌의 저서를 읽었다면 그건 분명 중국어로 된 책이었을 것이다.

김일성은 조선인 민족주의자 또는 중국인 공산주의자가 조직한 각종 항일 유격대(게릴라)에 마구 참가하면서 중국공산당이 지도하는 게릴라 활동의 병사가 되었으며, 투쟁과정에서 저절로 공산주의 사상을 체득했다고 볼 수 있다. 김일성의 사상 형성에 가장 큰 영향을 미친 사람은 1935~41년에 걸쳐 김일성의 직속상관이자 동지였던 중국인 위증민(魏拯民, 중국 공산당 동만주 특별위원회 서기, 동북항일연군 정치위원회 위원장)이었다(徐大肅,《김일성: 사상과 정치체제》).

만주에서 벌어졌던 김일성의 항일 무장투쟁은 1940년대에 들어 일본 측의 토벌과 단속 강화, 나아가 만주국의 발전(?)에 힘입어 활동무대를 잃게 되었고 김일성은 소련 땅으로 도주한다. 김일성은 하바롭스크 교외에 있던 소련군 지휘의 항일 국제부대 캠프에서 종전(終戰)을 맞았다. 그러나 소련군 산하 국제부대 역시 지휘관은 중국인이었고, 김일성은 그의 지휘하에 있었다. 이렇게 보면 김일성은 만주 체험을 통하여 중국이랄까, 중국적인 요소에 상당히 세뇌되었다고 봐야 한다. 더구나 김일성이 접한 중국은 만주의 농촌이나 산간지대의 중국으로, 오로지 마오쩌둥(毛澤東)의 중국이었다. 그런 의미에서 그의 만주 생활은 중국 내에서도 근대 모습과는 거리가 먼 환경이었다고 할 수 있다.

중국 농촌은 1949년의 공산혁명 성공 이후는 물론, 현대화가 시작된 1980년대 이후에도 일본인 여행객들로부터 "아직도 고대의 풍경 그대로다."라는 농담조의 평을 들을 정도였다. 김일성은 그런 1930년대의 중국 농촌에 빠져 청년 시절을 보내면서 그의 사상과 인격을 형성한 셈이다. 바꿔 말하면 그는 일본을 거부하기 위해 중국에 기울어졌다고도 할 수 있다. 김일성은 일본통치하의 만주에서 반일운동에 몸을 던지면서 끊임없이 일본이라는 존재를 의식했다. 그런 의미에서 한편으로 그는 일본에 의해 길러진 셈이기도 하다. '항일' 혹은 '반일'에 헌신한 만주 시절의 김일성은 일본이 없었다면 상상하기 어렵기 때문이다.

김일성은 해방 후 바로 만주에서의 반일 경력 덕택에 북한에서 일본제국주의와 과감하게 싸운 민족의 영웅이란 간판을 달게 되고, 그것으로 정권을 잡을 수 있었다. '반일 민족주의자'라는 그의 과거 간판은 죽을 때까지 그의 권력을 보증해주었다. 역설적이지만 일본 때문에 김일성은 죽는 날까지 권력을 유지할 수 있었다고도 할 수 있다. 김일성이나 북한은 처음부터 끝까지 반일이었지만, 반일은 어디까지나 일본이란 존재가 있었기에 가능한 일이었다. 결국 김일성도 북조선도 일본이란 존재가 있었기에 지금까지 자신과 국가를 지탱해왔다고 말할 수 있다.

근대화 교육을 받은 박정희

박정희는 어떠했는가? 박정희는 같은 시절 같은 장소(만주)에서 김일성과는 전적으로 다른 삶을 영위했다. 김일성과 달리 박정희는 철저히 일본 편에 서고 일본을 수용하였다. 만주에서 그는 일본의 군인으로서 '일본적인 것'을 철저히 추구했다. 그럼 이제부터 박정희의 만주 체험에 대해 살펴보자.

박정희는 김일성보다 5년 늦은 1917년에 경북 선산군 구미의 농가에서 태어났다. 구미보통학교를 졸업하고 5년제 대구사범학교에 진학했다. 1937년에 만 19세로 졸업과 동시에 소학교 교사가 되어 문경보통학교에 부임, 교사생활을 시작했다. 박정희의 청소년 시절은 이미 한국이 일본에 병합된 지 20년이나 지나 일본의 식민통치 정책이 이뤄지고 있을 때였다. 특히 당시 일본통치의 근간은 학교 교육이었고, 이후 학교 교육을 통해 황민화(皇民化) 정책, 다시 말해 한국인의 일본인화를 위한 일본식 교육이 강력히 추진되었다. 그는 일본식 교육을 직접 담당하는 교사의 길을 걸었다.

박정희의 이런 교육 이력은 김일성과 아주 대조적이다. 김일성은 북조선과 만주에서 이 학교 저 학교를 옮겨 다니다가 마지막으로 중학교에서 퇴학 처분되면서 학교 교육을 중단하게 된다. 반면 박정희는 시종 제대로 된 학교 교육을 받았다. 그는 약 3년의 초등학교 교사 생활을 거친 다음, 1940년에 만주 군관학교에 들어가 1942년에 수석으로 졸업했다. 졸업 후 잠시 만주군에 배속되었다가, 일본 육군사관학교로 파견되어 1944년 3월까지 2년간 일본생활을 하게 되었다.

그 후 만주와 소련 국경의 일본 관동군에서 견습 사관으로 근무한 다음, 1944년 7월부터 만주군 소위로 정식 배속되었다. 박정희가 종전을 맞은 것은 중국 공산당군 토벌을 위해 러허성(熱河省)에 주둔하던 만주군 보병 8단에 배속되었을 때였다. 당시 그의 이름은 창씨개명하여 만주군 중위 다카키 마사오(高木正雄)였다.

박정희가 만주로 건너간 것은 1939년이었는데, 그는 왜 교직을 버리고 만주로 향했을까? 그가 초등학교 교사를 그만둔 것은 일본인 교장과 사소한 일로 다투었기 때문이라는 것이 정설로 되어 있다. 그러나 그것을 반일 행위로 보기는 어렵다. 그는 대구사범학교 시절 배속 장교였다가 관동군으로 전속되어 간 '아라카와(有川) 대좌(大佐, 지금의 대령)'를 찾아 만주로 건너갔고 그의 추천을 받아 만주 군관학교에 입학하게 된다. 만주에서 군인(장교)으로서 새로운 인생을 시작하게 된 것이다. 그가 21세 때의 일이다.

박정희가 만주 군관학교 시절, 고향에 있는 초등학교 제자에게 보낸 편지에는 "만주의 드넓은 황야에서 모래 먼지가 날리는 가운데 당당하게 말을 타고 가는 내 모습을 너희들에게 보여주고 싶다."라고 적혀 있었다(趙甲濟,《朴正熙-韓國 近代 革命家의 實像》).

'황마'와 '준마'의 대결

김일성이나 박정희나 둘 다 만주 벌판에서 모래 먼지가 날리는 가운데 말을 탔다. 그러나 김일성은 '비적'이라 불리는 항일 무장투쟁 게릴라 병사로서, 박정희는 일본군 정규 장교로서 말을 탔다. 전자가 '황마(荒馬)'였다면, 후자는 '준마(駿馬)'였다고 할 수 있다.

박정희의 경우, 대구사범학교 5년과 만주 군관학교 및 일본 육군사관학교 4년 그리고 그사이 초등학교 교사 3년이 그의 인생에서 결정적인 시기였다. 일본통치 시대, 즉 전전(戰前)의 일본 사범학교와 육군사관학교, 그것은 좋은 의미든 나쁜 의미든 근대 일본의 상징과도 같은 교육기관이었다. 박정희는 두 곳에서 철저하게 일본식 교육을 받았다. 일본인에게 전전의 학교 교사 또는 육사 출신 젊은 장교라고 하면 하나의 인물상이 떠오른다. 성실하고 규칙적이며, 일에 대한 열정이 강하고, 신체 강건하며 매사에 엄격하고, 불평불만을 하지 않으며, 정리 정돈에 철저한 사람.

만주 군관학교 시절의 한 동기생은 "박정희의 (책상) 서랍을 열어보면 더 이상 깨끗할 수 없을 만큼 정리 정돈이 잘 되어 있었다."라고 회고했다(앞의 조갑제 저서). 필자는 박정희의 장녀 박근혜로부터 아버지의 그런 모습에 대해 직접 들은 적도 있었다. 이렇게 보면 청년 박정희는 항일 게릴라로서 농촌이나 산간 지역에서 야영하며 청년 시절을 보낸 김일성과는 너무나 대조적인 삶을 살았다고 할 수 있다.

해방 후 김일성은 소련에 의해 북조선의 지도자로 추대된다. 소련은 항일 빨치산 출신인 김일성을 반일 민족주의자라는 간판으로 내세워 국민의 지지를 받으려 했다. 김일성 자신도 역시 반일 민족주의자의 훈장으로 국민을 설득하고 권력을 유지할 수 있었다.

한편 박정희는 신생 한국군의 군인으로서 육군 소장까지 올랐다. 해방 후 한국은 옛 만주군이나 일본군 경험자를 중심으로 신생 국군을 창설하는데, 박정희도 육군사관학교를 졸업하고 창군(創軍)에 가담했다. 그리고 김일성이 6·25전쟁을 일으킨 1950년 당시에 박정희는 김일성의 침략 전쟁을 저지하기 위해 그들의 동향을 정탐하는 육군본부 정보국 소령이었다. 6·25전쟁 동안에 두 사람이 조우하거나 직접 대결을 벌일 기회는 주어지지 않았다. 그들 간의 대결은 박정희가 정권을 잡은 1960년대 이후로 넘겨졌다.

김일성과 박정희는 만주 시절에는 조우하지 않았으며, 입장이 서로 달라 상대가 시야에 들어올 여지가 없었다. 오로지 '반일'과 '친일'이란 두 개의 끈이 일본에 의해 느슨하게 맺어져 있을 뿐이었다. 결국두 사람이 직접 대결을 벌이게 된 것은 박정희가 쿠데타로 정권을 잡은 1961년 이후였다. 이때부터 두 사람은 각기 남과 북의 국가 최고지도자로서 정면 대결을 펼치게 된다. 결과는 한마디로 박정희의 완승과 김일성의 완패로 끝났다. 그 단적인 상징이 바로 '기아(飢餓)의 북과 포식(飽食)의 남'이라 할 수 있다.

일본을 둘러싼 영광과 굴욕

국가 지도자로서 김일성의 실패와 박정희의 성공은 해방 전 만주 시절의 일본이란 존재와 밀접한 관계가 있다. 김일성에게 일본과 관련된 과거는 영광의 과거였다고 할 수 있다. 민족의 영웅인 항일 빨치산 출신이란 영광 덕분에 정권을 잡을 수 있었기 때문이다. 또한 그는 이영광을 자랑하고 강조함으로써 정권을 잘 유지할 수 있었다. 해방 후의 김일성은 '반일'이라는 자신의 과거를 긍정하고 그 영광 속에서 살아왔다. 반일에 너무 안주했다고나 할까.

반면 박정희에게 일본군 출신이라는 친일의 과거는 굴욕의 과거였고 부정해야 할 께름칙한 경력이었다. 김일성과는 달리 결별해야 할경력이었다. 과거에 안주하면 미래에 대한 관심이 사라져 새로운 일을 도모하지 못한다. 아울러 발전할 수도 없다. 그러나 과거 부정에 내몰린 자는 오히려 미래를 지향하며 새로운 일에 도전한다. 거기서 발전이 일어난다. 과거를 뽐내지 않았던 박정희는 김일성과 달리 과거가 아닌 현재와 미래에 더 많은 관심을 기울이게 된다.

김일성은 생전에 평양 중심부의 거대한 동상을 비롯하여 전국 방방곡곡에 동상, 초상화, 기념관, 기념시설 등 소위 혁명 기념물들을 무수히 만들었다. 대부분은 자신의 영광스러운 과거(업적)를 미화하는 것이었다. 그러나 애당초부터 박정희에게는 그런 것이 없었다. 경북 선산(善山)의 생가가 현지인들에 의해 소박하고 조그만 기념관으로 만들어졌으나, 그 빈약함은 오히려 감동적이라 할 만하다. 이에 반해 김일성의 평양 만경대 생가는 국가 사적(史蹟)으로 대대적인 정비가 이루어졌고, 북조선 최고의 관광지로 국내외에 널리 알려지고 있다. 만경대는 주지하듯이, 지난날 일본(니가타)과 원산(元山)을 오가던 악명 높은(?) 화객선 '만경봉호'의 이름이기도 하다.

반일을 통해 과거의 승자가 된 김일성은 과거에 안주하고 방만한 태도로 자기 긍정에 빠지면서 해방 후 국가 지도자로서 실패했다. 북조선에는 김일성 시신을 안치한 호화찬란한 '금수산기념궁전'을 위시하여 김일성의 자기 긍정을 위한 시설이 즐비하다. 권력세습의 네포티즘(nepotism, 혈연주의)과 민중을 배제한 왕후귀족풍의 사치 등이 모두 근대 감각과는 너무나 거리가 멀다. 만주를 무대로 한 야성적인 항일 빨치산(공비)의 승리가 그 배경이기 때문이다.

반면 박정희는 일본식 근대교육을 받고 자랐으며, 근대적인 조직생활 속에서 질서의식과 규율을 배웠고, 실질과 강건을 필수적인 가치관으로 받아들였다. 과거의 패자였던 그는 해방 후 오로지 미래를 향해 일로매진하며 자신과 국가를 잘 운영할 수 있었다.

박정희는 5·16정변으로 정권을 장악한 뒤, 국가와 사회를 근대적
으로 조직화하고 이를 통해 국민을 경제건설에 동원하는 데 성공했
다. 그의 이러한 국가발전은 나중에 '개발독재'라는 비판을 받기는 했
으나, 변화와 발전을 향한 그의 결단은 김일성보다 훨씬 더 과감했다
고 할 만하다.

김일성보다 더 혁명가였던 박정희

박정희나 김일성 두 사람 모두 '혁명가'였다. 박정희는 해방 후에 혁명
을 단행했고, 김일성은 해방 전의 혁명가였다. 그 당시 중국공산당의
항일 부대에 속했던 김일성은 마오쩌둥의 혁명을 자신의 혁명 모델로
삼았다고 할 수 있다. 그럼 박정희의 혁명 모델은 무엇이었을까? 하나
의 가설이지만, 그가 가졌던 혁명의 이미지는 어쩌면 일본의 '2·26사
건'(1936년에 일어난 일본 육군 청년 장교들에 의한 쿠데타 미수 사건)이 아니
었을까? 박정희가 이 사건에 관심을 많이 기울였다는 사실은 한국에
서 출판된 여러 전기나 평전에 기록되어 있다. 그가 청춘 시절을 보낸
만주 군관학교에는 이 사건 관련자들이 교관이나 하급 지휘관으로 근
무하고 있었다는 사실도 유념할 필요가 있다.

이 사건에 대한 박정희의 관심은 젊은 군인이 쿠데타에 의해 정권
을 장악한 방법에만 있지 않았다. 2·26사건의 배경이 된 농촌의 피폐
등과 같은 사회적 부조리를 해결하기 위해서 국가사회주의적인 신체
제를 바탕으로 국민을 총동원하여 새로운 국가건설을 도모한다는 발
상도 그는 함께 갖고 있지 않았을까?

어쩌면 박정희는 김일성 이상으로 혁명가였는지도 모른다. 그의 최대 업적으로는 농민을 '새마을운동'에 동원하여 조직화하면서 농촌을 명랑하고 살기 좋은 곳으로 변모시켰다는 것을 꼽을 수 있다. 또 '하면 된다!'는 삶의 모토를 내세워 국민들의 의욕과 용기를 북돋운 점, 그리하여 국민의 의식구조를 개혁시키는 데 엄청난 성과를 가져온 사실도 마땅히 평가되어야 한다.

한국이 자랑하는 박정희식 새마을운동 역시 일본에 그 뿌리가 있다는 사실을 한국과 일본의 연구자들(문화인류학자인 최길성 히로시마대학 명예교수 등)이 주장하고 있다. 박정희가 청년 시절 사범학교를 졸업하고 교사생활을 했을 당시, 조선총독부가 근면, 자립, 자조, 협동, 우국(憂國) 등을 슬로건으로 내걸고 추진하던 '농어촌진흥운동'에 직접 참여한 경험이 있었는데, 이때의 경험이 훗날 농촌진흥을 위한 새마을운동의 발상으로 이어졌다는 설명이다. 지금 한국은 새마을운동의 경험을 다른 개발도상국 지원 프로젝트로 해외에 수출하고 있다.

박정희는 또한 1970년대 초 한국 정치체제 전복을 위한 북조선의 맹렬한 공세에 대항한다는 명분으로 '유신헌법'을 제정하고, 기존의 체제 비판 세력을 강력히 규제하기 위한 '유신체제'를 출범시켰다. 그의 굳은 신념인 '하면 된다!'는 슬로건과 함께, '유신(維新)'이란 표현도 어딘가 일본 냄새(메이지유신 明治維新)가 풍기는 독특한 명칭이라 하지 않을 수 없다.

박정희가 김일성보다 더욱 혁명가였다는 비평은 그들의 죽음을 비교해보면 금방 알 수 있다. 김일성은 장수를 누리고 1994년에 82세로 사망했다. 사인(死因)은 심장병에 의한 병사였다. 죽은 장소는 평양 북쪽의 휴양지인 묘향산의 호화로운 별장이었다. 말하자면 자기 집 안방에서 마지막 숨을 거두는 일반 서민들의 고통과는 동떨어진 극락왕생(極樂往生)을 했다고나 할까! 이에 비해 박정희는 1979년에 62세의 나이로 측근의 총에 맞아 비명(非命)에 갔다. 김일성보다 늦게 태어나 먼저 떠난 셈이지만, 그의 죽음은 국정을 둘러싼 내부 갈등으로 빚어진 정치적 피살(被殺)과 같은 것이었다. 말하자면 안방 침대 위에서 편안하게 죽은 것이 아니라, 싸우다가 죽은 일종의 전사(戰死)였다고나 할까. 너무나 혁명가다운 거룩한 죽음이었다.

아무도 몰랐던
'일본 숨기기'의 진상

청구권자금 5억 달러도 숨기다

일본은 한국에 감사해야 한다!

한국이 해방 60주년을 맞은 2005년은 한일 국교정상화조약 40주년
이 되는 해이기도 했다. 국교정상화조약을 조인한 날인 1965년 6월
22일을 기념하며 2005년 6월 20일 서울에서 한일 정상회담이 열렸
다. 필자는 이에 대해 신문 사설에 다음과 같이 썼다.

"그저께 열린 한일 정상회담에서는 양국 간의 오랜 현안인 역사인식 문
제 등을 놓고 쌍방 수뇌가 솔직하게 의견교환을 했다고 한다. '솔직하게'
라는 관점에서 국교정상화 40주년을 맞으면서 한국 측에 부탁이 한 가지
있다. 국교정상화 이후 이루어진 한일협력의 성과에 대해 좀 더 솔직하게
평가하고 인정해주었으면 좋겠다는 바람이 그것이다.

그동안 한일협력의 성과는 오늘의 북조선 실정을 감안하면 훨씬 더 분명해진다. 한국과 달리, 북조선은 일본과의 관계 개선과 협력을 계속 거부해왔다. 이것이 한국과 북조선 사이의 발전 격차를 초래한 하나의 배경이 아니겠는가? 한국의 눈부신 발전의 배경에는 40년에 걸친 일본과의 긴밀한 협력관계가 있었기 때문이라는 생각으로 일본 역시 그간 한국의 분투에 즐거워하고 있다. 동시에 일본의 협력을 잘 활용해준 점에서 한국에 감사하고 싶은 심정이다."(〈産經新聞〉 2005. 6. 22)

이 사설의 제목은 "발전한 한국에 감사를"이었다. 이에 대해 독자들로부터 다음과 같은 항의가 들어왔다. "한국에 감사하라니! 그게 무슨 소린가! 마음에 들지 않는다. 한국이 일본에 감사해야 한다는 건 알겠는데, 일본이 한국에 감사해야 한다니 틀린 말이 아닌가?"라는 내용이었다. 그러나 이런 항의는 지나치게 단순한 소견이 아닐까? 사설의 목적은 한국에 대해 일본의 협력을 올바르게 평가하고, 그 성과를 객관적으로 그리고 제대로 인정하라고 주문하는 것이었다. 따라서 한국의 발전을 칭찬하는 것은 결과적으로 일본 협력의 성과를 칭찬하는 셈이 된다. 독자들의 항의는 이 같은 '함의(含意)'를 제대로 알아차리지 못한 탓이리라. 어쨌든 한국에서는 '한일협력의 성과=한국의 발전'이란 도식을 좀처럼 인정하려 들지 않으니 말이다.

그런데 2005년 여름에 해방 60주년에 맞춘 듯이, 미국 시사주간지 〈TIME〉(8월 15~22일호, 아시아판)이 「현대 아시아」 특집으로 '아시아는 일본에 감사해야!'라는 취지의 논문을 게재했다. 이 논문은 싱가포르의 전직 외교관으로 싱가포르 국립대학 리콴유(李光耀) 공공정책대학

원 학장을 지낸 인도 출신 키쇼어 마부바니(Kishore Mahbubani)가 쓴〈아시아의 재생(再生)〉이었다.

그는 '아시아의 세기(世紀)'라고 불릴 만큼 아시아에 발전을 안겨준 원동력은 아시아 문화에 대한 아시아인의 자신감이라고 했다. 그러면서 일본의 성공이 아시아 여러 나라에 그 같은 자신감을 불어넣었다고 했다. 가령 인도에 대해서는 "러일전쟁에서 러시아가 패하면서 비로소 인도인에게 인도의 독립이라는 인식이 생겨났다."라는 인도 초대 총리 네루(Jawaharlal Nehru)의 말을 인용했다. 그리고 20세기 초엽에 일본이 성공하지 않았더라면 아시아의 발전은 더 늦어졌으리라 주장했다. 일본이 아시아의 발흥을 불러왔고, 심지어 일본의 식민통치로 고통받은 한국도 일본이라는 모델이 없었다면 그렇게 빨리 성공하지는 못했을 것이라면서 아시아는 일본에 심심한 감사를 보내야 한다고 아퀴를 지었다.

이 논문은 중국의 발전에 관해서도 일본의 영향으로 발전한 홍콩, 대만, 싱가포르 그리고 한국의 덕분이라면서, 중국 또한 일본에 감사하지 않으면 안 되며 (중략) 일본이 아시아 태평양에 던진 조그만 돌멩이의 파문이 중국에까지 은공(恩功)을 미쳤다고 주장했다. 한국의 근대화와 경제발전이 일본의 영향을 받았다는 사실은 국제적으로 이미 상식이 되었다. 북조선도 한일 국교정상화 이후로 겉으로는 한국에게 일본에 종속, 예속, 유착한다며 좌경적인 선전이나 비난을 퍼붓지만, 돌아서서는 일본의 영향력을 인정하고 있다.

일본의 영향력을 부정하는 한국

그러나 유독 한국만이 이런 사실을 인정하려 들지 않는다. 1945년 해방의 진정한 의미를 포함하여 한국이 이러한 사실을 제대로 인정하고 싶지 않은 심정은 어느 정도 이해하지만, 그것은 어디까지나 이치를 벗어난 감정 같다. 하지만 객관적 사실과는 상관없이 한국인들은 이런 사실에 대해 울화가 치미는 모양이다.

인정하고 싶지 않다거나 인정하지 않는다며 버티는 사이, 점차 진실에 대해서도 그럴 리가 없다는 식으로 바뀌게 된다면 그것은 문제다. 사람들이 의도적으로 얘기하지 않으니 누구도 그 사실을 알지 못하게 되고 결국 그런 일은 처음부터 아예 없었던 일로 돌아가면서, 마지막에는 일본이 언제 한국을 도와줬단 말인가? 하는 식으로 애초의 진실은 완전히 다른 모양이 된다.

한국의 경우 정부, 매스컴, 정치가, 학자와 지식인(한국에서는 이들이 너무 정치적이어서 낭패다)이 상대가 일본이라면 민족감정이 먼저 발동하여 무조건 감정적이 된다고나 할까! 이를테면 '인정하고 싶지 않다, 화가 치민다, 무조건 싫다'라면서 반일 민족감정을 앞세우고, 결국에는 일본의 영향을 아예 무시하고 부정하려는 '일본 숨기기' 또는 '일본 감추기' 현상이 벌어지게 된다.

지식인들도 사적으로 만나면, 세계에서 일본의 영향을 가장 많이 받으면서도 일본을 가장 바보 취급하는 것은 한국인이라고 할 정도로 솔직하게 나온다. 그러나 공적 입장이 되면, 언제 내가 그랬냐는 식으로 일본의 영향과 도움을 절대로 인정하려 들지 않는 것이 한국 지식인의 공통적인 행태다. 한국 지식인들은 그렇게 사실대로 인정하지 않는 것이 민중에 대한 선도와 계몽의 자세라고 생각하는 모양이다. 이처럼 내용을 잘 알고 있는 지식인부터 의도적으로 '일본 숨기기'를 자행하고 있으니 질적으로 한층 더 사악한 형태라고 할 수 있다.

김영삼 대통령의 경우, 첫 일본 공식 방문에 앞서, 필자가 공식 석상에서 한일협력의 성과를 어떻게 생각하느냐고 물었더니 한국 덕분에 일본이 돈을 벌고 있지 않은가? 하고 답변했다. 그 후 김대중 대통령은 첫 일본 공식 방문에 즈음하여 발표한 한일 공동선언에서 한국으로서는 처음으로 일본과의 협력관계를 긍정적으로 평가했다. 당시 공동선언에는 "(두 나라 수뇌는) 한일 양국이 1965년의 국교정상화 이래 각 분야에서 긴밀한 우호 협력관계를 발전시켜 왔으며, 이와 같은 협력관계가 상호 발전에 기여한 점에 관해 인식을 함께했다. 김대중 대통령은 지금까지의 금융, 투자, 기술이전 등 다양한 분야에 걸친 일본의 경제지원을 평가한다."라는 내용이 있었다.

그 후 노무현 대통령은 즉각 입장을 후퇴했다. 한일협력을 평가하기는커녕, 시곗바늘을 과거로 되돌려 야스쿠니신사 문제, 역사교과서 문제, 독도문제라는 '반일 3점 세트'로 일본 비난에 여념이 없는 태도를 보였다. 노무현은 한국에서 해방 이후 세대의 첫 번째 대통령답게, 다시 말해 일본의 영향을 인정하지 않는 일본 숨기기의 세뇌교육을 받은 젊은 세대의 정치 지도자답게 행동했다고나 할까?

노무현보다 더 젊은 세대인 국회의원 정몽준에 이르면 '일본 숨기기'가 더욱 강화된다. 국제축구연맹 부회장을 오래 역임하여 스포츠계의 거물로 통하는 그는 자전적인 저서《일본인에게 전하고 싶다!》

(日經BP社)에서 이렇게 적고 있다.

"일본 식민지 시대에 건설된 인프라도 (6·25전쟁으로) 거의 붕괴, 소실되
고 말았다. (중략) 현재의 철도는 휴전 후에 한국인 손으로 새로 부설한
것이다. 모든 인프라는 한국인 스스로 구축한 것이다. (중략) 그야말로 한
국인의 피와 땀으로 쌓아 올린 한국경제의 역사다. 결코 일본이 식민지
한국에 남긴 산업기반 덕분이 아니다. 자기 손으로 일궈낸 것이다. 일본
이 패전의 잿더미에서 일어선 전후 부흥을, 이웃 나라가 초토화된 6·25
전쟁 특수 덕분이라고 하면 기분 좋을 일본인이 있겠는가? 그와 마찬가
지로 한국인 스스로 이룬 경제부흥을 의심하는 것은 용납할 수 없다."

6·25전쟁이 끝난 다음에도 인프라는 그런대로 남아 있었다. 철도
와 항만 등 대부분의 인프라가 일정시대에 만들어진 것을 기반으로
하여 재건, 확대되었기 때문이다. 그리고 소위 일정시대의 유산은 물
건만이 아니라, 사람, 제도, 사고방식 등 '무형(無形)의 자산'으로도 많
이 남아 있었다는 것 또한 엄연한 현실이다.

(정몽준으로 다시 돌아가면) 정몽준은 그의 저서에서 아버지 정주영 현
대그룹 창업자를 소개하면서, 정주영이 조선과 자동차산업에 진출하
는 결단을 스스로 내렸다고 칭송하고 있다. 그런데 현대그룹에서 가
장 성공한 케이스인 현대자동차의 경우, 알고 보면 처음에 일본 미쓰
비시(三菱)자동차와의 제휴를 통해 그 기초를 닦지 않았는가? 아울러
한국 자동차 역사의 여명기에 활약한 현대의 이름난 소형차 '포니'도

엔진 제공을 비롯하여 미쓰비시자동차의 기술원조에 의해 만들어지지 않았는가?

자동차 이야기가 나온 김에 하나 더 소개하면, 제2의 한국 자동차 메이커였던 기아자동차(지금은 현대 계열로 합병)는 일본 마쓰다(松田, (前)東洋工業)와의 기술제휴로 성장한 회사다. 기아자동차가 히트한 차종은 원래 일본 마쓰다에서 제작한 왜건 '봉고'였다. 그 결과 한국에서는 지금도 '봉고'가 왜건의 대명사로 불리고 있다. 또 한 가지 사례로, 기아의 히트 차종 가운데 '기아 마스터'라는 경화물차가 있었다. 그 차 이름을 처음에는 '기아 마쓰다'(起亞 松田)로 지으려고 했으나, 한국인에게 '마쓰다'의 일본 발음 쓰(ッ)가 어려워 '마스터'로 지었다는 에피소드가 있다. 이 역시 한국인은 잘 모르는 '일본 숨기기'의 재미있는 사례 한 토막이라고 할 수 있다.

일본의 협력은 숨겨졌다

이를테면, 일본은 지금까지 한국을 조금도 돕지 않았다든가 또는 일본이 한국에 제공한 경제협력이 아무짝에도 쓸모가 없었다는 식의 이야기가 들리면, 일본인으로서 잠자코 있을 수만은 없다. 더욱이 '일본 숨기기'를 통하여 되레 일본 비난이나 일본 때리기를 자행한다면 그야말로 난처한 일이 아닐 수 없다.

지금까지 한국에서 벌어진 일본 숨기기의 최대 사례는 1965년의 국교정상화에 따른 소위 한국에 대한 일본의 '보상(補償)문제'라고 생각한다. 이미 오래전에 일본은 한국에 보상할 만큼 보상했지만, 한국에서는 여전히 일본은 전혀 보상하지 않았다는 식의 무례하고 무책임한 주장이 널리 퍼져 있다. 한국은 지금도 무슨 일만 있으면 일본에 대해 말도 안 되는 보상 요구를 계속 되풀이하니 말이다.

한마디로 이는 허구다. 이런 허구는 일본 숨기기에 의해 만들어졌지만, 지금까지 줄곧 유지된 것이 신기할 따름이다. 한일 국교정상화는 과거청산을 위한 중대한 계기였는데, 진정한 과거청산으로 이어지지는 않았다. 그 원인의 하나가 바로 한국의 '일본 숨기기' 현상이라고 할 수 있다. 이 문제에 대해 간단히 소개해본다.

한국정부는 2005년에 국교정상화에 관한 외교문서를 두 차례에 걸쳐 일반에게 공개했다. 그 내용은 한일 쌍방의 신문에 자세히 보도된 바 있다. 과거 식민지 지배와 관련된 보상문제는 양국 정부 사이에 '완전하고도 최종적으로 해결'되었다는 것이 외교문서를 통해 새삼 확인되었다. 더구나 한국 측이 그동안 일본 측에 집요하게 요구해온 개인 보상 문제도 한국정부가 책임지기로 하여 이미 해결되었음이 밝혀졌다. 당시의 한국 외교 문서에는 이렇게 설명되어 있었다.

> "우리나라가 일본 측에 제시한 청구권에는 정부 당국의 청구권은 물론 국민(법인 포함)이 보유한 개인 청구권도 포함된다. (중략) 이처럼 청구권 문제는 우리나라의 각 청구권 항목을 하나하나 밝혀서 해결하는 것이 불가능했으므로, 일괄 타결하는 방식으로 처리했다. 일본과의 청구권문제가 해결되면 개인 청구권문제도 포함하여 동시에 해결되며, 따라서 한국 정부는 개인 청구권 해당자에게 보상 의무를 지게 된다."

이는 일본에서 이미 잘 알려진 사실이었다. 따라서 일본정부는 개인보상을 포함한 보상문제는 완전히 해결되었다고 주장했고, 일본 국민도 그렇게 알고 있었다. 그러므로 위안부문제를 비롯하여 일본에 여전히 보상을 요구하는 한국에 대해 다들 고개를 갸웃거리며 뭔가 이상하다고 생각해왔다.

그럼에도 한국에서는 정부, 매스컴, 지식인 모두가 이런 사실에는 입을 다물고, 일본은 보상(특히 개인보상)을 하지 않았다며 일본을 계속 비난해왔다. 아마도 잘 알면서도 되도록 언급하려 들지 않았다고 보는 편이 더 정확할지 모른다. 한국에서 일본의 과거청산을 숨기며 국민들에게 제대로 알리지 않았던 탓에 일본이 전혀 보상하지 않았다는 허구의 여론이 퍼진 게 아닐까?

1990년대 이후로 반일운동의 상징처럼 된 종군위안부 보상문제에 대해서도, 한국의 어느 외교부 간부가 공식 석상에서 "그 보상 요구는 한국정부에게 해야 한다."라고 발언하는 장면을 필자가 직접 목격하기도 했다. 그 후 한국정부는 자기가 위안부였음을 밝힌 사람들에게 생활지원 형식으로 개인보상 했다고 알고 있다. 그러나 한국정부는 지금까지 위안부문제를 포함한 소위 개인보상의 경우, 한국정부가 책임을 지고 있으니 한국정부에게 보상을 요구하라는 공식 발표를 한 적이 한 번도 없다. 매스컴이나 지식인들도 마찬가지다. 일본에 대한 보상 요구를 묵인하면서 오히려 크게 환영하는 편이다. 그러면서 그들은 말끝마다 일본은 보상하지 않았다든가, 과거에 대해 속죄하지 않는다든가 하는 비난을 퍼붓고 있을 뿐이다.

한국정부가 외교문서를 공개하게 된 것은 일본통치 시대의 징병을 비롯한 전쟁 피해자 관련 단체가 벌인 정보공개소송의 결과였다. 당초부터 이들 단체가 한국정부를 상대로 개인보상을 요구했더라면 쉽게 해결될 문제였다. 그걸 하지 않고 언제나처럼 반일운동의 일환으로 문제를 제기하고, 설상가상으로 한국 언론과 지식인은 앞장서 선동하고 나섰다. 게다가 일본 내의 반정부 단체나 반정부 운동가도 덩달아 이에 적극 호응하거나 때로는 선동까지 벌이면서 문제를 가일층 복잡하게 만들었다.

이때의 외교문서 공개를 계기로 비로소 한국정부에 보상을 요구하는 움직임이 시작되고, 한국정부도 긍정적인 대응을 약속했다. 결국 지금까지 일본은 조금도 보상하지 않았다며 오로지 반일을 외치기 위해 엄연한 사실을 숨겨온 셈이었다. 이 역시 '일본 숨기기'라고 불러야 마땅하지만, 이보다 더 중요한 일본 숨기기 사례는 한국이 청구권자금을 어떻게 사용했는가를 보면 더욱 확실하게 찾을 수 있다.

청구권자금 5억 달러, 어떻게 썼나?

1965년의 한일 국교정상화 당시 일본은 한국에 대해 무상 3억, 유상 2억, 도합 5억 달러의 경제원조(이와 별도로 민간차관 3억 달러 제공)를 약속했다. 한국 측은 이를 대일 청구권자금이라 불렀다. 과거 일본의 지배와 관련하여 한국은 일본에 보상을 요구할 권리가 있으므로 이를 일본에 청구하여 받은 자금이라는 의미다.

한국은 일본의 경제원조를 '청구권'의 의미로 받아들였다. 그리하여 한국은 과거 지배와 관련하여 일본에 대한 청구는 이것으로 모두 끝내고, 앞으로는 더 이상 청구하지 않는다고 약속했다. 즉 청구권문제는 이것으로 완전히 매듭짓는다는 뜻이었다. 한국은 대일 참전국이 아니었기 때문에 전쟁과 관련한 배상(賠償)을 요구할 권리가 없었다. 또한 식민 지배와 관련한 보상문제는 국제적으로 전례가 없었기에 할 수 없었다. 따라서 한국 내부에서도 당시 일본으로부터 자금을 수취 하는 것에 대해 국제법이나 윤리적인 측면에서 어려움이 많았다는 증언이 나올 정도였다.

결국 한국의 독립을 축하하는 뜻에서 일본이 경제원조 5억 달러를 제공했고 한국이 이를 수취한 셈이다. 한국은 지금까지도 금액(규모)에 대해서 불만이 있는 듯하지만, 현재 감각으로 겨우 5억 달러인가? 하며 쉽게 넘길 일은 아니다. 이미 지적한 것처럼, 배고플 때의 라면 한 그릇과 배부를 때의 비프스테이크 중 어느 쪽이 더 먹음직스러울까를 생각하면 답은 분명해진다. 1960년대 초의 한국은 1인당 GNP(국민총생산)가 100달러에도 못 미치는 세계 최빈국의 하나였고 일본 역시 외화보유고가 약 20억 달러에 불과한 처지였다. 이런 시대 상황을 고려하면 5억 달러라는 금액은 결코 적은 액수가 아니었다.

어쨌든 이 5억 달러를 한국은 어디에 어떻게 썼을까? 문제는 여기서 다시 '일본 숨기기' 현상이 벌어진다. 한국정부가 일본정부로부터 받은 청구권자금의 사용처와 관련해서는 한국정부가 1976년에 발간한 《청구권자금 백서》에 매우 구체적으로 기술되어 있다. 전후 배상을 포함하여 일본이 아시아 제국에 제공한 경제협력자금의 사용처에 대해 이렇듯 보고서를 자세히 작성한 나라는 한국밖에 없다고 한다. 분명히 한국은 일본의 경제원조를 경제발전 및 국가건설에 가장 효과적으로 활용한 나라로서 국제적으로 높이 평가받고 있다. 이 점에 대해서는 일본도 한국에 감사할 따름이다.

개인보상을 스스로 거부한 한국!

국교정상화 교섭과정 중 보상문제에 대해 일본 측은 먼저 개인보상 (안)을 제안했다. 그러나 한국 측이 그것을 거부하고 정부의 일괄 수령을 요구하면서 그렇게 타결되었다. 이 역시 외교문서 공개로 죄다 밝혀진 내용이다.

일본으로서는 한반도가 남북으로 분단된 상황에서, 한쪽에만 국가 간 보상을 하는 것은 모양이 좋지 않다고 생각했다. 역시 분단국가였던 독일이 처리한 것처럼 개인보상이 좋을 것이라 판단했다. 그러나 한국정부는 청구권자금을 개인보상으로 각자에게 나눠주기보다는 정부가 일괄 수령하여 경제건설에 사용하는 쪽이 더욱 효과적일 거라고 판단했다. 그것이 장기적으로 국가와 국민에게 더욱 플러스가 되리라 본 것이다. 한국 측의 선택이 옳았음은 그 후 한국의 눈부신 경제발전이 입증하고 있다. 만약 당시 5억 달러를 개인보상으로 하여 해당 국민들에게 얼마씩 나눠주었다면 어떻게 되었을까? 어쩌면 아무것도 남지 않았을지도 모른다.

여기서 중요한 포인트는 5억 달러의 청구권자금이 어떻게 쓰였는가? 하는 문제다. 정부 발행의 《청구권자금 백서》에 의하면, 농림, 수산, 광공업, 과학, 사회간접자본 개발 등 모든 분야에 골고루 투입되었다. 주요 항목별로 살펴보면, 농업용수 개발, 농업기계화 사업, 농사 시험 연구, 어선 도입과 건조, 수산물 가공처리, 수산물 양식, 어항

(漁港) 확충, 종합제철소 건설, 중소기업 육성, 각종 학교 실험실습 시설 확충, 기상대 예보시설 확충, 원자력 연구시설 확충, 소양강(昭陽江) 댐 건설, 경부고속도로 건설, 상하수도 건설, 수리-간척(干拓) 사업, 남해대교 건설, 한강철교 복구, 철도 개량, 화력발전소의 송배전 시설 확충, 시외전화 확충 등. 그야말로 한국의 경제 및 사회 발전을 위한 거의 모든 인프라 건설 사업에 효과적으로 골고루 사용되었다.

이 가운데 상징적인 프로젝트는 무엇일까? 현재 세계 최대 규모 철강기업으로 발전한 포항제철(POSCO) 건설, 한국 육상수송의 최고 동맥인 경부고속도로 건설 그리고 서울을 비롯한 수도권을 장마철 수해로부터 지켜주는 한국 최대의 소양강 댐 축조를 '빅 3 사업'으로 꼽을 수 있지 않을까?

이상의 각종 프로젝트에 과거에 대한 보상적 의미의 청구권자금, 즉 일본의 경제협력자금이 사용된 것으로 일본도 나름대로 충분히 '빚을 갚은 셈(보상)'이 되었다고 할 수 있다. 그런데 문제는 이러한 사실이 한국 내에 거의 알려지지 않았다는 사실이다. 실제로는 정부가 국민에게 사실을 제대로 알리지 않았다고 해야 한다. 물론 정부가 발행한《청구권자금 백서》가 있었지만, 일반 국민에게는 이 책자의 존재조차 알려지지 않았다.

'일본 숨기기'란 이런 내용을 지칭한다. 포항제철이나 경부고속도로를 모르는 한국인은 없다. 소양강 댐 또한 유명 대중가요 〈소양강 처녀〉에서 알 수 있듯이, 아름다운 경관으로 한국인에게 매우 잘 알려진 명소이다. 그렇지만 그것이 '일본의 보상(청구권자금)'으로 만들어졌다는 사실을 아는 한국인은 별로 없다. 아니, 한국정부가 그 사실을 의도적으로 알리지 않았다. 그렇다면 야당이나 언론 등이 정부에 대해 왜 국민에게 제대로 안 알려주느냐고 따져야 할 일인데도 그러지 않은 데 문제의 핵심이 도사리고 있다.

만약 이런 사실이 제대로 알려졌더라면 어떻게 되었을까? 역사에는 '만약'이란 가정이 아무 의미가 없다고 하지만, 만약 그랬더라면 한국인의 반일 감정에 분명 무슨 변화가 일어나지 않았을까? 그랬더라면 적어도 오늘날 이렇게 거국적인 반일소동은 벌어지지 않았을지도 모른다는 생각이다.

그렇다면 왜 한국에선 일본 숨기기가 국민 몰래 은밀하게 행해지는 걸까? 도대체 무슨 이유로 이런 비상식적인 일본 숨기기가 필요할까? 예컨대 지금까지 행해진 정도의 보상으로는 충분하지 않다고 생각해서일까? 또는 보상하지 않았다고 계속 주장해야만 물심양면으로 이익을 챙길 수 있기 때문일까? 아무튼 한국은 일본 숨기기가 결론적으로 자신에게 플러스가 된다고 판단한 것만은 분명하다.

일본에 대해 아직 보상하지 않았다고 계속 주장함으로써, 어떻게든 물질적으로 더 많은 이익을 끌어낼 수 있다는 속셈이 있을 것이다. 끊임없이 그런 말을 듣노라면 일본에서도 한국에 대한 계산이 뭐가 잘못됐나? 하며 태도가 다소 해이해지지 않을 도리가 없다. 특히 국민정서랄까, 전후적인 가치관이랄까, 한국에 대한 속죄의식이 어느 정도 남아 있는 분위기에서는 그것이 더욱 유효할 수 있다. 그런 효과 때문인지는 몰라도 그동안 한국에 대한 일본 관민의 지원은 경제, 기술, 정보 측면에서 계속 이어졌다고 해야 한다. 일본에게 한국은 언제나 특별한 나라, 특별한 상대였기 때문이다.

그러나 시간이 경과하면 역사에 얽힌 속죄의식은 후퇴한다. 일본 측에서는 이제 한국에 대해 할 말은 하자는 분위기가 형성되고 있다. 아울러 한국의 반일 현상은 과거에 얽힌 속죄의식을 겨냥한 물질적 이익에서 이제 심리적인 우월감 쪽으로 점차 옮겨가는 추세다. 일본 은 (죄의 대가를) 보상하지 않았다고 생각하면서 생겨난 정신적 우월감 이 한국인을 크게 만족시키고 있다. 한국적 표현을 빌리면 이는 일종 의 '도덕적 우월감'이다. 한국인에게 더할 나위 없는 민족적 자존심을 키워준다. 1945년 8월의 '한(恨)'도 도덕적 우월감으로 치유 가능하다 는 생각이다.

여담이지만 소위 종군위안부 문제에 대해 한국이 그토록 집요하게 나오는 것도 일본에 대해 도덕적 우월감을 유지하고 싶기 때문이다. 문제가 여성이란 성(性)과 결부되므로 일본을 도덕적으로 비열하다고 비난하기에 절묘한 카드가 아닐 수 없다. 이리하여 위안부문제는 일 본에 대한 도덕적 우월감을 부추길 수 있다는 점에서 한국으로선 좀 처럼 버리지 못할 카드라 할 만하다.

한일협력의 최대 성공 프로젝트, 포항제철

1965년 국교정상화 이후 한·일 두 나라 사이에서 가장 성공적인 협 력 사업을 꼽으라면 그것은 포항제철소 건설 프로젝트다. 특히 보상 과 연관된 청구권자금을 사용한 프로젝트인 만큼 일본인들은 그 의미 가 더욱 크다고 믿고 있으나, 유감스럽게도 한국에서는 이 역시 일본 숨기기 일환으로 다루어져 일반에게 제대로 알려지지 않고 있다.

포항제철소 건설에 얽힌 상세한 '한일협력사'는 언젠가 누군가에 의해 제대로 기록될 것으로 믿으며 여기서는 간단히 다루고자 한다. 필자는 몇 해 전 포항제철소 건설에 참여했던 일본인 기술자들이 집필한 회고록을 입수했다. 기술자 OB들은 '여보세요회(會)'라는 일종의 동창회 조직을 만들어, 1997년에 《포항제철 건설 회고록: 한국에 대한 기술협력의 기록》(비매품)이라는 책자를 자비로 출간했다.

당초 포항제철소 건설계획은 구미(歐美) 5개국 8개 회사의 컨소시엄에서 세계은행의 지원을 받아 추진할 예정이었다. 그러나 세계은행이 계획에 타당성이 없다는 판단을 내리자 구미 각국이 참여를 포기했고, 결국 일본이 그 일을 모두 떠맡게 되었다고 한다. 야하타제철(八幡製鐵, 그 후 新日本製鐵, 현재는 新日鐵住金)을 중심으로 일본의 철강사들이 기술협력을 하고, 청구권자금에서 소요자금을 댔다. 청구권자금 사업 중 최대 프로젝트였음은 잘 알려진 대로다. 위 회고록에 한국 측 최고 책임자였던 박태준 초대 포항제철 사장은 이렇게 회고담을 남겼다.

"세계은행 등의 회의적인 판단과 비협조 때문에 포항제철소 건설이 좌절 직전의 위기에 처했을 때, 마지막 희망의 끈으로 당시 야하타제철의 이나야마(稻山) 사장을 찾아가 지원을 요청했다. 이제는 고인이 된 이나야마 사장과 나눈 당시의 대화를 나는 평생 잊을 수 없다. 그는 (중략) 수십 년 동안 한국을 지배하면서 한국에 커다란 손실을 끼친 일본이 한국의 경제 발전에 협력하는 것은 당연한 일이라고 역설하면서 (중략) 주도적인 역할을 맡아 주셨다."

꽤 오래전의 일이지만, 포항제철소를 견학하면서 필자는 일본이 협력한 성과를 담당자들에게 물어보았다. 그러자 제철소 어느 간부가 당시를 회고하면서 "선생도 좋았지만 학생도 좋았다."라고 대답했다. 그 말이 너무나 인상적이라 필자는 지금까지 기억하고 있다.

회고록에는 그 무렵 '일본인이 할 수 있는 것을 우리가 못할 리 없다'라는 그들(한국인)의 투혼을 절절히 느꼈다는 일본인 기술자의 회고담이 적혀 있었다. 또 다른 일본인 OB는 이렇게 썼다.

> "한국에 체류할 당시 내가 항상 느꼈던 것은 '조금만 더 지켜보라. 언젠가는 우리가…'라는 그들의 강렬한 기백이었다. 두뇌가 뛰어나고 근면하며 향상심에 불탔고, 더구나 일본을 타깃으로 삼아 돌진하는 한국인! 그로부터 20여 년이 지난 지금, 한국의 철강업을 비롯하여 조선업, 전자공업 등의 약진(躍進)은 그 무렵에 이미 기약되었다고 할 만하다."

일본의 협력을 받으며 한국인들은 한층 더 분발했다. 포항제철소는 1970년 4월에 착공하고 1973년 7월에 1기가 완성된 다음, 그 후 1980년대까지 몇 차례 확장이 이어졌다. 한국 측 회사 간부였던 어떤 사람은 일본 측 건설 동료에게 보낸 편지에서 "당시의 JG(재팬 그룹)와 우리만큼 기술협력이 원활하고 원만하게 수행되고, 다들 보람을 느끼면서 힘차게 하루하루를 보낸 사례는 아마 세계 어디서도 찾아볼 수 없으리라 생각합니다. 오늘의 세대에게 이런 이야기를 해주어도 제대로 이해하지 못하는 것이 참으로 유감…"이라고 적었다.

일본 측 관계자들은 이제 다 은퇴했지만, 그들 역시 그 후 한국의

'일본 숨기기' 현상에 불만을 터뜨린다. 과거를 모르는 세대가 늘어나면서 되레 반일이 두드러지는 현상에 위화감(違和感)마저 느낀다는 것이다. 그들은 포항제철소 건설 현장에서는 반일이 전혀 없었는데 어찌하여 지금 와서 이렇게 반일 소동인가? 하고 되묻는다. 모처럼의 협력이 국민들에게 알려지지 않고, 도리어 반일 여론만 퍼져가고 있으니 이 어찌 딱한 노릇이 아니겠는가!

회고록 가운데 어느 일본인 기술자는 "기간산업으로서 한국의 경제 발전에 크게 공헌한 제철업과 근대적인 철강 일관(一貫) 시스템을 처음으로 성공시킨 포항제철의 위업 그리고 거기에 적극 협력한 일본(기업)을 그 나라 사람들은 왜 정당하게 평가해주지 않는가?"라며 고개를 갸웃거린다. 또 다른 일본인 OB는 (훗날) 사내에서 벌어진 한국어화(化) 운동 캠페인을 보고 충격을 받았다. JG가 가르친 기술 용어를 한국어로 전부 바꾸는 운동이었다. (중략) 그리고 한국 사람들은 이것(포항제철)이 일본의 협력으로 만들어졌다고는 전혀 생각하지 않는다면서 다음과 같이 썼다.

"지금 한국은 철강산업에서 일본을 이겼다. 역사적인 대승리를 거두고 가슴이 후련해졌다. 그렇지만 우리 JG 단원은 기쁘게 생각하지 않으면 안 된다. 몇 백 년이 흘러 '한국의 철강업 융성에는 분명 JG의 협력이 있었다.'라고 말해줄 한국의 역사학자가 단 한 사람이라도 나타나기를 기대할 따름이다."

메이지 산업혁명 유산과 POSCO의 인연

포항제철은 그 후로도 확장을 거듭하여 지금은 POSCO란 이름으로 세계 유수의 종합제철소로 우뚝 섰다. 그리고 '한강의 기적'으로 불린 1970년대 이래 한국 경제발전의 상징이자 공업국가 한국을 떠받치는 버팀목이 되었다. POSCO 창업의 역사를 되돌아보면, 한국 측 최고 지도자(박태준)가 말한 것처럼 일본의 철강업계 특히 야하타제철의 적극적 지원과 협력을 빼놓을 수 없다.

몇 해 전 한일 간에는 유네스코 세계문화유산 등록을 두고 외교 마찰이 빚어졌다. 일본이 등록을 추진한 '메이지 산업혁명 유산'에 대해 한국이 트집을 잡은 것이다. 한국 측은 8건 23개소의 '유산' 가운데 나가사키(長崎)의 산업 유산인 옛 하시마(端島) 탄광(별칭 군함도)을 비롯한 몇몇에 대해, 20세기 전쟁 중 한 시기에 한반도 등 외지에서 징용 노동자가 동원된 역사가 있다는 사실을 들어 반대하고 나섰다.

일본 측은 메이지 산업혁명 유산의 역사가 메이지 말기인 1910년에 끝나므로 전쟁 중의 역사와는 아무 관계가 없다는 입장이었다. 그러나 최종적으로 한국 측 피해자의 역사를 반영해야 한다는 주장을 받아들이면서 등록이 실현되었다. 역사의 한 시기, 징용공으로 노동을 강요당한 한국인이 존재했다는 사실을 기록으로 남기기로 하고 외교적 타결을 본 것이다.

그렇게 세계문화유산으로 등록된 23개소 가운데에는 후쿠오카(福岡) 기타규슈(北九州)에 있는 관영(官營) 야하타제철소가 포함되어 있다. 훗날 한국의 포항제철 건설을 전면 지원한 바로 그 야하타제철소 말이다. 한국의 트집을 흉내 낸다면, 세계문화유산 '관영 야하타제철소'의 역사에 부디 다음과 같은 기록을 덧붙여주기를 바란다. "세월이 흘러 1970년대가 되자 야하타제철소의 기술은 한국 최초의 종합제철소이자 일본의 협력으로 건설된 국영 포항제철소로 이어져 한국의 경제발전에 크게 기여했다."

이상과 같이 한일 국교정상화에 즈음하여 일본이 한국에 제공한 청구권자금이란 이름의 경제협력은 포항제철소 건설을 포함, 각종 인프라 건설에 투입되어 한국 경제발전의 초석(礎石)을 깔게 되었다. 일본 자금이 어디에 어떻게 쓰였는지는 한국정부가 1976년에 발행한《청구권자금 백서》에 상세하게 기록되어 있다. 이와 관련하여 필자는 개인적인 에피소드를 하나 소개하고자 한다.

이 백서는 당시의 경제기획원이 발행한 것으로 서두에 남덕우(南悳祐) 부총리 겸 경제기획원 장관의 발간사가 나온다. 남덕우는 만년에 한일협력위원회(1969년 발족) 회장을 역임한 인물이다. 2012년에 한일협력위원회가 서울에서 개최한 세미나에 필자도 참석했다. 그 자리에서 필자는 남덕우 회장에게 오래된 백서(白書)를 보여주면서, "이 백서는 한일협력의 진실을 말해주는 상징이자 바이블이 아닌가. 오는 2015년에 한일 국교정상화 50주년 기념사업의 하나로, 이 백서를 복간하면 어떨까? 특히 한국 국민을 위해 반드시 복간했으면 좋겠다."라고 제안했다. 그러나 애석하게도 남덕우 회장은 50주년을 채 기다리지 못하고 이듬해 타계하고 말았다.

한국 라면은 일본협력의 상징

청구권자금에 의한 한일협력 프로젝트 외에도 한일 두 나라 사이에는 지금까지 수많은 협력 사례가 있었다. 그중 경제 분야 특히 민간기업과 관련된 대표 사례 몇 가지를 여기 소개한다. 대표적이라기보다 상징적이라고 하는 편이 더 나을지 모르지만, 필자가 뽑은 '베스트 3'는 다음과 같다. 인스턴트 라면, 야쿠르트 그리고 롯데백화점이다. 모두가 한국인에게 대단히 친숙하고 대중적인 존재다. 한국인이라면 누구나 잘 알고 있는 회사들이지만, 그 배후에 있는 일본과의 협력관계에 대해서는 거의 모르고 있다.

먼저 인스턴트 라면의 경우, 한국의 즉석면(봉지라면)이 현재 생산, 소비, 수출에서 모두 세계 베스트 3에 들어간다. 1인당 소비량도 세계 제일이라고 하니 명실공히 한국은 라면 대국이라 할 만하다. 바로 그 한국 라면의 역사가 라면을 창시(創始)한 일본 관계회사로부터 기술을 무상 제공 받으면서 시작되었다는 것을 아는 한국인은 거의 없다. 누구도 알려주지 않았기 때문이다. 더구나 이러한 기술 제공은 국교정상화 이전인 1960년대 전반에 있었던 일이다.

다음은 하야시 히로시게(林廣茂)의 저서 《등신대의 한국인-등신대의 일본인: 한일 소비자 분석의 현장에서》를 참고한 내용이다. 하야시 히로시게는 마케팅 전문가로, 도시샤(同志社)대학 교수를 지낸 필자의 오랜 친구다.

한국 인스턴트 라면의 역사는 선두 기업인 삼양식품의 창업자 전중윤 회장이 1963년에 일본 묘조(明星)식품의 기술을 전수(傳受)하면서 비로소 시작된다. 전중윤은 묘조식품의 오쿠이 기요스미(奧井淸澄) 사장을 직접 만나 식량 부족에 허덕이던 당시 한국의 실정을 설명한 뒤, 인스턴트 라면을 활용하여 식량문제를 해결할 의지를 열성적으로 호소했다. 지금은 고인이 된 오쿠이 사장은 전중윤의 열정에 감화되어 무상으로 제면(製麵)기술을 제공하겠다고 다짐한다.

전중윤은 오쿠이로부터 오케이를 받은 이튿날부터 묘조식품 공장에서 열흘 동안 기술 지도를 받았다. 라면 제조의 핵심인 원료 배합표(레시피)도, 회사 간부들의 반대에도 불구하고 오쿠이의 결단으로, 귀국하던 날 하네다공항에서 전달받을 수 있었다. 기내에서 전중윤은 "기쁘고 너무 감격스러워서 계속 눈물을 흘렸다."라고 고백했다.

묘조식품에서는 기술 지도를 위해 한국에 자사 직원까지 파견했다. 라면의 생산과 출하에는 1년이 걸렸다. 그 후 삼양라면은 한국에서 라면 업계의 선구로서 오랫동안 톱의 지위에서 업계를 이끌었다. 전중윤은 2014년에 타계했다. 한국 언론은 그의 인생을 소개하면서 한국의 라면 개발 역사를 회고하는 기사를 다루었다. 그러나 일본의 민간기업으로부터 기술을 무상으로 전수했다는 미담(美談)을 언급한 곳은 한 곳도 없었다.

'야쿠르트 아줌마'에 희망자 쇄도

1970년대 초에 한일 합작으로 한국에서 최초로 생산, 판매하게 된 야쿠르트는 한국 최초의 유산균 음료였다. 야쿠르트의 '야쿠'는 한자 '약(藥)'의 일본어 발음과 유사했으나, 실은 그렇지 않은 국적 불명(?)의 이름이 오히려 주효(奏效)했던지 야쿠르트는 시판되자마자 한국사회에 정착했다. 현지화에 가장 성공한 한일 합작기업의 하나였지만, 실제로 야쿠르트가 일본제품임을 아는 한국인은 별로 없다.

그러나 야쿠르트가 한국사회에 공헌한 점에는 좀 색다른 면이 있다. '야쿠르트 아줌마'의 등장이 그것이다. 멋진 모자에 유니폼과 스니커즈 그리고 카트. 이런 모습이 그때까지는 사회적 평가가 낮은 직업으로 여겨졌던 식품 배달원 (여성)의 이미지를 단숨에 끌어올렸다. 야쿠르트 아줌마 모집에는 희망자가 쇄도했다. 우선 그 모습이 멋져 보였던 모양이다. 우유 배달과 같은 동업의 다른 회사들도 야쿠르트를 본받기 시작했다. 또한 야쿠르트는 주부들에게 파트타이머 직장을 조직적으로 제공하게 되었는데, 이 역시 한국에서는 야쿠르트 아줌마가 처음이었다. 야쿠르트 덕분에 한국 주부들도 당당하게 아르바이트를 할 수 있게 되었다고나 할까!

롯데가 일으킨 비즈니스 문화혁명

롯데는 재일교포 한국인 신격호가 창업자이나, 기업문화는 어디까지나 일본문화라 할 수 있다. 1979년에 서울 중심가에 오픈한 롯데백화점은 비단 한국의 유통업만이 아니라, 한국사회 전체를 관통하는 일종의 '문화혁명'과 같았다.

롯데는 '손님은 하느님(神)'이라는 일본 유통 문화를 한국에 들여왔는데, 그 상징이 일본 스타일의 직원 인사법이었다. 일본에서 스카우트되어 초대 부사장으로 롯데백화점의 서울 개업을 책임진 아키야마 에이치(秋山英一)가 그의 회고담(후지이 미치히코 藤井道彦, 《한국 유통을 바꾼 사나이》)에서 밝히듯이, 한국 백화점에서 여자 종업원들이 손님에게 고개를 깊숙이 숙이면서 인사하는 법은 롯데백화점이 최초로 선보였다고 할 수 있다.

당시 한국 백화점 종업원은 그야말로 무뚝뚝했다. 필자도 경험한 사실이지만, 손님이 상품에 대해 뭘 물어봐도 대개는 '없어요, 몰라요'의 두 마디뿐이었다. 백화점 내부가 그리 밝지 않아 쇼핑할 흥도 나지 않았다. 그런데 롯데백화점은 점원들에게 웃는 얼굴로 고개를 숙이게 하고, '어서 오세요, 감사합니다, 또 오세요' 하는 인사를 시켰다. 또 개점 시간에는 경쾌한 행진곡 〈아이다(Aida)〉를 틀었다. 백화점에 식당가와 이벤트 코너를 설치하고 실내를 밝게 하여 물건을 사지 않아도 즐거운 공간이 되도록 꾸몄다. 그 밖에도 '밸런타인데이 세일' 같은 이벤트도 롯데가 처음으로 일본에서 들여왔다고 할 수 있다.

아키야마 부사장은 일본에서 미쓰코시(三越) 등 여러 백화점에서 근무한 베테랑 백화점 맨으로, 롯데 수뇌부의 요청으로 한국에 건너왔다. 한국에서 그의 생활 모토는 다음 세 가지였단다. 첫째 화내지 않기, 둘째 야단치지 않기, 셋째 슬퍼하지 않기였다. 한국에서 고객 중심의 상술은 롯데가 처음 시작했다고 해도 무방하다. 이 또한 멋진 한일 간의 협력, 곧 한일 문화교류의 한 장면이라 할 만하다. 그런데 한국에는 어쩐 일인지 이런 재미있는 이야기가 무수히 감추어져 있다. 대다수 한국인은 그런 사실을 모르고 지내며, 누구도 그걸 알려주려고 하지 않고, 또 알려고도 하지 않는다. 이것이야말로 결코 바람직하지 못한 '일본 감추기'의 또 다른 측면이 아닐까.

제3부

한국은 일본에
어떤 존재인가?

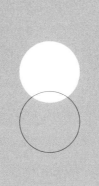

7

한국은 왜 일본을
풀어주지 않는가?

————— 욱일기에 왜 조건반사 할까?

빗발치듯 일어난 아베 때리기 소동!

필자의 한국 생활은 1970년대 후반부터였다. 그런데 한국의 반일 정서는 지난 40여 년 전보다 요즘 한층 더 심해진 것 같다. 이상하게도 일상생활에서 반일은 거의 소멸했다고 할 만큼 사라졌으나, 인터넷을 포함한 매스컴과 거기에 영향을 받는 정치·외교적 측면의 반일은 훨씬 더 기승을 떨친다는 인상을 받는다. 그 이유는 무엇일까?

직업상 필자는 옛날이나 지금이나 언론 보도를 접할 기회가 많다. 매스컴의 반일 보도는 옛날보다 지금 더 넘쳐나는 느낌이다. 이전에는 일본과의 과거를 되살리는 3·1절이나 광복절 그리고 한일 간의 외교 문제가 불거질 때 반일 경향이 한꺼번에 고조되는 모습이었다. 그런데 지금은 계절에 상관없이 매일같이 반일 관련 뉴스나 논평이

7 한국은 왜 일본을 풀어주지 않는가? 147

판을 치는 실정이다.

해방 후 지금까지, 과거 일본통치를 받았던 기간보다 두 배가 넘는 오랜 세월이 흘렀다. 한국은 일본을 벗어나 해방과 자유의 시간을 이렇게 많이 누렸음에도 불구하고, 말만 하면 언제나 일본, 일본, 일본이다. 일본에 관한 일이 마치 자신의 개인사 문제인 듯 매일같이 일본 이야기를 전한다. 그것도 갑론을박의 모양새면 그러려니 하겠는데 한국에서 실제 일어나는 현상을 보면 오로지 일방적인 '일본 때리기'만 존재한다.

흡사 한국이 일본 내 하나의 '한국현(縣)'이 된 양상이다. 정치로 말하면, 일본 내 야당 세력이 총궐기한 것과 같은 풍경이다. 매일 아침 일본 비판으로 시작하는 텔레비전 뉴스와 조간신문 기사를 대하면서 한국에 사는 일본인들 사이에서는 "저토록 일본에 관심이 높은 걸 보면 한일병합 상태가 아직 끝나지 않은 것 같다."라는 비아냥거림이 나올 정도다.

특히 2012년에 아베 신조 정권이 등장한 후의 반일은 정말 엄청났다. 아베 정권의 등장이 마치 일본제국주의의 부활인 듯 한국은 일본 때리기에 온갖 정열을 쏟아부었다. 아베 정권이 하는 일은 무엇이든 비난과 부정의 대상이 되었다. 도대체 아베 정권의 무엇이 그렇게 괘씸하단 말인가? 아베 정권의 우경화, 군국주의의 부활, 게다가 과거에 대한 사죄와 반성을 하지 않는 것 등이 괘씸했던 모양이다. 그렇다고 한국이 당장 큰 피해를 입는 건 아니지 않는가. 과거 이미지에서 오는 상상 속의 일본에 대한 경계론에 근거해 '아베 때리기'를 그렇게 정력적으로 펼치는 것은 아닌가?

경계론의 배경에는 당연히 과거 일본통치에 따른 피해의식이 있을 것이다. 피해 체험을 배경으로 한 경계론이란 일본의 '힘'에 대한 경계이다. 일본에서 이런 현상을 보면 한국은 아직도 일본을 경계하는가 하는 당혹감과 더불어, 한편으론 아직도 일본을 그토록 높이 평가하는 것에 본의 아니게 고맙다는 기분도 느끼게 된다.

가장 싫으면서도 가장 신경 쓰이는 나라

사정이야 여하튼 해방 후 70여 년의 세월이 흘렀지만, 한국 내에서 '일본 이야기는 이제 그만! 일본은 이제 더 이상 보고 싶지도 듣고 싶지도 않다!'라는 목소리가 어디서도 들리지 않는 게 오히려 신기하다. 설령 과거에 불행이 있었더라도, 싫은 나라 일본 이야기를 날마다 듣는 건 정말 참기 어려운 고역일 텐데 말이다.

한국에서 여론조사를 하면 예나 지금이나 변함없이 가장 싫은 나라 1위는 일본이다. 그게 정말이라면, 그렇게 싫은 일본 얘기를 늘상 들으면 누군들 기분이 좋겠는가. 오히려 불쾌한 일이 아닐까. 일본이 자꾸 신경 쓰여 어쩔 도리가 없다는 식의 관심은 어쩌면 아직도 한국이 일본에 의해 좌지우지된다는 의미가 아닌가? 이래서야 한국인의 민족적 자존심에 오히려 저촉되는 일이 아닐까?

오래된 얘기지만, 1980년대 초 어느 신문에 현해탄(玄海灘)에 올라서서 일본 열도를 삽으로 퍼서 멀리 태평양으로 던져버리는 만화가 실린 일이 있었다. 일본이 진정으로 싫다면 그렇게라도 하는 것이 정상적인 감각일 것이다. 그 무렵은 한국사회 일각에서 '극일론'이 등장했을 때였다. 여류작가 정연희의 '극일'에 대한 논평이 지금까지도 필자 뇌리에 생생히 떠오른다. "극일(克日)은 쇄국도 반일도 아닌 자기 혁명"이라는 타이틀의 지식인 좌담회(〈조선일보〉 1982년 8월 19일)에서 그녀는 이렇게 말했다.

"극일운동이라는 말을 들은 뒤 내내 기분이 개운치 않았다. '해방 후 수십 년이 흘렀는데도, 아직도 우리 의식을 다잡는 데 일본이라는 자극이 필요한가?'라는 반문(反問)을 던지고 싶었기 때문이다. 극일이라는 말에는 일본을 의식하지 않으면 안 되는, 더구나 그들을 어떤 기준이나 목표로 삼을 것을 강요하는 느낌이 든다. 똑같은 뜻이더라도 다른 말이 없을까 하는 생각이었다. 일본을 지나치게 의식하는 것은 도리어 일본에 엮인다는 점에서, 극일보다는 자신을 이기는 극기(克己)가 우선되어야 한다고 말하고 싶다."

정연희는 1930년대 출생으로 일본통치를 경험한 사람이다. 해방을 맞았을 당시 초등학생이었으니 이른바 일정 말기에 속한다. 이러한 구세대가 일본에 대해 갖는 의미는 복잡하다. 통속적인 말투를 쓰면 일본에 대한 애증(愛憎)이 반반일 것이고, 일본식 교육을 받아 일본을 안다는 의미에서 좋건 싫건 일본에 엮인 세대라 할 수 있다.

한국인의 민족감정 측면에서 보면, 인간으로서(또는 지식인으로서) 자립하기 위해서는 의식적인 '일본 이탈'이 필요했을 것이다. 반일이든 극일이든 모두 일본을 지나치게 의식하는 일이며 일본에 엮이는 일이다. 그러므로 그녀는 그런 말을 거듭하는 것이 불쾌하고 달갑지 않다는 생각에 이른 것이다. 일본에 신경이 쓰이지만 그렇다고 엮이고 싶지는 않다. 반일이든 극일이든 그렇게 함으로써 힘이 나거나 용기가 생긴다는 심리는 일본이 있어야 한국이 있다는 이야기가 되니까 부아가 치민다는 뜻이다. 그토록 일본에 사로잡혀서야, 그건 한국인에게 비참한 일이 아니냐는 지적으로 보였다.

위안부문제는 한국의 수치?

정연희의 '탈(脫)극일' 주장은 지극히 자기성찰적이라서 일본인도 충분히 이해할 만한 대목이라 생각하여 그 발언을 스크랩하여 보관해왔다. 그러나 다시 생각해보니 그런 민족적 자기성찰은 그녀처럼 구세대랄까, 일본통치 시대의 일본교육을 받은 세대의 생각이지, 한국인 일반은 그렇지 않을지도 모른다는 생각이 들었다. 왜냐하면 그로부터 다시 수십 년 세월이 흐른 지금, 소위 해방 후 출생 세대가 중심이 된 요즈음의 반일 현상을 보노라면, 한국은 오히려 일본을 더욱더 의식하고 또 반일이라는 자극을 통해 일본에 기대려는 것처럼 보이기 때문이다.

　가령 과거에는 위안부문제만 하더라도 비슷한 성격의 자기성찰이 있었다. 지금은 상상조차 할 수 없는 일이지만, 1993년 8월에 한일 간 외교적 타결을 본 소위 고노(河野) 담화가 발표되었을 때였다. 당시 〈조선일보〉가 다음과 같은 사설을 통해 문제의 수습을 호소했다. 그러나 실제로는 전혀 결실을 맺지 못했고, 오히려 위안부문제는 최대의 반일 카드로 등장하여 관민에 의해 맹위를 떨치게 되었다. 필자는 1993년의 〈조선일보〉 사설을 한일관계사에서 하나의 '기념비적 논조'로 생각하여 새삼 소개하고자 한다.

"…우리가 일본에 나라를 빼앗겨 자기 국민의 온전함을 지켜주지 못한 도덕적, 정치적 책임이, 그것을 유린한 자들의 범죄와는 별도로, 우리에게도 있다는 견해를 무시할 수 없다. (중략) 과거사를 덮어두자는 것은 아니지만, 과거 때문에 오늘과 내일의 일들이 한 치도 진전되지 않는 상황은 현대 외교의 정도(正道)가 아니다. (중략) 종군위안부 문제는 성격상 유쾌한 일이 아니다. 일본정부의 사과를 계기로 우리가 보상을 수용하고 수치스러운 과거의 빗장을 걸어 잠그는 것이 어떨까?"

우리에게도 분명 책임이 있다. 위안부문제는 유쾌한 일이 아니며, 수치스러운 과거일 뿐이라는 의미다. 당시에는 한국 언론에도 이런 자성적이고 심지가 깊은 논조가 있었다. 그러나 현재 시점에서 어느 언론이 이런 주장을 하면 '친일 매국 언론'으로 몰매를 맞으리라. 설령 속으로 그런 생각이 있더라도 겉으로는 감히 드러내지 못할 분위기가 되었다.

또한 과거에는 이런 일도 있었다. 지금이야 최강의 반일 단체라 할 '한국정신대문제 대책협의회'(약칭 정대협, 현재 명칭은 정의기억연대)가 설립 20주년 기념사업으로 위안부 기념관을 서대문 독립공원(옛 서대문형무소 자리)에 건설하고자 했으나 광복회가 설립을 반대하여 불발된 일이 있었다. 당시 기념관 건설 반대파는 뭐가 그리 자랑스럽다고 우리 민족의 수치를 매스컴에 퍼트리려고 하는가! 하며 반발했다고 한다(《정대협 20년사》).

일본에 대한 책임 추궁과는 별개로 위안부문제를 민족의 수치라고 생각하는 목소리가 그 당시에는 있었다. 이런 자기성찰적인 '수치'

의 감각은 그 후 완전히 사라져버렸다. 아니 완전히 사라졌다고 할 수는 없다. 개인적으로는 나이 든 사람들에게 이런 이야기를 종종 들었기 때문이다. 다만 매스컴 등에서 공식적으로 완전히 봉인되었다고나 할까! 이제는 위안부문제를 거국적으로 기세도 당당하게 세계를 향해 퍼트리고 있는 실정이다.

수치스러움을 봉인하는 일은 종군위안부 할머니들을 항일 독립운동의 공로자처럼 '영웅시' 함으로써 완결된 셈이다. 위안부 할머니들을 일본통치 시대에 있었던 일종의 체제 협력자에서 피해자로, 피해자에서 다시 저항자로 탈바꿈시켜 국제적 반일운동의 선두 자리에 세웠다.

해방 후 세대의 치졸한 막무가내 반일!

과거 일본을 경험하여 그 시대의 일본을 어느 정도 알고 있는 구세대(舊世代)는 일본에 대해 상대적으로 자성적(自省的)이었다고 말할 수 있다. 그러나 해방 후 출생한 신세대가 중심이 된 시대변화 속에서 피해자가 갖는 수치심은 쓸모가 없어졌다. 현실의 한국은 국력이 증강되면서 일본을 쫓아가자, 일본에 이기자 등과 같은 극일(克日)이 보기에 따라서 이미 실현된 것이나 다름없게 되었다. 아울러 이제 일본을 삶의 기준이나 목표로 삼을 필요도 완전히 없어졌다. 그럼에도 일본을 의식하는 듯한 반일에 한국이 집요하게 매달리는 이유는 무엇일까?

앞서 소개한 여류작가 정연회처럼 일본통치를 체험한 구세대(해방 전 세대)가 후퇴하고, 과거를 잘 모르는 신세대(해방 후 세대)가 사회의 주류가 되었다는 사실을 먼저 인식해야 한다. 해방 후 세대에도 시대 배경을 달리하는 세대 차이가 있을 수 있다. 빈곤한 환경에서도 고도의 경제성장을 실현한 개발 세대와 그 성과 속에서 풍족하게 자란 복지 세대는 인생관과 세계관에서 분명 차이가 있다. 전자는 "뒤쫓아 가서 일본을 넘어서라!"라는 의미에서 일본을 긍정적으로 의식한 세대라면, 후자는 이제 자신이 생겨서 "그까짓 일본쯤이야!"라면서 일본에 대한 대항의식이나 우월의식까지 가지게 된 세대로 구분할 수 있다.

개발 세대와 복지 세대를 아우르는 해방 후 세대는 '반일교육 세대'라는 공통점이 있다. 근래 한국에서 현저하게 거세진 반일 현상이 바로 반일교육의 귀결이라고 볼 수 있다. 직접 체험에서 오는 반일이 아니라 후천적인 교육의 영향으로 생겨난 간접적인 반일 말이다. 따라서 한국인의 반일 감정은 일본통치 시대보다 해방 후 교육에 의해 주로 형성되었다는 주장이 지금까지 정설(定說)로 되어 있다. 왜냐하면 해방 후 한국은 새 나라를 세우면서, 일본통치하에서 거의 일본인으로 바뀐 한국인을 원래의 한국인으로 되돌려놓을 필요성이 있었기 때문이다. '신(新) 한국인'을 만들기 위해서는 무엇보다 강력한 반일교육이 불가피했다는 주장이기도 하다.

교육을 통해 지난날의 일본통치가 얼마나 가혹했던가를 주입하면서 일본을 부정하게 만들고, 나아가 지금까지 일본인화(化)한 한국인에게 '일본 것'을 버리게 하여 본래의 한국인으로 바로 세우고자 했다. 그를 위해 과거 일본통치의 나쁜 점을 강조하느라 의도적으로 일본에 대해 부정적으로 가르쳤다고 볼 수 있다. 그리하여 일정시대에 좋은 점도 있었다는 기억을 가진 구세대보다, 직접적인 체험 없이 일본의 나쁜 점만 배운 해방 후 신세대 쪽에서 반일 감정이 더욱 강할 수밖에 없다. 이것이 반일교육 세대의 특징이다. 따라서 구세대의 반일은 자신들이 자란 일본과의 과거를 통째로 (좋은 점까지) 부정하는 측면에 대해 '고뇌하는 반일'이었지만, 해방 후 반일교육을 받은 세대의 반일은 일본에 대해 아무 거리낌도 없는 '고뇌 없는 반일', 다시 말해 '막무가내 반일'로 규정할 수밖에 없다.

욱일기에 대한 조건반사

필자는 고뇌 없는 반일(막무가내 반일)을 보면서 '반일 파블로프의 개'라는 가설을 떠올렸다. 이를 기사로 썼더니, 곧바로 "한국인이 개라니 무슨 소리야! 또 구로다가 망언을!"이라면서 인터넷 세계에서 비난이 쏟아졌다.

'파블로프의 개 실험'은 생리학 실험의 하나다. 개에게 일정한 소리를 들려주면서 먹이를 주는 행동을 반복하노라면 어느새 개가 그 소리를 듣는 것만으로 침을 흘리게 되는 현상을 가리킨다. 이를 조건반사라고 하는데, 러시아의 파블로프(Ivan Petrovich Pavlov, 1849~1936) 박사가 개를 대상으로 한 실험에서 이 원리를 발견하여 노벨 생리의학상(1904)을 수상했다. 이 발견으로 실체가 없는데도 조건반사로 과잉반응하여 큰 소동을 일으키는 경우를 '파블로프의 개'라고 부르며, 어떤 상황을 비난하거나 놀릴 때 비유적으로도 흔히 사용된다.

일종의 유머지만, 한국에서는 일본과 얽히면 좀처럼 유머가 통하지 않는다. 필자도 한국인을 '개'에 비유했다며 엄청나게 비난을 받았다. 그런데 '반일 파블로프의 개'의 전형적인 증상으로, 요즈음 한국인들이 '욱일(旭日)' 디자인에 대해 보이는 이상할 정도로 신경질적인 거부 반응을 꼽을 수 있다. 사방팔방으로 뻗어가는 아침 햇살에서 따온 욱일 이미지는 일본에서 힘차고 기세가 좋은 길조(吉兆)로서 예로부터 여러 분야에서 잘 사용된다. 가령 어선에 다는 풍어(豐漁) 깃발에도 쓰이고, 심지어 발전적인 회사 이름을 상징하는 〈아사히신문(朝日新聞)〉 사기(社旗)로도 쓰이며, 군기나 군함의 깃발로도 쓰인다.

그런데 한국에서는 '욱일'을 일본 군국주의의 상징이라면서, 급기야 전범(戰犯) 깃발로 낙인찍고, 비난의 대상으로 삼아 소란을 피우고 있다. 당초에는 한일 축구시합에서 관중석의 일본인 서포터가 욱일기를 사용하며 응원한 것을 트집했다. 그러다가 욱일기만이 아니라 유니폼의 욱일 디자인까지 비난하고 나서더니 이제는 반일운동의 더없이 좋은 소재로 삼기에 이르렀다.

스시를 먹으며 반일을 즐기다!

몇 해 전의 일이지만, 미국 뉴욕 브루클린의 어느 은행 빌딩에 벽화로 그려진 추상화가 욱일을 연상시킨다며 재미(在美) 한국인들이 소란을 벌였다는 뉴스가 있었다. 뉴욕 한인학교 학부모회가 그 은행에 벽화 철거를 요청하는 편지를 보냈다는 내용으로, 한국 언론에 대대적으로 보도되었다. 신문에는 빌딩 벽화의 사진이 컬러로 소개되었는데, 벽화는 도시의 풍경을 배경으로 긴 방사선 형태의 햇살이 노란색으로 그려져 있었다. 벽화를 본 한국인들이 일본 군국주의 침략의 전범 깃발을 그렸다며 항의한 것이다.

이는 '중이 미우면 가사(袈裟)도 밉다'는 속담처럼 완전히 생트집이나 다름없다. 이 정도면 '파블로프의 개' 비유는 저리 가라 할 정도다. 재미 한국인 고객에 대한 배려였는지 그 후 문제의 벽화는 지워졌다고 한다. 그러나 은행 측은 그들의 항의 이유를 듣고 놀라서 고개를 저었을 것이 틀림없다. 그 추상화에서 일본 군국주의를 연상하는 것은 외교문제라기보다 정신감정의 문제라고 해야 하지 않을까!

'반일 파블로프의 개' 사례를 하나 더 소개한다. 영국 어느 대학에 유학 중인 한국인 여학생이 대학 구내에서 구입한 초밥 도시락을 먹다가 도시락 포장지에 인쇄된 욱일 마크를 발견했다. 그녀는 욱일 마크가 일본 군국주의의 심벌이라며 현지 도시락업자에게 항의하여 그 디자인을 못 쓰게 만들었다. 본인이 그런 사실을 자신의 블로그에 자랑삼아 올리는 바람에 한국 매스컴이 이를 낚아채 해외의 '애국 미담'으로 소개하면서 국내에 알려졌다.

일본인 필자는 욱일 디자인에 대한 트러블보다 반일의식을 제기한 한국 유학생이 일본문화 그 자체라고 할 초밥 도시락을 사 먹었다는 사실이 더 신기하게 느껴진다. 스시를 먹으면서 반일이라니! 애처롭다고나 할까, 고맙다고나 할까. 이런 사례를 포함하여 한국인의 반일 양상이 고작 이 정도 수준인가 싶어 한편 안심하면서도 다른 편으론 슬그머니 비웃음을 띠게 된다.

2012년 런던올림픽에서 한국은 일본 여자 체조선수의 유니폼 디자인이 욱일을 연상시킨다며 스포츠에서의 정치 행위라고 시비를 걸었다. 런던올림픽 축구 3위 결정전에서 한국이 일본에 이겼을 때, 한국 선수가 '독도는 우리 땅'이라고 적은 종이를 들고 축구장을 한 바

퀸 돈 일이 있었다. 이러한 반일 애국 퍼포먼스가 정치적 행위를 금지한 올림픽 헌장에 위반된다고 하여 문제가 되고, 메달 박탈이 논의되었다. 욱일기에 대한 한국의 시비는 이에 대한 분풀이 같았다.

일본 여자 체조선수의 유니폼은 하얀 바탕에 붉은 문양을 곁들인 것으로, 이 뉴스를 접한 일본인들은 참으로 눈치 빠른 상상이라고 놀라면서도 한편으론 (한국인의 악착스러움에) 진저리를 쳤다. 이 정도라면 일본인들은 어안이 벙벙할 따름이다. 현지에서 한국 매스컴이 일부러 IOC 회장에게 일본 선수의 유니폼이 정치적 색채를 띠지 않았나? 하고 질문했는데, IOC 회장은 그런 이야기를 처음 듣는다며 고개를 돌렸다고 한다.

그런데 이 같은 풍경이 일본 없이 한국인 사이에서 전개된 적도 있었다. 다음은 저널리스트 최석영(崔碩榮)의 저서 《반일 몬스터는 이렇게 만들어졌다》에 나오는 사연이다. 그 책에 따르면, 어느 텔레비전 프로그램에서 사회자인 남성 코미디언이 하얀 바탕에 붉은 선이 들어간 옷을 입고 있었다. 그 옷을 보고 인터넷 미디어가 "욱일기를 연상시킨다!"라는 규탄조의 기사를 재빨리 내보냈다고 한다. 그걸 받아 인터넷 세계에서는 코미디언에 대한 비난이 쏟아졌고, 결국 그 코미디언은 대국민 사죄를 하지 않을 수 없었다고 한다.

욱일 디자인을 한번 힐끗 쳐다본 것만으로도 즉각 조건반사를 일으켜 반일 선동에 군침을 흘린다. 이야말로 심각한 '반일병'이라고 하지 않을 수 없다. 이런 반일병이 만연하는 가운데, 한국의 어느 국회의원은 「욱일기 단속법」을 발의하여 법적 처벌을 해야 한다고 주장했다. 한국에서 가장 '친(親)한국' 신문으로 알려지고 또 일본의 양심으로 떠받들리는 〈아사히신문〉의 사기(社旗), 얼핏 보면 욱일 그 자체라고 할 〈아사히신문〉의 로고는 그럼 어떻게 처리할 작정인가?

아베 총리와 환상의 '731부대'

'반일 파블로프의 개'를 보여주는 또 하나의 사례로 '아베 총리의 731 기(機) 사건'을 꼽을 수 있다. 한국 언론이 아베를 비판하고 때리기 위해서라면 무엇이든 가리지 않는다는 관점에서 전형적 사례로 들어 여기 소개하고자 한다.

아베는 2013년 5월, 동일본 대지진의 피해 지역을 시찰할 때 센다이(仙臺) 근교에 있는 항공자위대 기지를 찾았다. 이 기지 역시 쓰나미로 큰 피해를 입었다. 아베는 시찰을 마친 뒤 기지에 있던 훈련기 좌석에 올라 기념사진을 찍었다. 이 사진이 국내외 미디어에 배포되었는데, 여기에 대해 한국 매스컴에서 '아베 군국주의의 망령(亡靈)'이라며 떠들썩하게 비난을 퍼부었다. 그 이유가 놀라웠다. 우연히 아베가 탄 훈련기에 '731'이라는 기체 번호가 적혀 있었기 때문이었다. 여기에는 약간의 해설이 필요하다. 한국 언론에 따르면 '731'이라는 번호는 옛날 만주에서 일본 관동군 산하에 있던 생물화학무기 연구부대를 통칭하던 '731부대'와 똑같은 숫자라는 것이다. 이 부대는 중국인과 한국인 포로를 생체 실험용으로 사용했다고 하여, 한국에서는 오래전부터 '일제 만행'의 상징으로 여겨지고 있었다.

아베가 탄 기체 번호를 사진에서 보는 순간 한국은 조건반사를 보인 것이다. '731→731부대→일제의 만행' 이런 식으로 연상하여 '아베→군국주의 망령'이라는 낙인을 찍게 되었다. 일본에서는 아베를 비롯하여 그처럼 기발한 상상력을 발휘할 수 있는 사람이 아무도 없다. 있다고 해도 한낱 우스개로 끝낼 일이었다. 그런데 한국에서는 그것이 유머나 비유가 아니라, 아주 진지하게 아베를 비난하고 일본을 공격하는 폭풍으로 몰아쳐 온 나라가 들썩거릴 정도였다.

한국에서 반일의 만담이라 할 에피소드 가운데, 필자에게 아직도 아련한 추억거리로 남아 있는 이야기가 하나 있다. 필자가 서울로 어학연수 차 와 있던 1978년 8월의 오래된 이야기다. 광복절을 앞둔 8월 10일자 〈조선일보〉 사회면 톱으로 "일본제 장난감 수입, 가미카제 특공대 비행기, 일제의 망령 동심(童心)을 자극!"이라는 기사가 큼지막하게 실렸다. 일장기를 단 '제로센(零戰)'(태평양전쟁 당시 위용을 떨친 일본 전투기) 스타일의 플라스틱 모형 비행기 사진도 기사와 함께 실려 있었다.

예로부터 한국 매스컴에 단골로 등장하는 소위 광복절 관련 반일 기삿거리였다. 기사는 어느 백화점의 수입품 코너를 취재한 내용이었다. 대일 무역적자가 심각한데 일본 장난감까지 수입하다니! 더군다나 거기에 일본 군국주의의 상징인 '가미카제 특공대'의 플라스틱 모형 비행기가 진열되어 있다니! 괘씸하기 짝이 없다고 비판하는 일종의 고발 기사였다.

필자는 이 기사를 읽고 문제의 가미카제 특공대 비행기, 즉 제로센 플라스틱 모형 장난감을 한번 구경하고 싶어 서둘러 그 백화점으로 향했다. 그런데 각종 일본제 플라스틱 장난감이 진열되어 있었으나 핵심이라 할 가미카제 특공대 비행기가 눈에 띄지 않았다. 담당 점원에게 물어보았더니 원래 그건 없었다고 했다. 하지만 신문에 사진이 실려 있다고 하니 점원은 "아, 그건 이거예요."라며 진열대에 놓인 옛 영국 공군의 버팔로 전투기 모형을 보여주었다. 날개에 영국 공군 마크가 그려져 있었다. 그래서 새삼 신문에 실린 사진의 비행기를 꼼꼼히 살폈더니 그건 분명히 영국 전투기였다.

결국 가미카제 특공대 비행기 기사는 완전히 날조였음이 드러났다. 어처구니없는 환상의 제로센이었다. 진상은 기자가 광복절에 맞춰 반일 애국 기사를 쓰느라 영국 전투기 마크를 일장기로 바꾸어 사회면 톱기사로 실은 것이 전부였다. 필자는 당시 어학 유학생이었던지라 이 특종 에피소드를 동료 유학생 사이의 이야깃거리로 삼는 데 그쳤다. 그로부터 수십 년이 흐른 후에 보도된 '아베의 731기 사건' 역시 실상은 이와 유사한 엉터리 기사에 불과했다.

'가미카제 특공대 비행기' 날조 기사는 일본 비난이라기보다 일본을 이용하여 스스로를 다그치는 고발용 애국 기사로서 일종의 자가발전(自家發電)이었다. 여기에 비해 '아베의 731기 사건'은 일본 총리, 나아가 일본 자체에 대한 직접적 비난이자, 남이 싫어하는 행동을 의도적으로 만들어낸 점에서 그 성격이 더욱 악랄하다고 할 수 있다.

필자는 731기 사건 당시 일본을 비난하는 한국 미디어와의 인터뷰에서 이렇게 말했다. "일본에서는 731이라는 번호 따위는 아무도 모르며 신경도 쓰지 않는다. 지레짐작으로 하는 반일 보도가 과연 옳은 처사일까?" 그러자 상대방은 "731이라는 숫자에 대한 우리의 감정을 아베가 배려했어야 하지 않았나!"라고 응수했다. 이런 한국인의 자기중심적인 반일은 천하장사라도 감당할 수 없다. 너무나 화가 나서 "그럼 여러분들은 대한항공 731편은 절대 안 타겠네요!"라고 쏘아붙이고 말았다.

일본은 '악의 기호'인가?

앞서 소개한 욱일기 신드롬에 대해 최석영은 저서에서 자신의 경험을 소개하면서 2000년대 이전에는 어느 한국인도 욱일(旭日)을 전혀 의식하지 않았고, 욱일기 신드롬은 2000년대 이후에 한국이 새롭게 꺼낸 '트집 잡기'라고 단정했다.

한국인들이 욱일 디자인에 대해 일본 군국주의의 상징이라며 유난히 반발하게 된 것은 그리 오래된 일이 아니다. 그렇게 된 배경은 역시 일본통치 시대가 그만큼 멀어졌기 때문이다. 일정하의 세대라고 일컬어지는 구세대가 물러나고, 아무 경험 없이 관념적으로 '애국=반일'이라는 반일교육만 받고 자란 신세대가 사회 주류로 올라선 사실과 밀접한 관련이 있다. 식민지 시대가 그만큼 멀어졌으므로 신세대가 실감할 수 있는 '일본의 악(惡)'은 아무것도 남지 않았다. 즉 일본제국주의, 군국주의, 식민지 지배, 만행이나 수탈 등을 실감할 수 있는 실제 대상은 없고, 오로지 단순한 기호(記號)만 남았을 뿐이다.

다른 한편 현대 일본에 대해서는 온화하고 깨끗하며 친절한 선진국의 이미지로 수많은 여행자들이 생생한 정보를 전달한다. 큰 인기를 끄는 일본 애니메이션과 현대문학, 음식문화 등은 일본에 대해 친근감마저 느끼게 한다. 그리하여 해방 후 세대인 현대 한국인의 일본관은 교육으로 형성된 실체 없는 '악의 기호'와 현실의 '온화한 일본'의 양극단 사이에서 동요하고 당혹스러운 상태다.

교육을 통해 역사적 교훈으로 배운 원리와 원칙, 즉 일본은 이래야 했다는 식의 역사 이미지인 '악의 기호'가 당연히 어긋나게 된다. 교육으로 배운 일본의 사악한 이미지가 현실의 온화한 일본 이미지에 의해 흔들리는 것은 한국인을 심리적으로 불안하게 만들었다. 이러한 불안 심리를 안정시키고 균형을 잡으려면 바로 반일의 일상화가 필요하다. 일본은 악의 존재라는 구호를 거듭 확인하면서 반일교육으로 형성된 원리와 원칙의 동요를 저지하고 안심하도록 심리를 조작하는 것이다. 그런 심리 조작에서 가장 손쉽고 효과적인 방법으로 떠오른 것이 곧 '욱일=반일'이라는 구호다. 욱일 디자인은 무엇보다 단순하고 시각적이며 이해하기가 쉽다. 군국주의 일본(의 부활)이라는, 이른바 악의 축을 보강하기에 더없이 좋은 참신한 기호가 틀림없다.

월드컵 축구 공동 주최가 분기점

한국의 단골 반일 메뉴는 뭐니 뭐니 해도 위안부문제와 영토문제다. 둘 다 욱일기 신드롬과 마찬가지로 2000년대 이후에 반일의 상징으로 부풀려지고 대중화된 사건이다. 위안부문제는 분명히 그 이전인 1990년대부터 제기되었고, 독도냐 다케시마냐! 하는 영토문제도 1965년에 타결된 한일 국교정상화 교섭 당시에 이미 제기된 문제다. 그러나 두 가지 문제가 대중적인 관심을 끌게 된 것은 2000년대 이후라고 해야 한다.

2000년대 이후는 어떤 시대였는가? 2002년의 한일 월드컵 축구 공동 주최가 하나의 경계선이 된 것이 아닌가 한다. 월드컵 공동 주최는 한국이 일본과 대등해졌음을 대외에 천명하는 상징적 의미가 있었다. 게다가 대회 성적 면에서 한국이 일본을 크게 앞질렀다. 그와 동시에 대회 기간 중 서울을 비롯한 전국이 가두 응원의 열광적인 도가니에 휩싸였다. 50만, 100만으로 일컬어진 군중이 서울 중심가를 연일 가득 메우고 "대한민국! 대한민국 만세!"라며 절규했다. 미디어는 온 국민이 하나가 되었다고 열광하고, 한국인의 애국심과 스포츠 내셔널리즘의 폭발에 박수갈채를 보냈다. 드디어 전 국민이 일제히 "월드컵 4강에서 세계 경제 4강으로!"라는 격문(檄文)을 띄울 정도가 되었다.

필자가 당시 쓴 기사 내용은 다음과 같았다. 이런 자기 칭찬은 '하면 된다'라는 슬로건의 귀결로, 선수들의 건투와 좋은 성적을 낳았고, 이를 넘어 국민적 열광을 바탕으로 민족적 에너지로 승화했다. 매스컴이나 지식인은 우리 민족의 저력이요 세계의 경탄이라고 했고, 대통령은 국운 융성의 길이 열렸다고 외쳤다. 이어서 이러한 자신, 여유, 아량이 앞으로 일본과의 관계로도 확대되길 일본인의 한 사람으로서 바라 마지않는다고 덧붙였다.

2002년 월드컵 축구가 끝난 뒤 한국사회에는 커다란 변화가 일어났다. 월드컵 내셔널리즘으로 자신감을 얻은 젊은 세대의 발언권이 강화되고, 1990년대부터 시작된 관(官)보다 민(民)의 시대가 한층 더 진전되었다. 그것이 NGO(비정부기구)를 배경으로 하여 그해 12월, 해방 후 세대의 첫 대통령이라 할 좌경적 노무현 정권의 탄생을 가져왔다. 노무현 정권은 한 마디로 젊은 층의 지지를 받은 NGO 정권이었다. 이런 흐름에서 교육은 받았으나 실감은 나지 않는 원격의 존재였던 일본과의 과거 관계가 무척 가깝게 인식되기 시작했다. 그 결과 초래된 것이 다름 아닌 영토문제와 위안부문제의 대중화 내지 일상화였다고 할 수 있다.

구체적으로는 노무현 정권(2003~2008년) 때 시작된 독도 방문 자유화와 이명박 정권(2008~2013년) 때 행해진 일본대사관 앞 위안부상설치를 일상화된 반일의 대표 상징으로 꼽을 수 있다. 그리하여 독도를 찾는 한국인의 숫자는 연간 20만 명을 헤아린다. 암초(暗礁)나 다름없는 조그만 섬(무인도)을 매일 500명 이상이 찾아가 '대한민국 만세!'를 외친다. 일본대사관 앞에서는 매주 수요일마다 위안부상 주위에서 반일 집회와 데모가 벌어지는 진풍경이 연출되기에 이르렀다.

한국을 포기하지 말자!

이와 같은 역사문제의 대중화 혹은 일상화 때문에 일본인은 한국에서 반일 현상이 격화되고 있다는 인상을 받았다. 그 결과 일본에서 반한(혐한) 감정이 유발되었으나, 한국인은 이러한 현상을 자각하지 못하고 있다. 이 점이야말로 한국과 일본 사이에 불행을 자초하게 된 엇갈림(기로)이었다고 할 수 있다.

위안부문제와 영토문제가 왜 이토록 큰 관심사로 떠올랐을까? 이 문제가 젊은 한국인이 교육받은 '일본=사악함'을 확인하기에는 실로 알기 쉽고 편리한 방편이기 때문이다. 일본이 뭐라 하든 한국에서 위안부문제란 일본이 한국의 티 없는 소녀들을 강제 연행하여 일본군의 성적 노리개로 삼았다는 이야기며, 독도문제는 과거 한국 영토를 빼앗은 일본이 해방(종전) 직후 독도를 한국에 빼앗겼다가 지금 다시 빼앗으려 한다는 이미지에 다름 아니다.

풍족한 시대에 자라나 일본을 대수롭지 않게 여기는 세대가 중심이 된 현대 한국인은 일본에 대한 자신감과 대항의식이 강하다. 거기에 위안부와 독도라는, 내셔널리즘을 자극하는 아주 알기 쉬운 스토리와 이미지가 주어졌다. 그 결과 과거를 배경으로 악의 일본이라는 교육이 되살아나고 조건반사로 반일을 조장할 수 있는 구조가 형성되었다고 할 수 있다.

그렇다면 '파블로프의 개'가 침을 흘리지 않게 하려면 어떻게 해야 할까? 한마디로 곡(曲)이 다른 음악을 들려주는 수밖에 없다. 교육이나 미디어에 의해 고정된 음악이 아닌 색다른 음악, 다시 말해 올바른 역사적 사실이나 일본과 관련된 다양한 정보가 그런 사례라 할 것이다. 현실적으로 교육이나 미디어에 의해 그런 정보가 더욱 엄격하게 차단, 통제되고 있지만 언젠가는 분명히 흔들릴 날이 올 것이다. 중국이나 아랍 세계만 하더라도 지금 인터넷 정보로 인해 흔들리고 있다.

위안부나 독도문제가 종교처럼 굳어지면서 이단(異端)이나 이설(異說)을 받아들이지 않는 대일(對日) 전체주의 상황이 견고해진 듯하다. 그러나 한국은 자유와 민주주의를 간판으로 내걸고 있고 일본보다 인터넷이 더 발달한 사회다. 그러므로 일본은 한국에 대해 얼굴을 돌리지 말아야 하며, 한국을 호락호락하게 여기지도 말아야 한다. 한국이 일본에게 했듯이 이제부터는 일본도 한국에 대해 자신의 주장과 정보를 마구 쏟아부어야 한다.

일본에서 반한 감정이 퍼지는 가운데, 한국에는 무슨 말을 해도 소용없다는 생각에 그냥 내버려두자는 감정, 아니 한국을 멀리하려는 감정이 나타나고 있는 것이 사실이나, 그 전에 한번 노력해볼 필요는 있지 않을까? 이대로 둔다면 분명 본의 아니게 일본이 손해를 볼지도 모른다. 한국은 어디로 이사 갈 수도 없는 이웃이니까 체념이 아니라 한국에 도전하는 기개가 필요하지 않을까? 역사전쟁이라도 일으켜 국제사회를 좀 더 일본 편으로 끌어들이도록 시도해보자. 한번 해볼 만한 도전이 아닐까? 그런 의미에서 이제 일본 사람들도 크고 강한 나라가 된 한국에 대처하기 위해 손자병법(孫子兵法)에 나오는 '지피지기 백전불태(知彼知己 百戰不殆)'란 말에서 뭔가를 배워야 할 때가 되었다.

해방 후 한국은
왜 공화국으로 출발했나?

─────── 식민지 역사청산의 허(虛)와 실(實)

조선 마지막 왕손의 죽음

조선왕조 500년이라는 긴 역사를 가진 한국이 왜 '왕제(王制)'를 간단히 버리고, 특별한 이유도 없이 '공화제(共和制)'를 선택했을까? 조선왕조 500년의 역사 청산은 어떤 방식으로 행해졌을까? 이는 오랜 세월에 걸쳐 필자가 무척 궁금하게 생각해 온 테제였다. 우선 지난 2005년에 일어난 일부터 소개하고자 한다.

  2005년 7월 16일에 조선 왕족의 후손인 이구(李玖)가 도쿄의 한 호텔에서 운명(殞命)했다. 당시 그의 나이 73세였다. 그는 조선 왕가 직계의 마지막 왕손(王孫)이었다. 그는 최후의 조선 황태자였던 영친왕 이은(李垠) 전하와 일본 황족인 나시모토노미야 마사코(梨本宮方子) 사이에서 태어났다. 한일 혼혈의 조선 왕족이었으나 그에게는 자녀가 없었다. 그의 죽음으로 옛 조선 왕가에서 일본인의 피(혈연)는 완전히 끊어진 셈이 되었다.

그렇다면 조선 왕손이 어째서 도쿄에서 객사했을까? 임종을 지킨 사람은 아무도 없었다고 한다. 그로부터 며칠 뒤 서울에서 조선왕조 스타일의 장례가 거행되었는데, 장례에는 일본 황족이 조문과 함께 조화도 보냈다고 한다. 한국 매스컴도 "국제적인 미아(迷兒)"라며 그의 기구한 운명을 회고했다. 왕손 치곤 정말 너무나 쓸쓸한 죽음이었다.

이구는 필자 같은 코리아 워처에게 특히 신경 쓰이는 존재였다. 아니, 모든 일본인이 신경 쓰는 존재였다고도 할 수 있다. 파란만장한 그의 일생은 한국과 일본 역사에서 하나의 상징적 존재였고, 그는 한국이라는 나라를 떠올릴 때 언제나 따라붙는 귀중한 인물이기도 했다.

어머니인 나시모토노미야 마사코는 결혼 후 한국에서 이방자(李方子) 비(妃)로 불렸다. 이구의 아버지인 영친왕은 1970년에 타계했고, 어머니 이방자 비는 1989년에 별세했다. 두 사람의 결혼은 한일병합 10년 뒤인 1920년에 이루어졌고, 이구가 태어난 것은 1931년이었다. 일본 황족이 조선 왕가로 시집을 가는 방식으로 이루어진 두 사람의 결혼은 일본통치하에서 한일 융화시책의 일환으로 이루어진, 국가 차원의 소위 정략결혼이라 할 수 있다. 1910년의 한일병합으로 조선 왕가가 일본의 통치를 받으면서 조선이 멸망했기 때문이다.

그러나 일본통치하에서도 조선 왕가는 존속했으며, 일본정부는 조선 왕실 사람들을 일본 황족에 준하는 '왕공족(王公族)'으로 대우했다. 조선 왕가에 대한 일본의 예우는 상당히 높은 수준이었다고 할 수 있는데, 그에 대해서는 다음 에피소드를 들 수 있다. 몇 번이고 소개하고 싶은 잊지 못할 일화이다.

히로시마에서 전사한 왕족의 후예

조선 왕가의 후예 중 이우(李鍝) 전하가 있었다. 영친왕 이은(李垠)의 이복형제인 의친왕(義親王) 이강(李堈)의 아들로 일본 치하에서 황족에 준하는 대우를 받았다. 당시 일본의 황족 남자는 영국 왕실의 경우처럼 모두 군적(軍籍)을 지녔기 때문에 이우 역시 일본 육군사관학교를 졸업하고 일본군 장교가 되었다.

1945년 8월 6일 히로시마에 원폭이 투하되었을 때, 이우는 육군 중좌(지금의 중령)로 히로시마에 있던 제2군 총사령부 교육 참모였다. 그는 6일 아침에 말을 타고 출근하던 중 원폭을 만났다. 중상을 입고 쓰러진 상태로 발견되어 히로시마만(灣)의 니노시마(似島)에 있던 육군 임시구호소에 수용되었으나 7일 새벽에 숨을 거두었다. 원폭사(原爆死)이자 전사(戰死)였다. 향년 32세였다. 히로시마는 원폭 투하 직후 엄청난 혼란 상태에 빠졌다. 군 당국은 이우 전하의 수색, 구출에 온 힘을 다했고, 행방을 찾자 곧장 구호소로 옮겼다. 결국 이우 전하가 타계하자 도쿄에서 황족과 군 수뇌가 달려와 조문을 했다. 원폭이 떨어진 대혼란 속에서도 말이다.

이튿날인 8일에 유해는 시내 비행장에서 육군 쌍발기에 실려 아내를 비롯한 유족이 살던 서울(경성)로 옮겨졌다. 이날 히로시마 임시구호소에서는 유해가 떠나자마자, 이우의 전속 부관(요시나리히로 吉成弘 중좌)이 자결했다. 전하를 제대로 보호하지 못했다는 책임감 때문이었다. 일본은 패전의 마지막 낭떠러지에 서 있었다. 그때는 소련의 참전(8월 9일)이 초읽기에 들어가고, 일본은 미 공군의 격렬한 공습에 시달렸으며, 본토 주변의 제공권(制空權)을 완전히 빼앗긴 상태였다. 그런 와중에도 히로시마에서 서울로 유해를 급거 공수했다.

그 후 서울에서는 조선 총독 아베 노부유키(阿部信行) 이하 각계 요인이 참석한 가운데 이우의 장례식이 거행되었다. 장례식은 육군장(陸軍葬)으로 하여 경성운동장, 그다음 동대문운동장에서 치러졌다. 놀랍게도 그날이 바로 8월 15일이었고, 정오부터 천황의 '종전(終戰)'에 관한 옥음(玉音) 방송'이 있었다. 장례는 오후 1시부터 예정대로 엄숙하게 거행되었다. 그 순간 일본은 망국의 고비에 처했음에도 '이국(異國)의 왕족'을 그토록 정중하게 떠나보낸 것이다. 일본은 조선 왕가를 멸망시켰다고 하지만, 한편으로는 끝까지 극진한 예의를 다했다고 할 수 있다.

피로 맺은 왕가의 교류

다시 이구(李玖) 전하로 돌아가자. 영친왕 부부와 아들 이구는 해방 전 일본에서 살고 있었다. 해방 후에도 이들 일가는 한국으로 돌아오지 못한 채 일본에 머물 수밖에 없었다. 해방 직후의 한국은 일본통치하로 편입되었던 조선 왕족을 받아들일 분위기가 아니었다. 정치적으로도 '왕제(王制)'가 아닌 '공화제(共和制)'를 지향하고 있었고, 독립운동가 출신인 초대 대통령 이승만이 공화제 적극 옹호론자일 뿐만 아니라 철저한 반일 노선을 걷고 있었기 때문이다.

왕손 이구는 일본에서 태어나 일본에서 자랐다. 따라서 한국어를 하지 못했다. 미군이 점령하던 1950년에 그는 일본에서 미국으로 유학하여 매사추세츠공과대학(MIT)을 졸업하고 건축사가 되었다. 미국인 여성과 결혼하여 1963년에 한국으로 귀환하게 된다. 그 해 부모인

이은·이방자 부부도 새로 등장한 박정희 대통령의 주선으로 겨우 귀국할 수 있었다.

이구는 일본어와 영어에는 능통했으나 한국어를 제대로 하지 못해 한국생활이 무척 불편했던 것 같다. 아내와는 오랜 별거 끝에 1982년에 결국 이혼하고, 홀몸으로 한국과 일본을 오가는 떠돌이 생활을 지속했다. 1996년에 '영구 귀국'을 선언하고 전주 이씨(全州李氏) 종친회의 대표자(종약원 총재)로 취임했다.

생활이 좀 안정되는가 했는데 갑자기 객사(客死)의 비보라니. 이구가 숙박하던 도쿄의 아카사카(赤坂) 프린스호텔은 예전에 영친왕 부부의 저택이었고, 이구가 어린 시절을 보낸 추억의 집이기도 했다. 이구의 생애와 죽음은 한국이나 한일관계에 대해 여러 가지 생각을 떠올리게 한다. 우선 한국 왕족에 흐르는 일본의 '피(혈통)'라는 관점이다. 왕족끼리 피의 교류는 유럽을 비롯하여 세계 어디서나 흔히 있는 일이다. 또한 지배와 피지배 관계에서 보면 한반도 역사에서는 특히 고려 시대에 그런 전통이 농후했다. 당시 고려를 지배한 몽골(원)은 고려 왕가와 몽골 왕가의 혼인을 강요하였고, 그것이 장기간에 걸쳐 제도화되었다.

여담이지만 일본에서도 한류 드라마로 인기를 끈 〈대장금〉은 조선시대를 배경으로 한 궁중 드라마지만, 그 가운데 궁중요리가 드라마의 흥미를 끄는 포인트였다. 바로 임금님에게 제공되는 궁중요리를 한국어로는 '수라' 또는 '수라상'이라고 한다. 그렇다면 '수라'가 무슨 뜻인가? 한자로는 '水刺'이지만, 이건 원래 한자어가 아니고 어떤 특정 요리를 칭하는 이름으로 '몽골어'라고 한다. 다시 말해 몽골 문화가 몽골의 피와 더불어 한국의 왕실(고려) 문화에 녹아들어 지금까지 그대로 이어져 온 셈이다.

이웃 나라 왕실간 피의 교류는 역사적, 국제적으로 흔한 일이고, 한국과 일본 사이도 결코 예외는 아니다. 일본의 아키히토(明仁) 천황도 2002년의 한일 월드컵 축구 개최를 앞두고 정례(定例)의 생신(生辰) 회견에서 이 점에 대해 언급한 바 있다.

"예로부터 일본과 한국 사이에 사람들의 깊은 교류가 있었다는 사실이 《니혼쇼키(日本書記)》 등에 상세히 기록되어 있습니다. (중략) 《쇼쿠니혼기(続日本紀)》에 간무(桓武) 천황의 어머니 다카노노 니가사(高野新笠)가 백제 무령왕(武寧王)의 10대손이라고 기록된 사실에 나 자신도 한국과의 인연을 감지(感知)합니다."

백제 무령왕은 6세기 초의 인물이니까 이것은 고대사의 이야기라 할 수 있다. 한국 매스컴은 당시 천황의 '인연' 발언에 대해 "일본 왕실의 숨겨진 비밀을 일본이 처음 공식적으로 인정했다."라며 크게 반기는 분위기였다. 《쇼쿠니혼기》는 일본이 공인하는 역사서인데, 거기에 예로부터 기재되었던 것이므로 숨기고 말고가 어디 있겠는가. 왕가의 피로 맺은 교류는 세계 도처에서 오래전부터 행해져 오지 않았는가. 사정이 그러하다 보니 그것은 고대에도 있었고 20세기에도 있었다고 봐야 한다.

'우리 왕비'가 된 이방자 여사

이구의 어머니 이방자 여사가 돌아갔을 때, 왕조의 장례행렬을 전송하던 연도의 시민들이 '우리 왕비'라고 부르짖으며 얼마나 이별을 슬퍼했는지 모른다. '우리'라는 한국어는 서로의 사이를 가르는 벽이 사라진 일체감, 다시 말해 이제는 남이 아닌 하나가 된 관계를 뜻한다. 한국인들은 이방자에게 '일본인 왕비'라는 거부감을 가지지 않았다.

당시 필자가 볼 때 대륙국가(대륙으로 이어진 반도국가 포함)의 한국인은 일본인보다 이민족 체험이 풍부하며, 그런 이유로 일본인보다 더 국제적인 것 같았다. 이방자 장례식을 보는 필자는 무척 감상적이었으나, 오히려 한국인들은 특별한 감상이 없는 것처럼 보였다. 다만 그녀는 한국사회에 정착하여 장애인 복지활동 등을 통해 한국인과 친숙해졌고 또 많은 존경을 받았다. 이에 비해 아들인 이구에게는 그런 경험이 없었다.

종전 후 미국 점령하에서 이구는 미국으로 유학 가서 미국인 여성과 결혼했다. 그의 이런 행동은 새로운 시대를 배경으로 한 새로운 선택이었으리라. 거기에 정치적인 동기가 있었다고는 보지 않는다. 당시 국제 상황이 미국의 시대로 변하고 있었으니 말이다. 게다가 자기 조국이 왕손인 자신의 존재를 제대로 인정하지 않으며 심지어 자신의 귀국조차 받아들이지 않는 상황에서 그는 그렇게 할 수밖에 없지 않았을까.

여기서 패전 후 일본의 황실을 떠올려본다. 일본 지배자로 등장한 미국은 일본 황실을 존속시킴으로써 점령 정책을 효과적으로 수행 가능했다는 것이 하나의 정설이다. 미국은 일본 황실에 미국인 가정교사를 파견하여 차세대 황태자인 아키히토(明仁)를 교육했다고 알려져 있다. 그러나 일본 황족과 미국인과의 결혼은 없었으며 일본 황족이 미국으로 유학을 간 사례도 없었다(다만 영국 유학은 있었다). 당시에는 미국이 천황을 기독교로 개종(改宗)시키려고 한다는 소문이 나돌 정도 였으니, 좀 더 많은 미국인을 일본 황실에 들여보낼 수도 있었을 텐데 미국은 그러지 않았던 것 같다. 왜 그랬을까? 이는 꽤 흥미로운 관심 거리가 아닐 수 없다.

조선 왕실은 왜 부활하지 못했나?

한국이 해방되면서 입헌군주제가 되지 않은 것은 하나의 역사적 수수께끼다. 1910년의 한일병합으로 막을 내리기까지 조선왕조는 무려 500년의 긴 사직(社稷)이었다. 이렇게 장구(長久)한 왕조는 세계 역사에서도 드물다. 이에 비해 일본의 한국 지배는 고작 35년이었다. 불과 35년의 일본통치로 500년의 왕조가 소멸했는데, 일본통치가 끝났음에도 불구하고 왕조는 왜 부활하지 못했을까? 당시 조선왕조의 부활을 요구하는 목소리가 왜 일어나지 않았을까? 하는 의문이 필자에게는 커다란 수수께끼였다.

이런 의문에 대해, 한국에서는 "일본통치하에서 철저히 일본의 꼭두각시가 된 왕가에 대해 국민들이 너무나 실망하여 신뢰와 애착을 거둔 탓"이란 주장이 있다. 그러나 한국인의 일반적 주장에 따르면, 조선왕조는 '일본의 강점'에 의해 억울하게 멸망하지 않았는가? 그렇다면 조선 왕가 역시 일본통치의 대표적인 피해자였다고 해야 한다. 아니, 멸망한 조선 왕가야말로 민족 최대의 '비운의 상징'이었다고 해야 마땅하지 않은가?

그렇다면 1945년 해방 당시 왕조 부활이라는 시대적 요구가 마땅히 일어났어야 하지 않는가. 새로 출발하는 신생 한국을 왕가 부활과 함께 '입헌군주제'로 건국하자는 발상이 일어났어야 마땅하다는 얘기다. 실은 그런 발상이 전혀 없었던 것은 아닌 모양이다. 극히 일부에서 그런 얘기가 있었으나 큰 목소리로 되지 못하고, 건국 과정에서 정치적인 운동으로 나아가지 못했다. 결국 새로운 국가는 왕정을 계승하는 입헌군주제로 되지 못하고 대세에 밀려 공화제로 되고 말았다.

이 문제와 관련해 흥미로운 일화가 하나 전해지고 있다. 패전 직후 당시의 히로히토(昭和) 일본 천황이 조선 왕가의 장래에 관심을 기울였다는 기록이 있다. 기노시타 미치오(木下道雄) 시종차장(侍從次長)이 쓴 《측근일지(日誌)》(1945년 12월 18일)에 다음과 같은 기록이 있다(〈文藝春秋〉 1989년 4월호).

"2시~3시 40분 요코미조(橫溝) 전 경성일보 사장, 사차(賜茶). 종전 전후의 조선 상황에 대해, 양(兩) 폐하 및 황족분들 출석. 차관, 시종장(侍從長), 여관장(女官長) 및 여(予, 본인)가 배청(陪聽)함. 4시 40분 성상(聖上)을 배알(拜謁). 1. 요코미조에게 차를 내릴 때 이왕(李王, 垠)의 재석(在席)이라 조심스러웠으나, 이(李)왕가의 조선에서의 인망(人望) 여하를 요코미조에게 물어야 한다고 말씀하심. 이것을 대신(大臣)에게 물어본즉 이미 거기에 관해 요코미조의 관찰을 물어보았다고 함. 문제가 되지 않고, 인망이 없다는 것. 이렇게 답변해드리다."

히로히토가 조선 왕가에 대해 '조선에서의 인망 여하'라는 질문을 던진 배경에는, 어쩌면 독립 한국의 장래 정치형태에 대해 입헌군주제의 이미지를 가지고 있었을지도 모른다는 생각이다. 물론 패전국 일본이 독립한 한국의 장래에 대해 의견을 제시하는 일은 있을 수 없지만, 아무리 그래도 '문제가 되지 않고 인망이 없다'니 이건 너무 비정하지 않은가.

'인망 없음'이란 무슨 의미?

그렇다면 왜 인망이 좋지 않았을까? 조선 왕가가 일본의 지배하에서 일본 황족으로 편입된 뒤 일본에서 살아야 했고, 한국 민중들로부터 격리된 결과가 아닐까? 35년의 일본통치 과정에서 왕가는 이미 국가와 민족의 구심력을 잃어버렸다는 얘기가 아닌가.

아무리 그렇더라도 조선왕조 500년 사직이 아닌가. 500년이라는 긴 세월을 감안하면 한 왕조의 이런 결말은 어이없는 일이다. 민중에게 왕족에 대한 향수가 전혀 없었던 것일까? 앞서 지적한 이방자 여사의 장례 풍경을 보면 꼭 그렇지는 않은 것 같다. 국민들에게는 관심과 향수가 많이 남은 듯 느껴졌기 때문이다. 그러나 해방 후 새로 건설할 정치체제의 성격을 선택하면서 왕조에 대한 향수가 사라지고, 결국 왕족은 해방 후 한국정치의 판도에서 관심 밖으로 밀려나게 된 것이 아닐까? 다만 조선왕조 500년을 생각할 때, 인망이 없었던 것은 일본의 지배 때문이었을까? 만약 그 이유가 일본통치 때문이었다면 한국 국민은 조선 왕족이 일본 치하 35년간 겪은 비운(悲運)에 동정하고 응분의 배려를 해야 하지 않았을까?

여담이지만 1927년 영친왕 이은 부부가 유럽을 여행할 때, 기항지 상하이에서 항일 독립운동을 펴고 있던 망명정권에 의한 '이은 전하의 유괴 계획'이 소문으로 돌았는가 하면, 영친왕의 이복형제인 의친왕(이강)의 독립운동 가담설도 돌았다. 어쨌든 1945년 8월 시점에서 조선 왕가는 인망이 좋지 않은 상황이었고, 정치적으로도 영향력을 전혀 행사하지 못하였다고 봐야 한다.

다른 한편 이런 생각도 해본다. 일본이 패전하여 철수한 다음 한반도에 들어온 나라는 미국과 (구)소련이었다. 시대의 흐름은 이미 일본이 아니라, 미국과 소련의 세상으로 변한 것이다. 미국이나 소련 두 나라는 군주제가 아닌, 전형적인 공화제 국가였다. 그렇다면 시대에 뒤처진 군주제보다는 공화제가 새로운 시대에 적합하다는 판단에서, 정치 지도자나 민중 모두 새로운 시대에는 공화제 시류를 타야 한다고 생각했을지도 모른다. 이것이 '인망 없음'의 진상이 아니었을까?

한국 현대정치사에서 왕당파의 부재와 더불어, 이 문제는 지금도 여전히 코리아 워처의 뇌리를 떠나지 않는 중요한 미결 과제로 남아 있다. 단지 정치적인 관점에서 일본통치로부터 해방된 다음 소련 지배를 받은 북조선은 차지하더라도, 남쪽의 한국에서 왕정복고랄까 입헌군주제 논의가 일어나지 않았던 배경에는 초대 대통령 이승만의 영향이 컸을 것이란 생각이다. 그는 일본 치하에서는 미국 망명객이었고, 해방 후에는 미국의 후원으로 정권을 잡게 되었기에 조선 왕실에 대해 몹시 무관심하고 냉정했다고 전해지고 있다.

상상해보면, 미국을 배경으로 한 그에게 새로운 정치체제란 미국과 같은 공화제 이외에는 생각할 여지가 없었으리라. 동시에 그에게 왕족은 정치적 라이벌이 될 가능성도 없지 않아 일찍부터 배제의 대상이었을지도 모른다. 그 증거의 하나로 해방 후에 일본에 거주하던 영친왕 부부에 대해 끝까지 귀국을 허락하지 않았던 점을 들 수 있다. 영친왕 부부의 귀국은 1960년 4·19혁명으로 이승만 정권이 붕괴하고, 이승만이 하와이로 떠난 다음인 1963년에야 이루어졌으니 말이다.

다른 한편, 국제적 미아가 된 이구가 2005년 여름에 도쿄에서 객사한 배경에는 한국에 제대로 머물 곳이 없었다는 사실도 있었다. 왜냐하면 한국에서 조선 왕족은 경제적으로 무일푼이었기 때문이다. 한국 정부는 조선 왕가의 모든 재산을 국고로 몰수했다. 왕궁은 물론 토지와 건물, 심지어 왕가 소유의 서화(書畵)나 골동품 같은 문화재에 이르기까지 전부 몰수의 대상이었다.

1963년에야 간신히 귀국한 영친왕 부부와 이구 부부는 한국 어디에 거처를 정했을까? 왕궁의 하나였던 창덕궁 한 모퉁이에 있는 낙선재(樂善齋)에서 살았다고 한다. 그러나 낙선재는 이들 일가의 소유가 아니고 한국정부 소유의 문화재였다. 따라서 영친왕 일가는 자신의 집에서 산 것이 아니라, 마치 국가 문화재 관리인(?) 격으로 살았다고 해야 한다.

이구가 미국인 처와 이혼하고 영친왕 부부마저 세상을 뜬 다음에 낙선재는 사람이 살지 않는 문자 그대로의 문화재로 되돌려졌다 이혼후의 이구는 일본에서 머무는 날이 많아졌다. 1989년에 이방자 여사까지 세상을 뜬 다음, 1990년대 초에 필자가 오랜만에 낙선재를 찾았다가 크게 놀란 일이 있다. 영친왕 부부가 살던 당시의 낙선재 모습은 완전히 사라지고, 마치 영화 촬영세트와 같은 새로운 건물이 세워져 있었기 때문이다.

한국정부는 대대적인 고궁 복원사업의 하나로 낙선재 역시 영친왕 부부가 살기 이전의 모습으로 되돌려버렸다. 특히 영친왕 부부가 오랫동안 소중히 가꾸던 아름다운 정원이 사라져버려 삭막하기 그지없는 모습으로 낙선재는 바뀌었다. 이들 부부가 살았던 '삶의 향기'가 밴 낙선재도 하나의 역사적 흔적일 텐데 그 역사를 완전히 지워버리고 만 것이다. 즉 영친왕 부부, 이구 부부의 삶이 깃든 역사를 작심하고 지우려는 듯이, 낙선재는 전혀 다른 모습이 되어 있었다. 옛 조선 왕족과 관련된 '일본의 흔적'이 그나마 배어 있던 낙선재가 사라지고만 셈이었다.

근대를 지우고 중세로 복귀한 한국

한국에서는 한동안 고궁 복원이 활발하게 이루어졌다. 광복 50주년을 맞은 1995년에 경복궁 부지 내에 있던 옛 조선총독부 건물(정부중앙청사와 국립중앙박물관으로 사용)을 파괴, 철거하면서 경복궁을 옛 조선왕조 시대 모습으로 되돌렸다. 서울시청 앞에 있는 덕수궁도 마찬가지였다. 덕수궁 뒤쪽에 자리한 옛 경기여고 터가 예전에 덕수궁의 일부였다고 하여, 미국대사관을 이곳으로 옮기려던 이전 계획도 중지되었다. 노무현 정권 때의 일이지만, 문화재 보호와 반미(反美)라는 한국 여론의 내셔널리즘 감정이 '미 대사관 이전'이라는 정부 간의 약속마저 뒤집어버리는 일이 벌어졌다.

이제 서울 중심가의 풍경에는 중세와 현대는 있으나 근대가 보이지 않게 되었다. 근대 풍경 대부분은 일본통치 시대의 산물이므로 그 것을 죄다 없애다 보니 '근대'가 사라지고 만 셈이다. 옛 조선총독부 건물의 철거야말로 그 대표적인 상징이 아니겠는가. 종로의 명소로 일정시대에 민족자본으로 건립한 조선 최초의 백화점 '화신(和信)'도 1980년대에 사라졌다. 마찬가지로 종로의 영화관 '단성사(團成社)' 역 시 자취를 감추었다. 이제는 옛 서울시청과 서울역사 정도가 일본과 유관한 '근대'의 흔적으로 간신히 남았다고나 할까.

한국정부는 서울을 유네스코 세계문화유산으로 등록하고 싶었다. 조선왕조에서 시작하여 600년에 이르는 '역사 도시 서울'을 세계에 어필하고자 한 것이다. 고궁의 복원은 그것의 일환이었다. 그러나 한 국의 역사 복원에서 이상했던 점은 고궁의 건물 복원에는 열중하면서 그 건물의 주인공이었던 왕실에는 조금도 관심을 두지 않는다는 사실 이었다.

만년(晩年)의 이구는 전주 이씨(李氏) 종친회의 생계 지원으로 간신 히 살아가는 처지였지만, 한국정부의 재정 지원은 전혀 없었다고 한 다. 왕족으로서 전주 이씨 종친회가 정부를 상대로 옛 왕실 재산의 일 부 반환을 청구했다고 한다. 조선 왕실을 역사적으로 현창(顯彰)하려 면 당연히 재정 기반이 필요하므로, 이구에게 적어도 예전의 낙선재 와 같은 주거 공간을 제공해달라는 것이 종친회의 요구사항이었다.

그마저 이뤄지지 않은 채 마지막 왕족 이구는 일본 땅에서 쓸쓸히 생을 마감했다. 한국정부는 건물 복원이나 왕실 관련 자료의 박물관 전시에는 열심이지만, 왕족에 대한 배려나 현창에는 아무런 관심도 없었다고 해야 한다. 한국은 왜 자기 왕실을 이처럼 푸대접했을까?

역사적으로 한국에서는 옛날 프랑스나 러시아처럼 왕정 타도의 혁명이 일어난 일이 없다. 500년이 넘는 장구한 왕통을 자랑하는, 세계에서도 그 유례를 찾기 어려운 조선왕조는 이웃 나라 일본에 의해 어이없이 소멸하고 말았다. 또한 일본통치가 끝났음에도 왕조는 부활하지 못하였다. 왕족이 엄연히 살아 있었는데도 말이다.

조선왕조를 둘러싼 청산되지 않은 역사

역사적인 맥락에서 벌어진 현상만을 살핀다면, 한국의 왕제(王制)는 일본에 의해 소멸되고, 그 결과로 공화제가 들어섰다고 이해할 수 있다. 이 과정은 정치적으로 매우 중요한 변혁이라 할 수 있다. 왜냐하면 왕제에서 공화제로의 전환이란 한 국가나 민족에게 가히 혁명적인 일대 사건이라 할 수 있고, 여기에 한국인은 어떻게 주체적으로 대응했는가 하는 매우 중요한 문제가 걸려 있기 때문이다.

좀 비꼬는 투의 얘기지만, 한국에서 500년이나 지속된 왕조의 소멸을 가져온 혁명적(?)인 역사적 변화가 따지고 보면 일본에 의해 시행된 셈이다. 그렇다면 일본의 식민지 통치가 한국에게 혁명적인 변화를 가져온 셈이다. 만약 여기서 일본 지배를 부정적 의미로 이해한다면, 조선왕조의 의미와 해방 후 공화제의 선택 문제에 대해 주체적으로 재검증하는 과정이 반드시 요구된다.

한국에서는 걸핏하면 과거청산이나 역사청산이라는 말이 유행한다. 역사란 과거에 있었던 일의 기록이므로 새삼 청산이니 뭐니 할 수 없는데도, 한국인은 이렇게 말하기를 좋아한다고나 할까. 그렇다면 현

시점에서 과거를 한번 재평가해보는 것이 필자의 요구사항이다. 한국인이 좋아하는 역사청산이란 말을 그대로 빌리면, 한국은 조선왕조를 둘러싼 과거를 제대로 청산하지 않았다는 얘기가 된다. 일본이 지배하면서 조선왕조가 소멸했다면, 해방 후 지금까지 일본통치를 전면 부정하는 한국이 '사악한' 일본의 지배로 초래된 왕조의 소멸을 어떻게 그대로 받아들일 수 있는가?

뮤지컬 〈명성황후〉의 명암

한국에서 한때 명성황후 붐이 일어난 일이 있다. 일본이 청일전쟁에서 승리한 다음 러시아, 독일, 프랑스의 이른바 삼국간섭 때문에 한국에 대한 일본의 영향력이 잠시 위축된 시절이 있었다. 그때 러시아와 손을 잡고 정치적 영향력을 확대하려던 친로파의 수장이 바로 민비(閔妃), 곧 명성황후였다. 이런 배경 속에서 1895년에 민비 암살사건이 일어나는데, 한국에서는 지금까지 이 사건이 역사적 한(恨)으로 맺혀 있다. 왕비가 살해되었으니 당연한 일이리라. 그런 의미에서 일본에게도 통한의 사건이었다고 할 수 있다. 그 이유는 민비 암살사건의 보복으로 1909년에 이토 히로부미(伊藤博文) 암살사건이 일어났기 때문으로, 암살범인 독립운동가 안중근이 암살 동기의 하나로 민비 암살의 한을 말한 바 있다.

그런데 현재에 와서 민비 붐은 어떻게 일어났는가? 텔레비전 드라마나 연극을 통해 민비가 '일본에 의해 암살된 비운의 왕비'로 묘사됨으로써 반일 감정을 크게 자극했기 때문이다. 대표적인 사례가 뮤지컬 〈명성황후〉였다. 한국 내에서의 순회공연은 물론이고, 미국과 영국 등 해외 공연에서도 롱런했다. 이 작품은 완성도 높은 뮤지컬로 해외 평판도 좋았다. 일본 공연도 추진했으나 성사되지는 않았다. 뮤지컬 첫 장면에서 히로시마 원폭 투하 사진이 무대에 크게 비치면서 일본이 당한 히로시마의 원폭 피해가 민비 암살의 역사적인 인과응보라는 도식으로 그려진 것이 그 이유가 아닌가 한다.

한국은 일본에 대해 올바른 역사인식을 앞세워 끊임없이 역사청산을 요구한다. 그리고 그것이 대단히 중요한 외교문제인 듯 일본을 압박한다. 그런데 똑같은 사안임에도 자신의 역사에 대해서는 의외로 무척 허술하게 다루고 있다. 그렇다면 한국이 일본을 향해 열을 올리는 역사인식 문제는 사실 그렇게 대단한 게 아니라, 일본 비난을 통해 자신의 외교 이익을 챙기려는 방편일지도 모른다는 생각이 든다.

9

일본에게 한국의 '유통기한'은 끝났는가?

한·미·일 협력체제의 붕괴와 민주화

한국의 '귀여움'은 이제 사라졌다

필자는 평소 한국에 관한 논의가 벌어지면, 이제 "한국의 유통기한은 끝났다."라는 이야기를 자주 한다. 필자의 말에 한국에 대한 실례가 아닌가 하며 반발하는 사람도 있지만, 그건 일본 입장에서 유통기한이 끝났다는 뜻이므로 한국에 전혀 실례될 일이 아니라고 대답한다. 왜냐하면 한국은 이제 일본이 상대하기 버거운 나라가 되었다는 뜻이니까! 그럼 어떤 이는 한국은 예전부터 상대하기 버거웠다며 지금 와서 새삼 그런 것도 아니지 않은가? 하며 반론을 편다. 이에 대해 필자는 기본적으로는 그랬을지도 모르지만, 지금 문제로 삼는 것은 한국이 일본통치에서 벗어난 해방 후의 일이며 특히 1965년 국교정상화 이후의 한일관계를 두고 하는 이야기라고 단서를 달아준다.

국가 차원에서 한일관계를 드러내는 정황 한 가지를 예로 들어보자. 2013년에 취임한 박근혜 대통령은 취임 이래 미국을 비롯한 외국을 방문할 때마다 위안부문제를 염두에 두고, "일본은 올바른 역사인식을 가져야 한다."라며 일본을 비판하는 이른바 '고자질 외교'를 벌였다. 외국에 나가서까지 일본을 능욕하는 넉살 좋은 수법은 이전에는 결코 찾아볼 수 없던 모습이다.

민간에서도 비슷한 일이 있었다. 예컨대 2014년에 일본대사관(일본정부) 주최의 외교 행사인 '자위대 창설 60주년 기념 리셉션'이 서울의 롯데호텔에서 열릴 예정이었다. 그런데 롯데호텔이 한국 언론의 반일 선동에 잔뜩 겁을 집어먹고 하루 전에 갑자기 행사장 예약을 취소해버렸다. 일본과는 특별한 인연이 있는 롯데호텔이 일본정부의 외교 행사와 관련한 중요한 비즈니스 계약을 별안간 파기하는 일은 예전엔 상상조차 할 수 없었다.

그동안 한국의 가장 큰 변화는 예전과 비교할 수 없을 만큼 모든 것이 풍부해지고 강해졌다는 사실이다. 필자의 개인적인 감상으로는 한국은 이제 덩치가 작아서 느껴지는 귀여움 같은 것이 죄다 사라졌다. 앞의 몇 가지 사례만 보더라도 귀염성 같은 것은 찾아볼 수 없지 않은가. 일본으로서는 마치 기르던 개에게 물린 격이라고나 할까! '기르던 개'라니 상당히 실례가 될지도 모르겠기에 말을 살짝 바꿔보자. 이제까지 어려움을 겪는다고 해서 여러모로 보살피고 귀여워해 준 이웃이 점점 위세가 등등해져서 큰소리를 치기 시작하더니, 언제부터인가 다른 동네까지 찾아가 독설(毒舌)을 퍼붓는 당돌한 모습을 지켜봤을 때의 기분이라고나 할까!

이것은 국가 대 국가는 물론 일반적인 인간관계에서도 종종 목격할 수 있는 일이다. 돌봐주었다고 생각하는 쪽에서는 일단 속상하다고 할까, 부아가 치밀 수밖에 없다. 배신당한 듯한 기분도 들지만, 상대가 이미 예전의 상대가 아닌지라 어떻게 할 도리가 없다. 더욱이 그런 상대는 오히려 "보살핌을 받은 기억이 없다."라며 딱 잡아떼기 마련이니까! 그러다 보면 돌봐주었다고 생각하는 쪽이 스스로 포기하고 물러설 수밖에.

사정이 이렇다면, 예컨대 상대가 어디론가 이사라도 가주면 여태까지 보인 태도야 어쨌건 일단 고맙겠지만, 상대가 그대로 계속 눌러앉아 있으면 성가시기 이를 데 없는 일이 된다. 피해자와 가해자의 처지는 천년이 흘러도 변하지 않는다며 상대방이 밉살스러운 소리만 하고 다니면 그로 인한 스트레스는 갈수록 심해질 수밖에 없지 않겠는가. 이런 느낌이 한일관계의 현실에 대한 일본 측의 솔직한 심정이 아닐까!

일본 입장에서 한국의 유통기한이 끝난 원인은 이처럼 한국이 과도하게 발전한 데 따른 태도의 돌변 이외에도, 한국의 국내사정 변화와 국제정세 변화 또한 함께 꼽을 수 있으리라. 변화의 기점은 1990년대로 봐야겠지만, 박근혜 정권에 와서 변화가 더욱 뚜렷해진 것은 틀림없는 사실이다. 일본 측에서 보면, 이는 한국에서 일어난 '한 시대의 종언'이라고도 할 만하다.

필자는 평소에 이런 시대적 변화를 '박정희가 만든 한국'의 종언이라고 불렀다. 공교롭게도 그것을 그의 딸인 박근혜가 마무리하는 것처럼 보여서야 되겠는가? 박정희의 한국은 소위 정치적 민주화를 계기로 1990년대부터 변질하고 있었으나, 딸(박근혜)의 시대에 와서 유

통기한이 끝났음을 일본에 최후 통고한 셈이다. 이것이야말로 한 시
대를 수놓는 역사의 아이러니가 아닐 수 없다. 한국의 유통기한이 끝
났다는 사실을 상징적으로 표현하면 다음 세 가지로 압축될 수 있다.
첫째 독도문제, 둘째 위안부문제, 셋째는 중국으로의 경사(기울어짐)가
그것이다. 다음에서 순서대로 약간의 설명을 덧붙여보기로 하자.

독도문제의 진실은?

독도문제는 실로 상상하는 것 이상으로 한일관계의 변화를 상징적으
로 나타낸다. 이는 과거 국교정상화 교섭 당시부터 매우 중요한 현안
의 하나였다. 쌍방이 서로 영유권을 주장하며 한 치의 양보도 없이 격
렬한 대립을 이어가다가 막판에는 해결하지 않은 채 문제를 뒷전으로
미뤄두기로 합의하고, 국교정상화를 먼저 타결하게 된 셈이다. 국교정
상화 조약에는 독도문제의 처리에 대해 일체 언급이 없다.

　당시 독도는 1950년대 초에 한국이 일방적으로 설정한 '이승만 라
인'에 의해 한국에 강제 편입되어 한국 경비대가 상주하고 있었다. 이
후 한국은 '실효 지배'라고 주장하고 있으나 실제로는 '실력 지배'에
다름 아니었다. 이런 현상을 유지한 채 미해결 상태로 남겨두면서 실
질적으로는 한국이 이득을 본 셈이다.

　국교정상화를 위한 독도문제 교섭의 내막을 당시 관계자의 인터뷰
를 통해 소개한 역작, 논픽션《독도밀약(竹島密約)》(노 다니엘 저)에 의하
면 교섭 타결에 즈음하여 한일 간에 이러한 '암묵적 합의'가 이루어졌
다고 한다. 합의 내용은 "해결되어야 한다는 것을 전제로 해결된 것으
로 간주한다."는 원칙으로, 앞으로 "양국이 모두 자국 영토라고 주장하

는 것을 상호 인정하고, 동시에 그에 대해 반론하는 것도 상호 반대하지 않는다.”고 규정했다. 또 양국은 “한국은 현재 상태를 유지하되, 경비원의 증강이나 시설의 신·증설 등을 해서는 안 된다.”라고 의견 일치를 보았다고 한다.

이 합의는 문서로 남기지 않았다. 그러나 그 후 독도문제를 둘러싼 양국의 대응을 눈여겨보면, 구상서(口上書) 등을 통한 영유권 주장이나 거기에 대한 반론과 같은, 소위 형식적이며 조용한 외교로 일관한 것이 그런 합의가 있었음을 암묵적으로 입증하고 있다. 그리고 이런 현상 유지의 원칙은 국교정상화를 실현한 박정희 정권과 그 후 같은 군부정권이었던 전두환-노태우 정권 시절까지는 그대로 지켜졌으나, 군사정권이 끝나고 이른바 민주화 시대가 시작되는 김영삼 정권에 와서 근본적인 변혁을 겪게 된다.

역사 바로 세우기와 총독부 건물 폭파

김영삼 정권은 ‘문민정부’를 간판으로 내걸고, 대중적인 인기를 의식한 반일 정책에 온 힘을 쏟았다. 그것의 일환으로 ‘역사 바로 세우기’란 슬로건 아래 반일 애국주의를 마음껏 선동했다. 그 대표 상징이 1995년 8월에 해방 50주년 기념행사로 펼쳐진 조선총독부 건물의 폭파, 철거사건이었다. 건축 전문가들이 이구동성으로 그 건물은 세계적으로 보존할 가치가 있는 훌륭한 건축물이라며 철거를 극력 반대했으나, 김영삼 정권은 막무가내로 건물을 파괴하고 말았다.

이 건물은 해방 후 정부종합청사인 중앙청으로 오랫동안 사용되고, 그 뒤에는 국립 중앙박물관으로 오래 사용되었다. 그런 역사적 건물을 민족적 자존심을 이유로 때려 부수었다. 필자도 현장에서 폭파 장면을 직접 목격했지만, 그때의 복잡한 심경을 어떻게 필설(筆舌)로 표현할 수 있을까!

타이완에서는 일본통치 시대의 총독부 건물이 지금도 총통부(總統府)로 계속 사용되고 있다. 중국에서도 과거 일본이 세운 만주국의 주요 건조물들이 당이나 정부의 중요한 기관으로 그대로 활용되고 있다. 인도도 영국 지배에서 독립한 이후에도 영국이 세운 건축물을 그대로 존치하고 있다. 한국에서만 유독 그러한 역사적 건조물을 혁명의 시대도 아닌 평시에 정부 손으로 이벤트를 하듯 마구 파괴하는 것은 그야말로 문제가 아닐 수 없다.

이것이야말로 일본에 대한 한국 민족주의의 특이성을 말해주는 전형적 사례다. 이처럼 애국 포퓰리즘 위주의 김영삼 정권은 그때까지 현재 상황을 그대로 유지하며 누구도 손대지 않았던 독도에 대해서도 작심이라도 한 듯 예상치 못한 행동을 벌였다. 부두 건설이라는 엄청난 현상 변경을 강행한 것이다. 독도는 원래 완전한 바윗덩어리로 사람이 살기는커녕 배가 접안할 해안도 없는 바위섬이다. 한국이 만든 경비대 숙소 역시 바위산 꼭대기 부근의 좁다란 평지에 억지로 설치했다. 한국정부는 그런 섬에 부두를 만들어 사람이나 물자를 실어 나르는 배가 접안할 수 있게 만들었다.

이는 1965년 국교정상화 이래 최대의 일방적인 현상 파괴이자 최대의 영유권(領有權) 과시 행위였다. 김영삼 정권은 "우리 영토인데 누구의 눈치를 본단 말인가?"라는 우쭐한 기분이었으리라. 하지만 이것은 수십 년 동안 지켜온 양국 간의 '암묵적 합의'를 일거에 파괴해버리는 횡포에 다름 아니었다. 역사 바로 세우기를 외친 정권이 거꾸로 역사를 마구잡이로 파괴하는 행위를 저질렀다고 해야 한다.

김영삼 정권의 역사 바로 세우기란 슬로건에 대해, 당시 일본에서는 알기 쉽게 그냥 '역사 세우기'로 소개하는 경우가 많았다. 그러나 사실 한국어 원문에는 '바로(올바르게)'가 들어가 있었다. 한국적 역사관에서는 바로 이 '바로'가 중요하다. 거기에는 애국심이랄까, 민족적 자존심이랄까, 행사가 끝나고 뒷북치는 격으로 "이래야 했다!"라는 식의 가치판단을 위한 심리적 요소가 들어 있기 때문이다.

총독부 건물이 역사적으로 존재한다는 사실(즉 있는 그대로의 실제 역사)보다 그런 건물은 원래 있어서 안 될 것이라는 애국심과 자존심에 의거하여, '이래야 했던 가공(架空)의 역사'가 더 중요한 의미를 지닌다. 애국심과 자존심을 위해 역사적 사실(총독부 건물)을 부정하며 없애버려도 아무 일 없다는 듯 태연한 모습! 이것이야말로 한국적 의미의 역사 바로 세우기의 참모습이 아닐까?

어쨌든 김영삼 정권의 독도 정책은 그간 일본과 지켜온 '암묵적 합의'에 대한 일방적인 무시 내지 파괴 행위였다. 그것은 이제 더 이상 한국이 일본을 배려하지 않겠다고 선포한 것이나 다름없었다. 그 배경에는 김영삼이 스스로 내세운 '첫 문민(文民) 대통령'이란 자부심이 있었고, 더 나아가 과거 군사정권이 안보와 경제를 앞세우면서 일본을 너무 의식한 나머지 민족정기를 잃어버렸다며, 그것을 자신이 되돌려놓겠다는 패기의 과시가 있었다.

'미해결의 해결'이 가능한 시기도 있었다

당시에는 민족정기라는 말도 자주 사용되었지만, 실제로는 민족정신이랄까, 애국심 같은 표현이 일반적이었다. 한국인은 이런 어려운 어휘에 쉽게 자기도취 되는 것 같다. 실생활에서 한자를 버렸음에도, 한국인은 정기(正氣, 精氣) 같은 어려운 한자어의 추상적이고도 권위주의적인 분위기를 아주 좋아하는 것 같다.

《독도밀약》의 저자 노 다니엘의 견해에 따르면, 1965년 국교정상화에 즈음하여 까다로운 영토문제를 '미해결의 해결(현상을 그대로 유지한 채 해결을 뒷전으로 미룬다는 의미)'로 처리한 '밀약 합의'의 배경에는 상호 신뢰하는 문화가 한-일 쌍방에 존재했다고 한다. 그런데 이러한 쌍방 공통의 문화가 김영삼 정권에 와서 민주화와 세대교체의 흐름으로 완전히 사라졌다는 것이다. 해외에서 오랜 연구생활을 한 노 다니엘(한국인)은 필자와도 면식이 있으며 그의 견해에 필자도 전적으로 동의하는 편이다. 그는 독도문제를 미해결 상태로 미루어놓는 해결 방법에 관해 이렇게 적었다.

> "'해결하지 않음(解決せざる)'이라는 표현에는 '본래는 해결해야 하는 것을 군이 해결하려 하지 않는다'는 실행 불가능성을 바탕에 깔고, 어떤 의사를 품고 해결하지 않는 쪽을 택한다는 뉘앙스가 있다. 이 언외(言外)의 뉘앙스를 분명히 읽어낼 수 있는 한일관계의 문화가 있었다. 또한 박정희 대통령이 칭찬했다고 전해지는 '미해결의 해결'에는, 어떤 불가항력 상황에 대한 양국 수뇌의 깊은 고뇌도 배어 있다. 그런 고뇌를 공유할 수 있는 문화가 있었다는 뜻이기도 하다."

한국 측 인사들 가운데는 일본 식민지 시대 교육으로 일본문화의 영향을 받고, 정서상으로도 일본을 이해하는 세대가 많았기 때문에 그런 문화를 공유할 수 있었다고 할 수 있다. 특히 박정희부터 전두환, 노태우 정권까지는 국가의 톱리더를 비롯하여 한국정치를 좌우하는 정-관계 인사들의 사고방식이나 대응방식 등에 일본의 영향력이 강하게 남아 있었다. 한일 양국 정치가는 외교 교섭의 상대를 '적'으로 간주하지 않고 우리 편으로 여긴 인상이 강했고, 합리적인 판단 이상으로 인간적인 유대와 의리 그리고 인정에 호소하는 방식이 통용되는 문화 공유의 시대였다(노 다니엘, 《독도밀약》).

'유통기한 종료'는 김영삼 시대부터!

독도문제 처리에서 현상 유지라는 암묵적 합의를 깨트린 김영삼은 일본의 식민지 지배를 경험한 세대다. 그러나 민주화운동의 경력이 긴 야당 정치가로서, 일본문화에 익숙한 군사정권에 대한 거부감이 강했다. 그런 탓에 그는 과잉이라 할 정도로 '과거 부정 일본 부정'을 내걸고 초대 문민정권의 권위를 힘껏 과시해보고자 했다. 그런 의미에서 김영삼 시대는 일본인에게 유통기한이 끝난 한국의 출발점이었다고 해도 무방하다.

김대중 대통령도 마찬가지로 일본통치 시대를 경험했다. 그 역시 오랜 반체제 야당 정치가였으나 김영삼 정권과는 일본관에 약간의 차이가 있었다고 파악된다. 김영삼은 일본 식민지 시절 중학생일 때, 일본인 교장으로부터 놀림을 당해 반항했다는 이야기를 자주 했다. 이에 비해 김대중은 중학 시절 이시카와 다쿠보쿠(石川啄木, 일본의 저명 시인)가 지은 단가(短歌) 〈한 줌의 모래〉를 읽고 쓴 감상문으로 일본인 교사에게 1등 상을 받았다는 이야기를 당당하게 밝혔다.

김대중은 일본에서 발생한 납치사건 때문에 일본에 신세를 졌다는 정서가 있었으며, 독도문제에 대해서도 한국이 실효 지배하므로 소란을 피우지 않는 편이 더 유리하다고 판단하여 당시는 독도문제가 소강 상태에 들어갔다. 그러나 노무현 정권에 와서 문제는 단숨에 시끄럽게 되었다. 그렇게 된 직접적인 계기는 민간인의 독도 왕래를 완전히 자유화했기 때문이다. 물론 김영삼 정권 시절 독도에 부두를 건설한 것이 그를 위한 선행조치였다고 할 수 있다. 그래도 당초에는 민간인의 왕래가 엄격하게 제한되어 있었는데 노무현 정권에서 민간인의 자유로운 왕래는 물론, 관광용으로 독도를 개발하여 반일·애국의 이벤트 무대로 만들었다.

이는 한국 측이 지켜야 할 '독도의 현상변경 불가' 규정을 지키지 않은 행위였다. 영토분쟁 지역에서 지속적으로 애국 퍼포먼스를 벌이는 것은 상대방에게 무한히 자극적이고 도발적인 행위가 아닐 수 없다. 더욱이 전시도 아닌 평시에 그 같은 퍼포먼스를 벌이는 일은 어디서도 찾아볼 수 없는 현상이다. 이런 식으로 한국은 일본에 대한 이해와 배려가 완전히 사라진 나라로 바뀌었다.

노무현은 투쟁적인 반정부 변호사 출신이었다. 일본과 인연이 깊었던 박정희 정권을 비롯하여 과거 군사정권에 대해 그는 매우 적대적이었다. 일종의 '세대적 반감'이랄까, 과거에 대한 거부감이 유별나게 강했다. 그에게는 구세대가 지녔던 일본(인)과의 문화적 공유 같은 측면은 아예 찾아볼 수 없었으며, 한일 국교정상화에 대한 이해나 배려도 전혀 없었다. 노무현은 정치가 등 일본 요로(要路)와의 교류도 전혀 없는 세대였다고 할 수 있다.

그는 독도문제를 일본의 지배 역사와 연결하고, 일본의 영유권 주장을 새로운 침략으로 규정하는가 하면, 심지어 반일을 내걸고 국민의 애국심을 선동하기까지 했다. 거기에는 '미해결의 해결'이라는 식의 과거 한일의 밀월시대에 맺어진 약속(?) 같은 것이 끼어들 여지가 전혀 없었다. 독도문제를 둘러싸고 노무현은 완벽하게 한국의 유통기한 마감을 선언한 셈이었다.

축구 골대를 움직이는 한국 외교

한일관계 대전환을 가져온 두 번째 계기는 위안부문제다. 이는 지금까지 한일 쌍방에서 숱한 논의가 있었기에, 이 자리에서는 한국의 유통기한과 관련한 몇 가지 사항만을 간단히 다루고자 한다. 독도문제와 마찬가지로, 위안부문제도 한국정치에 있어 '민주화'가 시작된 1990년대에 들어 표면화되었다는 사실을 우선 지적해둔다.

한국인 종군위안부의 역사에 관해서는, 센다가코(千田夏光)의 논픽션《종군위안부》(1973)에서 상세히 밝혀진 것처럼, 일본에서는 이미 그 문제가 공개적으로 알려져 있었다. 부언하면 지금까지 구체적인 자료도 없이 일방적인 주장으로 국제사회에까지 널리 퍼져 반일 선전에 악용되는 '한국인 위안부 20만 명설(說)'도 이 책에서 유래했다. 이는 저자가 한국의 신문 기사에서 인용한 것으로, "전쟁 중에 정신대(挺身隊)의 이름으로 약 20만 명이 동원되어 그중 5~7만 명이 위안부가 되었다."는 추정치를 소개하는 내용이었다. 황당하게도 이것이 그 후 위안부 '20만 명설'로 둔갑하면서 경악할 만한 근거 자료로 굳어졌다.

그때까지 드러내놓고 말하지 않던 감추어진 위안부문제가 한국의 민주화 과정에서 이처럼 일거에 대대적으로 표면화된 데는 한국의 다른 국내문제와 마찬가지로 한일 양국 간에 '일 처리방식의 무지'라는 중대한 배경이 깔려 있었다.

예컨대 훗날 국내외로 너무나 유명해진 1993년의 〈고노(河野) 담화〉만 해도 그렇다. 이것은 일본정부가 위안부에 대한 강제성을 인정하며 사죄한 것으로, 한국에서는 온 국민이 금과옥조처럼 높이 평가하고 있다. 그리고 이를 계기로 한국 측은 일본정부를 향해 담화 내용을 준수하라고 줄기차게 요구하고 있다. 그러나 만약 그것이 그렇게 한국에 대단한 의미였다면, 그 시점에 문제가 어떤 식으로든 완전히 타결되지 않았을까? 당시에 김영삼 대통령은 〈고노 담화〉가 나온 뒤, "보상은 한국정부가 알아서 시행하고 일본은 진상 규명만 하면 된다."라면서 앞으로는 더 이상 외교문제로 삼지 않겠다고 밝혔다. 따라서 김영삼도 〈고노 담화〉로 매듭을 짓자는 비공개 외교에 일단은 납득했다고 볼 수 있다. 그런데 문제는 그 후에 벌어졌다.

그 후 위안부 지원단체가 일본정부의 책임을 더 추궁해야 한다고 주장하고 나서자, 한국정부는 민간단체의 요구를 확실히 거절하기는커녕, 거기에 떠밀려 '당사자가 납득하는 조치'를 명분으로 일본정부에 재차 보상을 요구하고 나왔다. 이러한 태도 변화가 위안부문제를 더욱 악화시키는 결정적인 단서를 제공했다. 그리하여 1995년에 일본은 관민 공동으로 '아시아 여성기금'을 발족시켜 위안부에 대해 금전 지원을 하고, 일본 총리의 사죄 서한을 보내기로 했으나 문제 해결은 다시 꼬이기 시작했다.

애초에 김영삼 정권은 이를 성의 있는 조치로 평가하면서 수용하는 입장이었다. 그런데 지원단체가 책임 회피를 위한 일본정부의 기만술수라며 반대하고 나서자, 한국정부는 지원단체의 편을 들며 공식 평가를 스스로 거두어들인 것이다. 그 후 어떤 형식이건 피해자들이 납득할 조치를 일본정부가 취하기 바란다는 어정쩡한 미해결의 자세로 다시 되돌아갔다[무토 마사토시(武藤正敏, 前 주한일본대사), 《일한 대립의 진상》]. 말이 나온 김에 한국정부에 등록된 당시 위안부 수는 총 258명이고, 그중 61명이 지원금과 의료 지원(500만 엔)을 수령하고, 총리 서한을 접수했음을 부기해둔다.

한국정부는 한일관계에서 외교적으로 해결이 완전히 끝난 일에 대해서도 나중에 시민단체의 요구에 밀려 합의를 뒤엎어버리고 일본에 덤터기를 씌우는 일을 거듭해왔다. 여기에 대해 일본정부는 "한국은 제멋대로 축구 골대를 옮긴다. 이래서야 제대로 된 경기(외교)를 할 수 있겠는가?"라며 한국을 비난했다. 사정이 이러하거늘, 어떻게 한국에게 국가로서 유효기한 만료라는 말을 하지 않을 수 있겠는가?

한국사회는 NGO 전성시대

위안부문제와 관련하여 한 가지 더 추가할 얘기가 있다. 주한 일본대사관 앞에 한국의 시민단체가 세운 '위안부 기념상(평화의 소녀상)'에 대한 것이다. 이 소녀상은 강경파 위안부단체인 한국정신대문제 대책협의회(정대협)가 한국정부 및 서울시 종로구청의 허가도 받지 않고 대사관 앞 보도 위에 설치한 불법 시설물이다. 외국 공관에 대한 이런 식의 불유쾌하고 모욕적인 행위는 외교관계 조약(빈 조약) 위반이라 하지 않을 수 없다.

그동안 일본정부의 잇단 철거 요구에도 불구하고, 국제법은 물론 국내법을 위반하는 이러한 설치물을 한국정부나 종로구청 그 누구도 철거하지 않고 아예 모르는 척하며 지금까지 계속 방치하고 있다. 철거는커녕 이명박 대통령은 교토(京都)에서 열린 한일 수뇌회담에서 "일본이 위안부문제를 해결하지 않으면 제2, 제3의 위안부상이 생겨날지 모른다."고 오히려 일본 측을 협박했다. 이는 대통령 스스로 불법의 소녀상 시설을 용인한 것이나 다름없다. 이처럼 국가 간에 이른바 법치주의가 무시당한다면 이제 한국은 국가로서의 유통기한이 완전히 끝났다고 할 수밖에 없지 않은가.

일본대사관 앞의 위안부 소녀상을 철거해달라는 일본의 요구에 대해 한국 외교부는 "순서가 다르다. 피해자가 받아들일 수 있고, 국제사회가 납득할 수 있는 해결책을 일본이 먼저 제시해야 한다. 민간이 자발적으로 설치한 것으로 정부와는 상관이 없다. 문제가 해결되었다면 위안부 소녀상도 설치되지 않았다."라는 공식 입장을 밝혔다(2015년 11월 12일, 외교부 대변인).

국제 상식은 물론이고, 위안부 기념상 설치가 불법이자 위법이란 의식조차 없다는 사실에 놀랄 따름이다. 한국은 도리어 그 불법성과 위법성을 외교상의 협상 카드로 사용하고 있다. 이래서야 어떻게 국가로서 얼굴을 서로 마주할 수 있겠는가? 이것으로 국가로서 유통기한은 끝났다고 말할 수밖에 없다. 불법 위안부 기념상으로 되치기에 나섰던 이명박은 퇴임 직전, 한국 대통령으론 처음으로 독도 상륙작전을 감행했다. 이것은 역대 한국 대통령들이 일본에 대한 최소한의 배려로 (비록 그럴 마음은 있었겠지만) 꾹 참았던 일이라고 생각한다. 그런 행동은 노무현조차 하지 않았으니까. 박정희 이래 한국과 일본이 나름대로 쌓아 올린 암묵적인 상호 존중 이미지를 이명박이 완전히 깨뜨려버린 격이었다고나 할까.

해방 전 일본에서 태어나고 보수 진영의 지원으로 대통령에 오른 사람이 어떻게 일본에 대한 배려란 전혀 없는 이런 어처구니없는 짓을 저지를 수 있단 말인가? 그는 또한 일본은 이제 대수로운 나라가 아니라고 큰소리까지 쳤다. 한국 대통령에게 이런 소리까지 들으면 일본으로서 한국의 유통기한이 완전히 끝났다고 할 수밖에 없지 않겠는가.

이러한 유통기한 만료의 배경에는 위안부문제에서도 명백히 드러나듯이, 민주화 이래 한국사회가 정대협을 비롯한 시민단체 소위 NGO 전성시대가 되었다는 사실이 있다. 단적으로 말해, 일본정부의 공식 요청(항의)에도 아랑곳하지 않고 한국정부나 종로구청은 불법과 위법의 상징이라 할 일본대사관 앞 위안부상을 왜 철거하지 않을까? 그것은 아마도 막강한 세력의 정의연과 정의연의 영향력이 미치는 매스컴 그리고 일반 여론의 비판이 두렵기 때문일 것이다. 결국 정부가 시민단체에 끌려다니고, 거기에 좌우되며, 결국 정부가 시민단체를 이기지 못하는 시대로 접어들었다는 것, 그것은 바로 법치주의의 종말을 의미할 뿐이다. 한국은 지금 'NGO 국가'로 변했다고 해도 과언이 아니다.

나라 간의 약속이 무시되는 시대

이런 풍경은 국회에서도 눈에 띈다. 의회는 여당과 야당이 토론을 벌이는 장소임에도 불구하고, 야당(=NGO)의 항의 플래카드가 의사당을 가득 채운다. 당사자 간의 논의보다도 의사당 밖의 여론(매스컴)을 의식하여 제3자에게 호소하면서 그 압력을 바탕으로 상황을 유리하게 끌고 가려는 속셈이다.

국회의사당 내에서 야당의원들이 의석에서 일제히 플래카드를 펼치는 것은 예전에는 볼 수 없는 풍경이었으나 최근에는 더러 눈에 띈다. 그간 국회 내에서 서로 밀고 당기는 난투극은 있었지만 국회에 플래카드가 등장한 일은 없었던 것으로 기억한다.

2015년 11월 하순, 서울 도심에서는 정부의 역사교과서 국정화 및 노동법제에 반대하는 노조와 NGO 회원 약 10만 명이 모인 합동집회가 열렸다. 집회나 데모는 합법적이었으나, 결국 집회 종반에는 경찰 기동대와 시위대의 격렬한 충돌이 벌어졌다. 마지막에는 대통령에게 직소해야 한다며 시위대가 청와대로 향하고 그러면서 경찰과 부딪치는 시가전이 벌어졌다. 그 결과 경찰 차량 수십 대가 파괴되고 쌍방 모두 다수의 부상자가 속출하게 되었다. 명백한 불법 행위이며 불법 데모였다. 그럼에도 정부가 이런 불법 데모를 비난하면 노조와 시민단체를 위시한 야당 진영은 과잉 진압이라며 도리어 정부를 비난했다.

NGO 등 야당 진영이 그런 식으로 나오는 것이야 상투적인 일이라 하겠으나, 언론이 NGO와 한편이 되어 폭력 시위를 비난하는 정부와 정부를 비난하는 야당 진영을 동일한 잣대로 보도하는 것을 어떻게 봐야 할까? 이는 분명히 불법을 저지르는 쪽을 편드는 꼴이 되므로 법치주의는 완전히 물 건너간 셈이나 마찬가지가 된다. 이런 폭력 데모를 주도한 급진파의 민주노총 위원장은 경찰의 지명수배를 피하고자 서울 도심에 있는 조계사로 피신했다. 사찰 측은 위원장을 태연히 감싸주어 수사 당국이 손을 쓸 수 없게 만들었다. 이쯤 되면 한국의 사찰도 일종의 NGO라고 하지 않을 수 없다. 노조나 사찰 모두 법치와는 상관없는 곳이 되었기 때문이다.

이상 몇 가지 사실이 NGO 세상이 된 한국의 최근 모습이다. 국가의 권위와 그것을 지탱해야 할 법치주의가 한국에서 맥을 추지 못하고 있다. 이런 것이 모두 위안부상 문제를 포함한 일본과의 외교관계에까지 영향을 미치고 있으니 어쩌겠는가.

위안부나 징용공에 대한 보상문제에서 헌법재판소를 비롯한 한국의 사법 당국이 관련자 개인이나 지원단체의 주장을 들어주고, 한일 간의 정부 조약이나 협정 등의 외교관계를 무시하는 판결을 하는 것 또한 같은 맥락이다. 한국정부는 국가 간 외교상 맺은 책임을 스스로 지려고 하지 않고, 사법부 판단에 이끌려서 그 책임을 일본정부에 떠넘기려는 적반하장의 무책임한 행동을 저지르고 있다. 특히 상대가 일본인 경우는 이런 일이 다반사라 할 것이다. 나라 간의 약속이라 할 조약이 지켜지지 않아서야 일본인들 어쩌겠는가. 이제 일본에게 한국은 국가로서 유통기한이 끝났다는 말 외에 무슨 말이 더 필요하겠는가.

반일 애국주의와 시민주의의 모순

'NGO 국가'란 어떤 의미에서는 개인 중시의 시민사회를 말한다. 한국에서 시민이라는 말과 시민운동이라는 말이 일반화되어, 시민이

'시민권(市民權)'을 얻게 된 것은 민주화가 시작된 1990년대 이후의 일이다. 시민이 새로운 국가의 모습을 상징하는 단어가 된 것이다. 역사적 경위를 보면 북조선의 군사 위협이 가중되는 가운데 안보와 국가를 우선했던 군사정권 시대를 부정하는 시대적 키워드로, '시민(市民)'이란 말이 등장하게 되었다고 볼 수 있다.

그러나 실제로 한국은 가족을 중시하는 유교적 가치관이 여전히 진하게 남아 있어, 혈연, 지연, 학연 등 예로부터 내려온 인간관계를 중심으로 한 인맥 중시의 사회다. 그리하여 한국에서 쓰이는 시민, 시민주의, 시민사회, 시민운동 등의 어휘는 소위 실제보다 말이 앞서가는 경우라 할 수 있고, 한국은 아직도 '옆 사람이 뭐 하는 사람이지!' 할 정도로 남을 믿지 못하는 사회다.

'시민'이란 말은 간단히 말해 개인 중시의 개념이며 국가를 경시하는 사고방식이라고 할 수 있다. 따라서 이런 한국적(?) 시민주의의 일상 풍경은 법치를 무시하는 모습으로 나타난다. 군사정권 시대의 국가 우선주의에 대한 반동도 작용했기 때문에 시민의 시대가 된 한국인의 국가의식은 과거에 비해 크게 후퇴했다고 할 수 있다. 한국의 경우, 국가의 경시가 곧 시민(개인)의 중시라는 그럴듯한 사고방식이 '새 패러다임'이 되었다.

그러나 한국에는 시민주의와는 정반대인 반일-애국의 민족주의가 범람하는 현실이 펼쳐지는데, 이 또한 불가사의한 일이기는 마찬가지다(여기에는 반일 외에 반미의 민족정서 역시 상당히 잠재되어 있다). 따라서 반일-애국을 내세우는 시민단체나 시민운동이 상당히 많이 존재하는 실정이다. 일본대사관 앞의 위안부상을 에워싸고 매일같이 벌어지는 반일 퍼포먼스에 대해 한국 언론은 시민운동이라 칭하면서 그들 편을 들고 있다. 시민이 반일-애국의 민족주의 깃발 아래 결집한 모습이라고나 할까!

국가에 의존하지 않고 국가를 넘어서려는 것이 본래 시민운동의 모습이라면, 현재 한국의 풍경은 시민운동이 아니라 애국운동이라 해야 마땅하다. 시민주의와 애국주의의 병존은 한국의 민주화가 가져온 한국적 역설이라 할 수 있다. 반일-애국주의를 억제하지 못하는 시민주의는 앞서 말한 법치 무시의 시민주의와 함께 한국 시민주의의 특성이자 한계를 여실히 드러내고 있다.

한국은 이제 그만?

이 장의 주된 테마는 한국에 대한 유통기한의 종언 문제였다. 독도문제, 위안부문제에 이어 마지막으로 한국의 중국 경사(기울기) 경향에 대해 논급하고자 한다. 박근혜 정권에 들어와 특히 한국에서는 중국으로 기울어지는 경향이 전례 없이 두드러졌다. 게다가 해양세력에서 대륙세력으로 방향을 전환하려는 움직임까지 엿보였다. 이 문제 역시 일본의 한국에 대한 유통기한 문제와 깊숙이 관련되어 있다고 할 수밖에 없다.

세계 제2의 경제력으로 군사적 팽창을 거듭하는 이웃 나라 중국에 대해 한국이 신경을 쓰는 건 너무나 당연하다. 한국의 지정학적 환경이나 역사적 경험으로 볼 때 중국의 존재감과 영향력은 대단히 크기 때문이다. 점차 고조되고는 있으나, 그것을 일본이 느끼는 대중(對中) 위협감과 비교하기는 어렵다. 그야말로 전례 없는 일이지만, 박근혜 대통령이 워싱턴 방문을 마치고 돌아오는 길에 도쿄를 건너뛰고 바로 베이징으로 날아간 것 역시 어쩔 수 없는 일일지도 모른다.

그러나 이는 일본이 볼 때 한국의 유통기한 문제에 커다란 영향을 미치는 처사다. 가령 한국이 중국을 너무 의식한 나머지 한·미·일이나 한·일의 군사협력 체제에서 지금과 다른 태도를 보이거나 일본의 안보체제에 유보적 또는 비판적 자세를 취하는 경우가 그러하다. 그렇게 되면 상호 안보를 위하여 지금까지 유지해온 '한·일의 연대' 의식은 즉각 후퇴할 수밖에 없다.

한국이 역사문제에서 중국과 손잡고 '반일 공동투쟁'을 전개한다면, 그것을 바라보는 일본 여론은 한국에 대한 유효기한 만료로 번질 수밖에 없다. 일본에서 종종 들리는 "한국은 이제 그만!"이라는 말은 일본인이 느끼는 한국에 대한 피로감을 말해준다. 한·미·일 체제 내의 한국이 더 이상 지금까지의 한국이 아니라면 이는 분명 한국의 유통기한이 끝남을 의미한다고 할 수밖에 없다.

근대 이후로 한국에는 중국의 그림자가 그리 크지 않았다. 현대사에 들어서는 6·25전쟁을 포함하여 중국은 단지 북조선의 지원 세력에 지나지 않았으며, 북조선과 대치하는 한국에게 중국은 글자 그대로 적대세력이었다. 지금까지의 한국은 이를 전제로 대외관계를 형성해왔고, 나아가 한·미·일 협력체제를 구축해왔다고 할 수 있다.

이는 1965년에 한일 국교정상화를 실현한 박정희 대통령이 구축한 국제관계에서도 마찬가지였다. 미국의 지원 아래 일본의 협력이 더해지면서 한국은 발전할 수 있었고, 북조선의 위협에 대처할 수도 있었다. '안보는 미국, 경제는 일본'이라는 3각 협력체제가 한국을 발전시키고 안정시켰다고 할 수 있다. 또한 그것이 동서 냉전체제하에서 일본의 안전보장으로도 이어졌다.

박정희 당시의 한일 밀월관계는 실제로는 1980년대까지 지속되었다. 그 후 1990년대에 들어 민주화 과정을 거치면서 한국은 크게 변했고, 한국 국내사정에 더하여 국제정세 역시 크게 달라졌다. 소련 및 동구권의 붕괴로 냉전시대가 막을 내리고, 중국에서는 개혁개방정책에 의한 경제발전과 그로 말미암은 군사적 팽창까지 더해졌기 때문이다. 이러한 중국의 존재감 증대로 동아시아 정세는 유동적인 모습으로 급속히 바뀌었다.

동서 냉전체제의 종언은 동서 양 진영 내부에서 그때까지 억눌려 온 민족감정의 분출을 불러왔다. (구)소련권에서는 민족마다 독립국가를 건설하거나 민족 간의 전쟁이 일어났다. 미국권에서도 사정은 마찬가지여서, 냉전의 굴레가 벗겨지면서 민족마다 이해관계의 충돌이 표면화되었다. 한국·일본 간의 역사인식을 둘러싼 대립과 민족감정을 배경으로 한 소위 역사전쟁이 바로 그런 유형에 속한다고 할 것이다.

이러한 흐름 속에서 박정희의 딸 박근혜의 한국은 새로운 국제관계를 구축하려는 모습을 보였다. 이는 지금까지의 한·미·일 협력체제를 크게 뒤흔들 수도 있는 것이었다. 이는 '아버지 박정희의 한국'으로부터의 탈출(부정)로도 이어질 수도 있는 문제다. 결국 중국에 대한 한국의 이러한 불투명한 태도는 단적으로 한국의 유통기한 종언을 의미함을 지적하게 된다.

제4부

일본의 피해의식과
혐한 정서의 심화

한국에 대한 일본인의 피해의식

반한-혐한 감정의 기원

한국의 일본 혐오는 암묵적으로 환영받고 있다!

요즘 들어 한일관계의 구도가 많이 바뀌고 있다는 점은 앞서 지적한 바 있다. 즉 종전처럼 한국이 일본에 대한 불만으로 화를 터트리는 것이 아니라, 거꾸로 일본이 한국에 대해 불만과 분노로 화를 내고 있다. 최근 들어 반한 또는 혐한으로 일컬어지는 일본인의 불만과 분노 감정의 배경에는 한국에 대한 피해의식이 있다고 필자는 생각한다.

일본에 대한 집요한 비판과 비난을 넘어서는 중상과 모략, 조롱과 폄하, 욕설과 헐뜯기 등의 각종 반일 현상이 한국에서 일본으로 쉴새 없이 전해지고 있다. 이런 상황에서 일본이 한국에게 멸시당하고 있다는 피해감정이 확산하고 있는데, 여기에는 인터넷 시대라는 정보환경의 변화도 크게 영향을 미쳤다고 본다. 원래 한국의 반일 퍼포먼스나 반일 정보 대부분은 자기 만족을 위한 '애국 비즈니스'의 일환이라 할 수 있는데, 그런 자가(自家) 소비를 위한 반일·애국 메뉴가 이제는 인터넷을 통해 일본사회로 대량 유입되고, 그 결과 일본인들이 감정적으로 부정적인 자극을 받을 기회가 많아졌다.

한일관계 특히 위안부문제에 대한 반일 정보가 국제 무대를 통해 집요하게 흘러나오면서 일본인의 감정을 무척 훼손시키고 있다. 게다가 낡았으나 새로운 문제라 할 역사문제와 결부된 일본 교과서에 대한 개입, 유네스코 세계유산 등록을 둘러싼 간섭, 쓰시마(對馬)에서 도난당한 불상(佛像)의 미반환 등도 마찬가지 문제다. 제7장에서 소개한, 욱일기에 대한 반일 신드롬(증후군)도 여전하다. 도쿄올림픽에 대한 트집이나 후쿠시마(福島) 원전의 방사능을 둘러싼 근거 없는 '카더라 선동'도 결코 무시할 수 없는 메뉴다.

이런 반일 신드롬 가운데 필자가 보기에 특히 불쾌했던 사례는 2016년 5월에 버락 오바마(Barack Obama) 대통령이 미국 대통령으로는 처음으로 히로시마의 원폭 희생자 위령비를 참배했을 때의 일이다. 한국 언론이 하나같이 위령비 참배는 전범국 일본에 대한 면죄부가 된다며 일제히 반대하고 나섰다. 핵 폐기에 대한 오바마의 신념에는 아랑곳하지 않더니! 마치 전승국이나 된 기분으로 일본 때리기에 열중하는 모습이 애처로울 정도였다. 또 전후 70년을 기념하는 아베의 미국 의회 연설에 대해 한국의 관민이 일제히 반대 공작을 펼친 일도 있었다!

한국의 반일 현상을 열거하자면 끝이 없다. 정부뿐만이 아니라, 시민단체와 매스컴을 포함하여 온 국민이 모두 들고일어나 일본 때리기에 여념이 없다고나 할까! 한국 언론은 일본에서 일어나는 한국에 대한 '헤이트 스피치'를 실제 이상으로 부풀려 전하면서, 일본 때리기에 끊임없이 써먹는다. 한국에서는 일본에 대한 헤이트 스피치가 일상화되고 있다고 할 만하다.

　일본에서는 한국을 겨냥한 혐오에 대해 언론이 비판론을 게재하거나, 길거리에서는 혐오 규탄 데모나 집회를 벌인다. 그러나 한국에서는 일본에 대한 혐오가 누구의 저지도 없이 묵인될 뿐 아니라 오히려 환영받는 실정이라고나 할까! 또한 일본대사관이나 총영사관 앞의 불법 위안부상을 오랜 세월 동안 방치하고 보호까지 해주다니! 이런 마당에 일본 여론이 어떻게 분노하지 않겠는가!

일본인의 역사 피해의식

한국은 이러한 반일 현상에 대해, 그것이 일본의 식민지 지배 때문이라면서 일본 책임론으로 돌리고, 스스로 자숙하거나 자제할 생각은 전혀 하지 않는다. 일본에 대해서는 어떤 말이든 어떤 행동이든, 무조건 용납되는 이른바 '반일 무죄, 반일 애국'만을 내세운다. 이에 대해 일본 여론은 한국은 이렇게 발전하고 강력해졌는데도 계속 과거에만 매달리고 있는가라며 이제 좀 자중하라는 불만을 터트리기에 이르렀다.

　앞서 한국의 '역사 매달리기' 역사관에 대해 기술한 바 있지만, 이제는 일본인도 한국인의 그런 특이한 역사관을 알아채고, 더 이상 상대하기 어렵겠다고 생각하기에 이르렀다. 일본인의 한국에 대한 피해의식은 그런 의미에서 '역사 피해의식'이라고도 말할 수 있다. 마치 한국이 승전국이나 되는 것처럼 일본을 전범국가로 몰면서 비난하고 우롱하는 상황에서 당연히 일본인은 한국에 대해 분노와 함께 피해의식을 느끼기 마련이다.

근래 한국의 반일 현상에는 한국 경제가 발전하고 국력과 존재감이 증대하면서 생겨난 일본 깔보기 기분도 있는 듯하다. 그것이 일본인의 대한(對韓) 감정으로 불똥이 튀어 일본은 이른바 상대적 박탈감에서 오는 피해의식을 느끼게 되는 것 같다. 그러나 일본이 느끼는 한국에 대한 피해감정을 한국은 전혀 이해해주지 않는다. 한일관계의 새로운 구도랄까, 구조적 변화에서 이것이 매우 중요한 포인트임에도 말이다. 한국인 대부분은 자신이 영원한 피해자라고 믿으며 일본에 대한 가해의식 같은 것을 조금도 의식하지 않는 것 같다.

박근혜 대통령이 한일관계에 대해 "천년이 흘러도 가해자와 피해자의 관계는 변치 않는다."라고 한 발언은 한때 일본에서 큰 화젯거리가 되었다. 바로 이런 역사 카드는 일본에 심리적 부담을 갖게 함으로써 스스로 유리한 위치에서 소정의 이익을 챙기겠다는 일종의 외교적 레토릭에 다름 아니다. 그러나 실제 역사나 국제관계에서 가해자와 피해자의 위치는 언제라도 바뀔 수 있다. 한국인이 아주 좋아하며 자주 사용하는 "국제관계에는 영원한 친구도 영원한 적도 없다."라는 말과 마찬가지 논리다. 아울러 일본인이 한국에 대해 피해의식을 가져도 조금도 이상할 게 없고, 얼마든지 가능한 일이다.

회고컨대, 과거에도 한일관계에서 일본인이 한국에 대해 피해의식을 느낀 적이 많이 있었다. 이제 새로운 구도하에서 한일관계를 생각해보는 취지에서 그동안 일본이 한국(한반도)과 관련하여 경험한 피해 체험이나 피해의식의 역사를 사례별로 되돌아보자.

'북의 위협'에서 시작된 일본의 피해의식

먼저 한국 고대사에서 일본이 백제를 지원한 7세기의 '백강(白江)전투'를 살펴보자. 이는 한반도에서 일본이 최초로 체험한 사건이므로, 일본과 한반도 관계 연구에서 중요한 의미를 지닌다. 또한 일본에게는 한반도로 말미암은 최초의 피해 체험이기도 하다.

백강전투는 당시 3국으로 나뉜 한반도의 통일과정에서 일어난 일이다. 당(唐)의 지원을 받은 신라에 의해 백제가 멸망할 즈음, 백제는 일본(당시 왜)에 지원을 요청했다. 최신 연구에 의하면, 당시 일본에서 3만 7천 명 규모의 병력이 바다를 건너가 백제와 협력하여 백강 하구(현재의 전북 군산)에서 나·당 연합군과 싸웠다고 한다. 결국 백제·일본 연합군이 참패하면서 일본군은 괴멸적인 타격을 입고 물러났다. 그 후 일본은 항상 신라와 당의 군사 위협에 시달리게 되었고 한반도와 가까운 기타규슈(北九州)에 성을 쌓고 병력을 배치하는 등 철저한 방어체제를 구축하기에 이르렀다.

이 사건이 그 후 일본의 전통적인 안보관의 기본이 되는 '북의 위협'의 출발점이었다. 백제 지원의 실패는 일본에 커다란 피해의식을 안겨주었다. 바로 이 피해의식 때문에 일본의 고대 국가에서는 언제나 북방에 대한 방비 태세를 갖추는 것이 전통으로 이어졌다.

그 무렵 일본은 야마토(大和) 조정과 백제 왕가 사이의 깊은 관계 때문에 백제 지원에 나섰는데, 당시 한반도는 통일국가 형성을 향해 3국이 서로 다투던 격동의 시기였다. 결국 일본은 그 분쟁에 말려들어(또는 스스로 개입하여) 큰 피해를 당한 것이다. 물론 일본도 그 나름의 국가 이익을 위해 지원한 것이겠지만, 결과적으로는 크게 피해를 입고 말았다. 이러한 한반도 내부사정에 대한 일본의 관여와 그로 인한 일본의 피해는 그 후 근·현대에 이르기까지 줄곧 되풀이되는 한일관계의 기본 도식이 되었다.

그 후 일본의 피해 체험으로 13세기 원나라(몽골)의 일본 정벌을 전형적인 사례로 꼽을 수 있다. 중국 대륙에 왕조를 세운 몽골은 한반도의 고려를 지배하고 고려군과 더불어 가마쿠라(鎌倉) 시대(1192~1333년)의 일본을 침공했다. 유목민족인 몽골군에는 수군이 없었던지라 몽골은 고려군을 앞세워 바다를 건너 침공해왔다. '북의 위협'의 재현(再現)이었다. 두 번에 걸쳐 북의 침공을 받은 일본은 한반도와 가까운 쓰시마(對馬)와 기타규슈 일대에서 많은 참화를 입었다. 이것이 일본인의 민족적 트라우마로 자리잡게 되고, 북방 대륙세력의 팽창이 한반도를 경유하면서 일본의 안전을 위협한다는 관점은 그 후 일본 안전보장론의 근간이 되었다.

한편 16세기 말에 도요토미 히데요시(豐臣秀吉)가 일으킨 한반도 침공(임진왜란)은 전국시대(戰國時代)를 거친 일본의 군사력이 북방으로 팽창함을 의미했다. 결과적으로 명(중국)이 조선을 지원하면서 결국 조·명(朝·明) 연합군과의 싸움으로 전개되었다. 전란(戰亂)이 장기화하면서 한국 땅은 엄청난 참화를 입었고 한국에서는 당시의 전쟁 피해에 대한 기억이 지금까지 전해지고 있다.

히데요시의 죽음으로 일본은 철수할 수밖에 없었고, 대륙 진출의 야망도 좌절되었다. 일본이 가해자였으나, 야망의 좌절이라는 결과는 일본에 어느 정도 피해의식을 남겼다고 할 수 있다. 왜냐하면 전쟁 도중의 철군은 패전이나 다름없기 때문이다. 한국에서는 이 전란을 '임진왜란'이라 부르며, 일본에 대한 승전(勝戰)으로 인식하고 있다. 일본으로서는 대륙 침공을 목표로 했으나, 한반도에서 고전을 면치 못한 상태로 철군하게 되었으니 가해 체험인 동시에 피해 체험이기도 했다.

개화기 조선에 대한 일본의 비분강개

다음으로 메이지(明治) 이후 근·현대사의 한반도 체험을 살펴보자. 한국에서 일본은 일관되게 '침략자이자 가해자'로 규정되어 왔지만, 이런 고정관념에서 벗어나 이 문제에 대해 제대로 살펴볼 필요가 있다. 우선 메이지유신(1868년) 무렵의 이야기지만, 일본의 메이지 정부는 그때까지 철저히 쇄국하던 막번(幕藩) 체제를 혁파하고, 근대국가를 목표로 삼으면서 조선에 대해 새로운 양국 수교를 요구하는 국서를 보냈다. 새로운 체제(왕정복고) 수립을 알리는 국서에는 천황을 의미하는 '황(皇)'이란 글자가 있었고, 이를 핑계로 조선은 국서 수령을 거부했다. 중화사상에 의한 '화이질서(華夷秩序)'에서 '황' 즉 '황제'는 중국에만 존재하는 것으로, 일본이 감히 '황'을 사용하는 것을 조선은 절대 용납할 수 없다는 취지였다.

국서 거부는 국교 거부를 의미한다. 결국 국교 교섭은 이루어지지 않았고 일본에서는 '정한론(征韓論)'이 제기되는 등 한국에 대한 감정이 극도로 악화했다. 조선 측에서야 전통적인 화이질서 속에서 일본의 천황을 인정하고 싶지 않았겠지만, 근대국가로 막 출발하여 사기 충천하는 일본은 그것을 배려할 여유가 없었다. 도리어 일본은 조선이 자신을 무시한다고 생각했고, 조선은 괘씸하다는 피해의식이 작용하면서 급기야 정한론까지 불러오게 되었다. 바로 이 '황'의 문제는 지금까지도 이어지는 셈으로, 현재도 한국 언론이 일본 '천황(天皇)'이라는 공식 호칭을 거부하고 세계 어디에도 없는 '일왕(日王)'이라는 어색한 표기를 고집하는 것이 바로 그런 연유다.

당시 한·일 간의 수교 문제는 난항을 거듭한 끝에 결국 일본이 힘을 과시하면서 강제로 이루어졌다. 일본 자신이 미국 페리 함대의 압력을 받아 수교하고 개항한 것처럼, 일본 역시 군함 '운양호(雲揚號)'를 파견하여 힘으로 위압(威壓)하여 조선의 문호를 열었다. 그리하여 조선 내부의 근대화를 지원하게 되지만 여러 가지 마찰을 불러왔다.

구체적으로 조선 내부에서 개국(開國)을 에워싼 정파 간의 권력투쟁이 벌어졌고, 그 과정에서 일본인 군사교관이 살해되는 반일 폭동이 일어났다. 일본공사관은 불에 탔고 공사를 비롯한 공사관 직원들은 간신히 목숨을 건져 일본으로 도피했다(임오군란). 이를 계기로 조선에서 일본의 영향력이 위축되고, 종주국 청(淸)의 힘이 강해지면서 얼마 후 청일전쟁으로 이어졌다. 일본인이 살해되고 공사관이 불에 탄 사건으로 일본 여론도 피해감정을 앞세워 분노하게 된다. 조선의 근대화 지원이라는 일종의 강요 또는 참견의 결과였으나, 이유야 어찌 됐든 그로 인한 피해는 어쩔 수 없는 것이었다.

이 시기에 조선 내부에서는 개화파와 수구파의 처절한 정쟁(政爭)이 벌어졌다. 이때 개화파가 일본의 지원을 기대하면서 일으킨 쿠데타가 '갑신정변'이다. 그러나 일본이 청의 개입을 염려하여 지원을 망설였기 때문에 갑신정변은 실패로 돌아가고, 그 중심인물이었던 김옥균(金玉均) 등은 재기를 기약하며 일본으로 망명하게 된다.

일본에서는 후쿠자와 유키치(福澤諭吉)를 비롯한 민간 차원에서는 이들 개화파를 지원했으나, 일본정부는 청과의 관계를 고려하여 무척 소극적이었다. 김옥균은 10년 동안이나 일본을 전전하다가 1894년에 상하이로 건너갔고, 그곳에서 조선 조정이 밀파한 자객에 의해 암살되었다. 일본정부는 그 시신을 일본으로 송환하길 요구했으나, 청은 이를 거부하고 시신을 조선으로 보냈다. 조선으로 송환된 그의 시신은 문자 그대로 능지처참 되었다.

이에 대해 일본에서는 청과 조선에 대해 비분강개하는 분위기가 고조되었고, 그러한 일본의 여론 악화가 청일전쟁으로 이어졌다는 설도 있다. 당시의 일본 여론 역시 한반도를 둘러싼 피해감정의 발로였다. 즉 일본은 한국의 거물 정치인 김옥균과 연관되면서 중국과의 관계가 악화하여 그것이 청일전쟁으로 발전하게 되었다는 설명이다. 물론 청일전쟁은 한반도 지배를 두고 일본과 청(중국) 간에 벌어진 패권 쟁탈전이었고 일본도 국익 추구의 동기가 있었음은 물론이다.

처절한 가해와 피해의 역사

청일전쟁에서 승리한 일본은 조선을 청의 멍에에서 벗어나게 하면서 나라 이름까지 '대한제국'으로 바꾸게 했다. 이는 청을 대신해 러시아를 한반도에 불러들이고, 러시아는 다시 프랑스 및 독일의 협력을 얻어 일본에 대한 '삼국간섭' 사건을 일으켰다. 이 사건을 계기로 이 지역에서 일본이 후퇴하게 되자, 역으로 러시아의 영향력이 증대하게 되면서 조선 조정에는 러시아에 기대려고 하는 친로파가 등장하게 된다.

이 무렵 친로파의 우두머리 격이었던 민비를 암살하는 사건이 일어난다. 일본 소행으로 알려진 이 사건은 당시 한반도를 둘러싸고 북의 위협인 러시아와의 패권 다툼에서 일본이 힘으로 친로파를 제거하고자 한 것이었다. 이는 '일본의 만행'으로 국제 여론의 거센 비난을 받은 것은 물론, 후세까지 한국의 원한을 산 계기가 되었고, 일본에게도 역사적 통한으로 남은 불우(不虞)의 사건이 되었다.

20세기에 들어서면서 한반도는 일본과 러시아 간의 패권 쟁탈의 무대로 바뀌며 러일전쟁(1904~05년)이 일어났고, 여기서 일본이 승리함으로써 한반도는 완전히 일본의 영향권 아래 들어가게 된다. 고종황제는 비밀리에 러시아에 지원을 요청했고, '헤이그 특사사건'으로 알려진 이러한 배신행위는 당시 러일전쟁으로 무척 지쳐 있던 일본에게 크나큰 충격을 주었다.

대한제국에 대한 일본의 불신이 1910년의 한일병합으로 이어지지만, 그에 앞서 이토 히로부미 암살사건이 일어난다. 범인인 항일 독립운동가 안중근은 암살의 동기로 민비 암살에 대한 보복을 들었다. 죽고 죽이는 처절한 한일 근대사지만, 일본은 한국통치의 대가(代價)를 매우 비싸게 치른 셈이다. 그 대가에는 피해감정이 수반될 수밖에 없다. 민비 암살이라는 가해 사건이 이토 히로부미 암살이라는 엄청난 피해 사건을 초래한 것이다. 헤이그 특사사건이나 이토 히로부미 암살사건이나 한국에겐 당연한 저항이라 하겠으나 일본에겐 엄청난 피해가 되었다.

한일병합 후 일본통치하에서 대규모 3·1운동이 일어났다. 독립을 외치는 저항운동이었기에 일본에서는 '만세소요사건'이라고 불렀다. 진압에 나선 일본 관헌과의 유혈 충돌이 일어났고, 이는 물론 일본 측에도 피해의식으로 작용할 수밖에 없었다. 그 외에도 항일운동으로 각종 테러 사건이 빈발했다. 일본 국내에서는 무정부주의자에 의한 천황과 황태자 암살계획이었던 '박열(朴烈)사건'(1926년)과 천황이 탄 마차 행렬을 향한 이봉창의 항일 폭탄테러 '사쿠라다몬(櫻田門)사건'(1932년)이 있었다. 일본의 치안이란 관점으로 보면 조선을 둘러싼 피해의식은 한층 더 심화될 수밖에 없었다고 해야 한다.

한국에서 3·1운동이 일어난 지 4년 뒤에 일본에서는 관동(關東)대지진(1923년)이 일어난다. 이때 도쿄와 요코하마 등지에 거주하던 한국인이 많이 살해당하는 사건이 벌어졌다. 대지진으로 사람들이 패닉 상태에 빠진 가운데, 한국인이 건물에 불을 질렀다든가, 우물에 독을 풀었다든가, 대규모로 집단 습격해올 것이라는 등의 소문(유언비어)이 퍼졌다. 그 바람에 불안과 공포에 휩싸인 일본인에 의해 한국인이 많이 살해되었다고 한다.

여기에는 한국의 3·1운동이 영향을 미쳤다는 설도 있다. 한국에서 일어난 대규모 소요사건으로 말미암아 한국인에 대한 일본인의 보복심리가 이를테면 민족증오적인 유언비어로 확산하면서 일본인들이 과격한 행동에 나서게 되었다는 얘기다. 피해의식은 쉽사리 가해의식으로 뒤바뀌는 모양이다.

보복과 고난의 망국 체험

일본인의 피해감정은 1945년의 종전(해방) 후에 더욱 표면화된다. 여기에는 중요한 국면 세 가지를 열거할 수 있는데, 설명에 앞서 1945년 8월에 한반도에서 있었던 일본인의 패전 체험에 대해 언급하고자 한다. 일본 패전 당시 한반도에는 군 관계자를 포함하여 약 100만 명의 일본인이 살고 있었고, 그중 민간인은 약 70만 명이었다고 한다. 패전으로 그들은 곧 일본으로 귀환해야 할 처지가 되었고, 그로 인한 일본인의 망국 체험은 필설로 이루 다 할 수 없이 너무나 가혹했다.

패전 직후 일본인은 한국인에게 직접 보복을 당했고, 귀환할 때는 손에 들고 등에 질 수 있는 것 이외에는 모든 것을 버리고 떠나야만 했다. 미군 주둔의 남쪽인지 소련군 주둔의 북쪽인지에 따라 명암이 확연히 갈렸는데, 특히 북쪽에서의 일본인 인양(引揚)은 고난의 정도가 더욱 심각하였다. 패전으로 인한 민족적 고난은 자업자득이라 할 수 있겠지만, 그렇다고 모든 것을 포기하게 하고 보복까지 하는 격심한 고난의 인양이라면 당사자에게 가혹한 피해 체험으로 각인될 수밖에 더 있겠는가.

실은 전후의 일본사회에서도 보복 피해가 없지 않았다. 일본에 거주하던 일부 몰지각한 한국인들이 마치 한국이 승전국이나 된 듯이 갖은 불법행위를 저질렀기 때문이다. 질서를 무시한 불법행위로 일본사회에 직접적인 피해를 입혔다고 할 수 있다. 이를테면 "패전국 국민인 주제에!"라며 일본인을 때리거나 물건을 빼앗는 일이 벌어졌고, 일본인은 그들이 갑자기 달라지는 모습이 너무나 인상적이었다고 회고한다. 한반도에서 귀환한 사람들이 현지에서 체험한 일들이 일본 내에서도 그대로 일어났고, 경악을 금치 못할 행동들은 쉽사리 입소문으로 퍼져나갔다.

　이상은 패전 후 한국에 대한 피해 체험의 첫째 국면이다. 두 번째 국면으로는 소위 '이승만 라인' 문제를 들 수 있다. 한일 국교정상화 이전의 일이라 전후 분위기는 어느 정도 남아 있었으나, 새로 출발한 한국과의 관계에서 일본은 새로운 피해의식에 직면했다. 해방 직후 신생 한국의 초대 대통령 이승만은 저명한 독립운동가인 동시에 매우 반일적인 인물이었다. 때는 샌프란시스코 강화조약 발효 직전으로, 일본이 아직 연합국의 점령하에 있던 1952년 1월이었다. 한국이 어업 자원을 보호한다는 구실로 한반도 주변 해역을 크게 둘러싸는 이른바 '이승만 라인'의 설정을 일방적으로 선언했다. 문제의 독도도 그 속에 포함되었다.

　이는 국제법상 불법조치였으나, 한국은 이승만 라인 내 영역을 자국 영해로 간주하여 월경하는 일본 어선을 강제로 나포, 연행하고 어부들을 억류했다. 이는 두 나라 사이에서 커다란 외교문제로 비화되어 격렬한 분쟁을 불러왔다. 이런 비상식적인 현상은 한일 국교정상화를 체결한 1965년까지 이어졌다. 그간 나포된 어선이 327척, 억류된 선원은 3,911명을 헤아렸으며, 그중 8명이 수용소 안에서 사망하는 일이 벌어졌다. 사태는 정치외교 문제에 그치지 않고, 억류 어부의 대다수 가족이 겪은 생활의 어려움은 물론 석방문제 등이 중요한 사회 이슈로 떠올라 일본인의 감정을 말할 수 없이 악화시켰다.

　이상 두 가지 사건은 그 후 시간이 흐르면서 일본사회에서 기억이

희미해졌지만, 일본인의 전후 한국에 대한 악감정이란 측면에서 정신적 트라우마로 각인되었다고 할 수 있다. 한편 양국 간의 국교정상화 교섭과정은 14년이란 긴 세월에 걸쳐 난항에 난항을 거듭했다. 교섭과정 중 일본인은 과거 지배와 직결된 부담 때문에 고통을 겪었다. 한국은 마치 승전국이 된 듯 일본에 대해 과도한 요구와 무리한 주장을 폈으나, 일본은 오로지 방어만 하는 피동적 입장일 수밖에 없었다. 난항을 거듭한 교섭과정 역시 일본에게는 또 하나의 피해의식이 되었다고 할 수 있다.

한반도 분단과 6·25전쟁의 파장이 일본으로

세 번째 피해 국면은 1950년에 벌어진 6·25전쟁이다. 6·25전쟁은 남북한의 정치 대립이라는 내부 요인과 미-소 대립이라는 국제정치 요인이 겹쳐 일어났지만, 일본은 양면에 모두 휘말려 크나큰 피해를 입었다.

남북한의 대립과 분단에 대해서 한국은 과거 일본의 지배와 통치라는 연원(淵源)을 들어 일본 책임론을 강조하지만, 이는 전혀 사리에 맞지 않는다. 종전 후 미국과 소련이 지배하던 한반도의 정세에 일본이 개입할 여지가 전혀 없었기 때문이다. 더구나 전쟁이 발발한 1950년은 샌프란시스코 강화조약이 체결되기 전으로 일본은 국가 주권도 없던 시절이었다. 그럼에도 일본은 주어진 여건상 어쩔 수 없이 전쟁에 말려들었다고 해야 한다.

6·25전쟁에서 일본은 유엔군의 후방 병참기지가 되어 군수물자 공급을 담당하면서 경제적으로 이익을 본 셈이다. 그러나 '6·25전쟁 특

수(特需)'가 패전 후 일본경제의 부흥에 도움이 되었다는 이유로, 일본에 전쟁 피해가 없었다고 말할 수는 없다. 전쟁에 끌려 들어가면서 또 다른 성격의 피해가 발생한 것을 부정할 수 없기 때문이다.

당시 일본은 전쟁의 후방기지가 되면서 소위 '제2의 전장(戰場)'이나 다름없었다. 이를테면 일본정부가 미군을 지원하는 것에 타격을 가하기 위해 일본 국내에서 각종 파업, 데모, 폭동 등의 치안사건이 빈발했다. 황궁 앞 광장에서 벌어진 '피의 메이데이 사건'(1952년 5월)이 대표적인 사례다.

6·25전쟁은 중국과 소련을 등에 업은 북조선이 벌인 한반도 공산화를 위한 통일전쟁이자 국제공산주의 운동의 일환이었다. 북조선을 지원하는 중·소 지원활동이 일본에서 전개되면서 일본의 정치와 사회 등 광범한 분야에서 좌우 대립이 심화한 것도 6·25전쟁의 여파라고 해야 한다. 지금에야 상상도 할 수 없지만, 당시 일본공산당은 무장투쟁까지 펼치는 상황이었다. 국제정치의 대립이 한반도를 경유하면서 일본으로 번져오자, 한반도의 내부대립 또한 그대로 일본으로 옮아왔다. 일본은 정치와 사회가 크게 요동쳤고, 일부 경제적인 이익을 챙겼다고는 하지만 그에 못지않은 피해를 당했다고 해야 마땅하다.

1970년대 이후에도 한반도의 내부사정으로 일본이 흔들린 두 가지 사건이 있었다. 그 일부는 지금도 진행 중이지만, 두 가지 모두 곤혹스럽고 충격적인 사건으로 일본인의 피해의식을 크게 자극했다. 하나는 1973년의 김대중 납치사건이며, 다른 하나는 1970년대 후반부터 시작된 북조선에 의한 일본인 납치사건이다. 남북 쌍방이 기이하게도 '납치사건'을 통해 일본사회를 크게 뒤흔들었다고 할 수 있다.

김대중 납치사건은 일본에서 외국 공권력(한국의 정보기관)이 저지른 불법행위로, 주권 침해사건이다. 한일 간의 정치, 외교문제로 비화했음은 물론, 국제적으로도 크게 화제가 되었다. 사건의 배경에는 한국 내부의 심각한 정치적 대립관계가 있었다. 한쪽(야당 진영)은 정권에 대한 비판을 일본에서 어필하고자 했고 다른 쪽(정부 측)은 그것을 강제로 저지하고자 했다. 여야 간의 정쟁이라는 한국의 내부사정이 일본으로 넘어와 일본의 정치문제로 비화한 사건이라 할 수 있다. 이는 과거에도 흔히 찾아볼 수 있는 사례다.

19세기 말에 일본으로 망명했던 김옥균은 결국 본국에서 밀파한 암살범의 손에 희생되었으나, 일본에서 정치활동을 펼치던 김대중은 본국으로 끌려가면서 죽을 고비를 넘겼다고 한다(본인의 회고담). 김대중은 그 후 정치활동을 계속하여 대통령까지 되지만, 일본은 사건의 후유증으로 오랫동안 고통을 겪어야만 했다. 즉 일본은 한국 내 정치 문제인 김대중 납치사건에 휘말려 본의 아니게 피해를 당한 것이다.

김대중 납치사건이 일어난 이듬해, 일본 조총련과 접촉이 있었던 재일교포(문세광)가 한국에서 벌인 대통령 저격사건이 있었다. 오사카 출신인 문세광이 광복절 기념식장에서 박정희 대통령을 저격했으나 대통령은 무사하고 그 대신 영부인이 피격, 운명하는 일이 벌어졌다. 일본 당국자가 일본은 여기에 직접 관련이 없다고 한 발언이 문제가 되어 한국에서는 맹렬한 반일운동으로 비화했다. 그 배경에는 범인이 일본 파출소에서 훔친 권총으로 범행을 저질렀으므로 일본에도 책임이 있다는 주장이 있었다. 책임 소재야 어쨌든, 이 테러사건 또한 한국의 정치사정, 즉 남북대립이란 한반도 내부사정에 일본이 말려들어

곤혹을 치른 사건임에는 틀림없다.

도망갈 수도 없는 지정학적 숙명!

북조선에 의한 일본인 납치문제는 수십 년이 지난 지금도 미해결로 남아 있다. 이 문제 역시 한반도의 내부사정이 초래한 일본의 피해 사례 중 하나로, 북조선 당국에 의해 많은 일본인이 일본 국내에서(일부는 해외에서) 북한으로 은밀히 납치되어 끌려간 것이다. 이 문제의 배경에도 역시 한반도의 남북대립이란 특수한 상황이 도사리고 있다.

6·25전쟁도 그 일환이었지만, 북조선은 한국을 자신의 체제로 흡수하는 남북통일을 국시(國是)로 삼고 있다. 그를 위해 대내외로 온갖 공작을 벌이고 있음은 주지의 사실이다. 북조선은 한국 대통령에 대한 암살 테러나 항공기 폭파 테러를 비롯하여, 수많은 파괴 공작을 펼쳐왔고, 이러한 행위를 모두 남북통일전쟁의 일환으로 간주하는 입장이다. 파괴 공작에 필요한 인재를 양성하느라 북조선은 일본인을 납치하는 폭거를 자행했다. 북한의 여성 공작원 김현희가 벌인 KAL기(대한항공 858편) 폭파사건이 이를 여실히 입증하고 있다.

김현희는 '하치야 마유미(蜂谷眞由美)'라는 일본인으로 위장하여 일본 위조여권을 지니고 대한항공 여객기에 탑승했다. 일본인으로 위장함으로써 상대의 경계를 늦추고 테러를 쉽게 실행할 수 있다고 보았기 때문이다. 북조선 공작기관이 한국에 대한 테러를 준비할 때, 김현희에게 '일본인화 교육'을 시킨 사람은 무참하게 납치된 일본인 여성이었다. 세계를 뒤흔든 KAL기 공중폭파 테러는 하마터면 일본인이 범인으로 지목되어 일본이 사건에 직접 휘말릴 뻔했다. 김현희가 일본인으로 위장하고 있었기 때문이다. 이 역시 한반도 사정에 일본이 이용당한, 아니 피해를 입은 어처구니없는 사건이 아닐까?

이처럼 역사를 되돌아보면, 한반도의 정치적 대립과 갈등구조 및 각종 이해관계와 모순 등 복잡하고 미묘한 내부사정으로 말미암아 일본이 예상 밖으로 많은 피해를 입었다고 할 수 있다. 이러한 일은 고대로부터 현대에 이르기까지 되풀이되었다. 종래의 일방적인 '가해-피해사관(史觀)'으로는 규명할 수 없는 역사의 단면이며, 가해와 피해가 엮어내는 역사의 모습이 단순하지 않음을 말해준다.

여기서는 역사적인 사건 몇 가지만 소개했지만, 기록으로 남아 있지 않더라도 한반도를 둘러싼 역사 속에는 일본의 다양한 피해 체험이 더 많을 것이다. 굳이 가해와 피해를 따지지 않고, 한 번 들여다보면 한반도가 일본에 미친 영향은 무척이나 복잡다단하지 않겠는가. 그러나 이는 어쩔 수 없는 일본의 지정학적 숙명일지도 모른다. 숙명이란 어디로 빠져나갈 생각은 말고 무조건 받아들여야 한다는 뜻이리라.

일본에서는 최근 반한-혐한의 감정으로 한국에 엮이지 마라! 더 이상 상대하고 싶지 않다! 무조건 멀리해야 한다는 이야기를 자주 들을 수 있다. 굳이 말하면 원한론(遠韓論) 또는 이한론(離韓論)이라 하겠지만, 서로가 떨어질 수 없는 지정학적 조건에서 떠드는 그런 얘기는 한낱 넋두리에 불과하지 않을까.

일본의 이웃에는 한국과 한국인이 영원히 존재한다. 거듭되는 얘기지만 누구도 숙명에서 빠져나가지 못하는 법으로, 도망가지 못하는 한 잘 관리하며 살아갈 수밖에 없다. 잘 관리하기 위해서는 또한 상대를 잘 알아야 한다. 과거 경험을 살려 한편으로는 이득을 챙기면서, 다른 편으론 피해를 입지 않도록 잘 대응하는 지혜를 짜내는 수밖에 다른 방도가 없지 않겠는가.

천황이 왜 '일왕'으로
불려야 하나?

──────── 한국 언론의 구차한 변명

한국인의 일본 황실관

일본의 연호가 헤이세이(平成)에서 레이와(令和)로 바뀐 2019년 봄, 한국 언론은 이를 어떻게 보도했을까? 이는 한일관계를 다룰 때 무시할수 없는, 매우 의미 있는 사안(事案)이라 할 수 있다. 일본의 황실 외교에서 아직 실현되지 않은 과제가 하나 있다면 그건 '천황 방한(訪韓)'이라 할 수 있는데, 그것이 레이와 시대에는 이루어질 수 있을까 하는외교적 전망은 물론 한국인의 일본 황실관(觀)에 대해 한번 살펴볼 좋은 기회이기 때문이다.

한국인의 일본 황실관과 관련하여 항상 신경 쓰이는 것 한 가지가있다. 일본의 '천황'이 한국에서는 왜 '일왕(日王)'으로 불리는가 하는문제다. 국제적으로 이 현상은 한국에서만 볼 수 있는데, 결국 한국은 왜 천황이라는 호칭을 거부하는가 하는 문제다. 그런데 한국에서의 일왕 호칭 문제에는 한 가지 특이점이 있다. 한국정부는 상대국의 호칭을 존중하며 거기에 따른다는 국제관례에 의거하여 천황이라는 호칭을 사용하지만, 한국 언론들이 거기에 따르지 않고 일왕 표기를 고집하고 있다는 사실이다. 그로 인해 한국에서는 일왕이란 호칭이 정착하여 사람들 대부분이 그렇게 부르고 있다.

한국에서 천황을 일왕으로 바꿔 부르는 것은 반일 정서의 일단(一端)이라 할 수 있다. 사정이 아무리 그렇더라도, 외국 국가원수의 호칭을 정부와 언론이 달리 사용하는 나라는 세계 어디에도 없으며 이는 한국만의 불가사의한 일이다. 그럼 한국 매스컴은 왜 이런 일을 태연하게 자행하고 있을까? 상대방(일본)이 매우 불쾌하게 생각한다는 것을 알면서도 말이다.

이러한 수수께끼를 풀기 전에, 우선 레이와 시대의 출발에 즈음하여 한국 언론의 보도 행태를 한번 살펴보자. 그로부터 문제의 원인과 전망이 드러날 것으로 보이기 때문이다. 한국에서의 일왕 호칭은 오로지 언론의 문제라 할 수 있으니까!

레이와는 한국에 어떻게 전해졌나?

한국에서 오랜만에 일본 천황이 화제로 떠올랐다. 한국 매스컴 대부분이 아키히토(明仁) 천황의 퇴위와 나루히토(德仁) 새 천황의 즉위를 크게 보도했다. 특히 신문의 경우, 천왕 즉위를 전후하여 다들 한 페이지 전부를 할애한 특집 기사와 사설, 칼럼 등을 통해 이 내용을 대대적으로 다루었다.

예컨대 〈조선일보〉는 일찌감치 연재를 시작했다. 제1회는 1면에서 "전후 세대 국왕의 등장… 일본, 미래로 '리셋'"이란 제목의 기사를 싣고, 4면 전체를 도쿄 특파원이 쓴 "전쟁 부채의식 없는 나루히토(새 일본 국왕) 즉위… 세계 지도적 국가를 꿈꾼다"라는 등의 리포트로 채웠다. 좌익계의 〈한겨레신문〉은 사흘 연속 한 페이지 전면 특집 기사를 실었다. 기사 제목은 "헤이세이 30년, 자신감을 잃은 일본… '불관용의 사회'로 바뀌다", "평화헌법 옹호자의 퇴장… 새 일왕은 아베 폭주 견제할까", "나루히토 일왕, 세계평화 희망… 아베는 빛나는 일본 만들겠다" 등으로 좌경 신문답게 그 내용은 상당히 정치색이 짙었다.

〈동아일보〉는 즉위 전에 이미 "日 레이와 시대 열리지만… 한일관계 돌파구는 당분간 글쎄", "새 일왕 나루히토, 개헌에 비판적 입장"이라고 다양하게 꾸몄다. 즉위 후에는 "나루히토, '평화 간절히 희망'… 부친과 달리 '헌법 수호'는 언급 안 해"라는 큰 제목을 달면서 대대적으로 다루었다. 사설에서는 각 신문이 모두 악화된 한일관계를 언급하면서, 하나같이 새 천황의 즉위와 레이와 시대의 개막을 기회로 관계 개선을 기대하고 있었다.

이 무렵 한국 언론에는 천황과 관련된 보도에서 하나의 패턴이 등장했다. 그것은 아키히토 이전 천황(현재는 상황 上皇)은 평화주의자로, 헌법 개정에 반대하면서 아베 총리와 대립했다는 패턴의 일관된 도식이었다. 그 근저에는 안보 중시, 헌법 개정, 국제적 발언 강화, 일본의 부활과 같은 아베의 주장을 과거 회귀(回歸)로 받아들이며 끔찍하게 싫어하는 편협한 현대 일본관이 널리 깔려 있었다. 일본 내의 리버럴 계열이나 좌익 등의 야당, 반정부 세력과 같은 입장이었다고 할 수 있다. 한국 언론들은 아베 때리기나 아베 비판을 펼치는 한편, 전몰자 위령과 평화 기원이라는 아키히토의 인상을 긍정적으로 전하면서 양쪽을 대비하여 다루었다.

그 결과 한국에서는 천황과 아베의 대립설이 널리 유포되었다. 새 천황의 즉위에 즈음하여 한국의 각 신문이 유난히 헌법 문제에 관심을 기울인 것은 바로 이 때문이었다. 새 천황의 즉위식 발언에서 특별히 헌법 관련 부분만을 뽑아서 의미 있는 것처럼 보도한 것도 그런 의도였으리라 짐작된다.

텔레비전 또한 비슷하게 보도했는데, 기억에 남는 것은 KBS 뉴스였다. KBS는 군국주의를 겨냥하는 아베 총리의 개헌 압력을 어떻게 견제할 것인가가 새 일왕의 과제라고 보도했다. 이를 보면 일본 천황과 정치와의 관계에 대해 한국 언론이 보인 이해 부족은 이만저만이 아니었다. 사실 보도가 아니라 "이래야 한다! 저래야 한다!"는 식의 보도가 한국 언론의 참모습이고 보니 이럴 수밖에! 앞서 천황과 아베의 대립설도 이런 기대감을 담은 주관적 보도에 지나지 않았다. 한국 언론이 이런 식이니까, 아키히토 전 천황에 관해서는 이전에 그가 진보 계열의 〈아사히신문〉 애독자라는 설까지 그럴듯하게 나돌았다.

정부는 천황, 매스컴은 일왕으로 표기

한국 언론의 천황 관련 보도 사례에서 분명히 드러나듯이, 언론에서는 모두 일왕이나 국왕으로 표기한다. 일본의 새로운 천황 즉위에 대해 각국 언론들도 보도하였으나, 천황을 '왕(영어 표기: King)'으로 표기한 곳은 필자가 알기론 한국밖에 없었다.

중국이나 타이완 등 한자문화권에서는 '天皇(천황)'으로 표기했으며, 영어권에서는 'Emperor(엠퍼러, 황제)'로 표기했다. 그런데 한국 언론만 이번에도 역시 일왕이었다. 다만 한국에서 발행되는 영자신문에서만 '킹(King)'이 아니라 '엠퍼러(Emperor)'로 적었음은 특기할 만했다.

이처럼 한국 언론에서 오랜만에 나온 대대적인 천황 보도였지만, 그 어디에도 천황이란 호칭은 등장하지 않았다. 가령 즉위와 관련하여 삼종신기(三種神器)나 다이조사이(大嘗祭)와 같은 궁중 제사를 소개한 〈조선일보〉의 칼럼 「만물상」에도 천황이라는 글자는 눈에 띄지 않았다. 그런 가운데서도 천황이 등장한 유일한 보도가 있었다. 문재인 대통령이 퇴위하는 '아키히토 천황'에게 보냈다는 서한에 대한 보도가 그것이었다.

한국 외교부의 발표에 따르면, 서한은 아키히토 천황이 재위 기간 중 평화의 소중함을 지켜나가는 것의 중요함을 강조하고 한일관계 발전에 크게 기여한 데에 사의(謝意)를 표하며, 천황이 퇴위 후에도 양국 관계 발전을 위해 진력해주길 기대한다는 내용이었다. 또한 한국 총리도 자신의 SNS에 한일관계를 중시하신 아키히토 천황님에게 감사한다는 메시지를 올렸다. 두 사람 모두 정부의 공식 표기대로 천황이란 호칭을 사용한 것이다. 그 후 문재인은 새 천황에게 당연히 즉위축전을 보냈다.

아키히토에 대한 이러한 '극진한 사의'에는 필경, 한국 언론이 보도한 것처럼, 과잉으로 여겨지는 한국의 높은 평가가 작용했으리라. 이처럼 대통령 서한에 관한 보도에서 비로소 천황이란 호칭이 등장한 셈인데, 〈조선일보〉가 이와 관련하여 신기하게도 천황 호칭 문제를 다루었다. 〈조선일보〉는 청와대 당국자가 천황이라는 호칭을 쓴 것과 관련하여, 새로운 일왕 교체에 맞춘 외교적인 행위이며 정치적인 의도는 없다고 밝혔다. 그리고 정부는 지금까지 외교관례상 천황이라는 표현을 사용해왔으며 다른 나라 역시 그렇게 하고 있다는 설명을 덧붙였다.

문제는 이를 보도하는 〈조선일보〉를 비롯한 매스컴의 자세였다. 막상 기사에서는 그 문제를 다루지 않았지만, 어쩌면 언론도 이를 계기로 국제관례로 통용되는 천황 호칭의 정당성을 소개하면서 여론에 어필하기 위한 것이 아니었을까.

천황 호칭에 대한 시행착오와 혼란

천황 즉위 관련 보도가 일단락된 다음, 한국 언론에 새삼 천황 호칭문제를 다룬 논평이 실렸다. 〈중앙일보〉가 칼럼으로 "천황 폐하, 황태자 부부는 아름다운 커플"이라는 제목으로 장문의 논평을 실었다. 이는 언뜻 보기에 천황 호칭을 둘러싼 한국 매스컴의 편협함을 스스로 비판한 것으로 받아들여졌다.

내용은 대체로 이러하다. 1998년 10월에 당시 김대중 대통령이 일본을 공식 방문하여 천황과 만났을 때의 감상이었다. 논평은 김대중이 당당히 '아키히토 천황, 나루히토 황태자'라고 칭했다는 사실을 높이 평가하면서, 당시 김대중의 발언을 이렇게 소개했다. "외교가 상대를 살피는 것이라면 상대 국민이 원하는 대로 호칭하는 게 마땅하다… 우리가 명칭을 고쳐 불러 상대를 자극할 필요가 없다."

결국 논평은 아베를 비난하는 행동은 상관없으나, 일본 국민을 적으로 돌리는 외교는 좋지 않다는 내용이었다. 김대중은 '천황과 총리의 분리'라는 수법으로 대일 외교에 성공을 거두었다고 한다. 즉 일본 국민을 우리 편으로 만들기 위해서는 천황을 존중하지 않으면 안 된다. 그러기 위해서 김대중은 '천황 폐하'나 '황태자'라는 호칭을 그대로 사용했다는 설명이다.

그러나 정작 칼럼니스트 본인의 글에서는 계속 '아키히토 일왕'이라 언급하면서 천황이란 호칭을 한 번도 사용하지 않았다. 군사 대국화와 헌법 개정 등을 추진하며 역사에 역행하는 아베와는 다른 아키히토 일왕이라는 내용도 있었다. 또한 퇴위하여 상황(上皇)으로 물러난 사실에 대해서는 헤이세이 시대는 끝났지만 상왕(上王)의 존재감은 여전하다며 역시 '상왕'이라고 표기했다. 어느 정도 기대하고 글을 읽었으나 결과는 양두구육(羊頭狗肉) 격이었다.

이미 지적한 것처럼, 김대중 정권뿐 아니라 역대 한국정부는 공식적으로 천황이라고 표기해왔다. 문제는 국제관례를 무시하고 일왕을 고집하는 언론과 그의 영향을 받는 일반 여론이다. 〈중앙일보〉의 논평은 천황 호칭을 쓴 김대중의 외교적 판단을 높이 평가한다는 투로, 당연한 일을 가지고 생색내듯 서술하고 있었다. 그리고 언론으로서 일왕을 고집하는 자신의 문제에 관해서는 완전히 모른 척했다. 무언가가 무서워 의도적으로 꽁무니를 뺀다고 할 수밖에 없었다.

〈중앙일보〉의 논평을 선의로 해석하면, 천황 호칭에 대한 시행착오의 일환으로 독자에게 간접적으로 문제를 제기한 것인지도 모른다. 이 무렵에 필자도 한국 언론의 일왕 표기 문제에 대해 새삼스럽게 일본 언론을 통해 문제를 제기한 바 있다. 필자는 한국에서 일왕 표기의 배경과 경위를 설명한 다음 이렇게 결론을 맺었다.

> "… 한자를 쓰지 않게 되어 황(皇)과 왕(王)의 의미를 구별하지 못하는 한국에서, 천황이라고 불렀다고 해서 일본에 대해 억울하게 생각할 사람은 없으리라. 또한 일왕이라고 부른다고 해서 한국이 일본보다 국격(國格)이 높아질 리도 없다. 이웃 나라의 '상징적 존재'에 대한 배려와 존중은 양 국민의 상호 이해에 불가결한 예의가 아닐까? 헤이세이에서 레이와로 바뀌는 길목에서, 한국 매스컴이 국제 상식에 따르기 위해서라도 헤이세이 시대의 일왕 표기를 재고(再考)해주길 기대할 뿐이다."

한국에서도 기회 있을 때마다 주장해온 일이지만, 이 논평이 나간 후 한국 매스컴에서 역시 일왕은 아무래도 이상하다, 천황으로 표기해야 하지 않을까? 하면서 바꿀 것을 정면으로 주장하는 논평이 나왔음을 부기해둔다.

일왕 호칭은 한국 애국주의의 발로

〈조선일보〉 칼럼 「터치! 코리아」에 실린 글을 여기 소개하고자 한다. 도쿄 특파원을 지낸 여성 기자가 쓴 글로, 제목은 "천황과 친일파"였다. 이 논평은 우선 일본의 새 천황 즉위에 즈음하여, 문재인 대통령이 보낸 축하 서한에는 천황이라는 호칭이 쓰였음을 소개했다. 그런 다음 "일왕은 최근 30년 동안의 새로운 한국어"라면서, 일본통인 어느 한국 학자의 말을 인용해 그것을 '언론용어'라고 단정했다.

다시 말해 (일왕이란 말은) 학자의 학술용어나 외교관의 외교용어도 아니고, 한국인이 일본인과의 대화에서 사용하는 말도 아니다. 한국인끼리 한국 매체에 한국어로 글을 쓸 때 '나는 친일파가 아니다'라고 표시하는 말이라고 비아냥거리듯 서술했다. 그리고 예전에는 다들 천황이라고 불렀으나 그것은 애국심이 부족했기 때문이 아니고, 일본에서 천황 마차에 폭탄을 던진 항일 독립운동가도 천황이라고 불렀다고 했다. 덧붙이면, 한국에서 역사상 최고의 애국자로 불리는 안중근도 당시 기록에서 분명 천황이라는 호칭을 사용했다.

논평은 또한 우리에게 천황은 괴로운 기억을 불러일으키는 단어지만, 일본은 (제국주의 시대와는 상관없이) 고대부터 자기네 군주(君主)를 그렇게 불러왔다고 하면서 다음과 같이 아퀴를 지었다. "진지하게 생각해볼 때가 왔다. 대통령은 일왕을 천황이라고 부르는데 언론은 천황을 일왕이라고 쓰다니, 이상하지 않은가?"

그야말로 정론(正論)이다. 드물게 정면에서 당당하게 일왕 표기를 자기비판하고 천황 표기를 주장했다. "마침내 등장했구나!"라며 필자는 여간 감개무량하지 않았다. 한국 신문에서 이토록 명확하게 일왕 표기를 비판한 논평을 접하기는 처음이었다. 더구나 가장 유력한 신문의 주장이었으므로 그 영향력에 큰 기대를 걸 만도 했다. 그러나 그게 그렇게 간단치는 않은 모양이었다. 이 논평이 나간 다음 그런 주장에 대해 한국 언론이 진지하게 고민하는 눈치는 전혀 찾아볼 수 없었다. 혹시 필자 모르게 어디서 검토를 했는지는 알 수 없으나, 일부 매스컴의 일회성 논평으로 끝나버린 느낌이었다. 이 논평을 게재한 〈조선일보〉도 그 후 변함없이 일왕으로 표기하고 있으니 말이다.

필자 경험을 한 가지 소개하자면, 그 후 〈한겨레신문〉이 주최한 조그만 세미나에서 필자는 일왕 문제를 제기해보았다. 세미나는 2019년 여름에서 가을에 걸쳐 고조된 한국의 반일운동을 두고, 양국 언론의 관련 보도에 나타난 언어 표현을 검증하는 내용이 중심이었다. 발표는 일본인 학자가 맡았고, 논의 내용은 그렇게 편파적이지 않았다. 세미나는 자유 참가였으므로 필자도 한 명의 독자로 참석했다. 그 자리에서는 이 책의 서두에 잠깐 언급한 문재인의 '적반하장(賊反荷杖)'이란 용어도 화제에 올라 더욱 흥미로웠다. 언어 표현에 대한 검증이 세미나 주제였기에 필자도 발언 기회를 얻어 일왕 표기 문제를 어필해보았다.

상대국의 정식 호칭을 존중하는 것은 국제관례라는 사실, 세계에서 한국 언론만이 그런 관례를 무시하고 있다는 사실, 〈한겨레신문〉이 지지하는 (좌익·진보 계열의) 역대 정권도 그런 관례를 따랐다는 사실을 다시금 환기시키면서, "가장 진보적이고 열린 미디어로서 시민주의가 간판인 귀 신문이야말로 (이 문제의) 표기 정상화의 선두에 서야 하지 않겠는가?"라고 진솔하게 문제를 제기해보았다.

여기에 대해 주최자를 비롯하여 참석자 그 누구도 무어라고 대답하지 않았다. 예정에 없던 문제 제기이자 자칫 위험한(?) 테마이기도 했기에 당황한 나머지 침묵을 지킨 것이 아닌가 싶었다. 필자 입장에서는 보수계의 아성인 〈조선일보〉에서 변화의 조짐(?)이 보인 것을 계기로 그 대극(對極) 관계인 대표적 좌익 미디어 〈한겨레신문〉에 침을 한번 놓아본 것에 불과했다. 물론 이 신문 역시 일왕 표기에 아무런 변화가 없었음을 밝혀둔다.

한때는 '일황' 표기도 있었다!

앞서 소개한 〈조선일보〉 기자의 논평은 일왕 표기에 대해 '최근 30년 동안의 새로운 한국어'라고 했지만 실제로는 약간의 변천이 있었다. 필자는 두 번째 한국 근무를 위해 1989년 1월에 서울에 다시 부임했다. 2019년은 그로부터 꼭 30년이 되는 해니까 헤이세이 시대 30년 동안을 한국에서 거주하면서 천황 호칭 및 표기의 변천을 직접 목격할 수 있었다. 위의 〈조선일보〉 논평에서 말하는 일왕 표기 30년은 곧 '헤이세이 30년'에 해당하는데, 그 시기에 일왕 표기가 정착되었다고 할 수 있다. 다만 일왕이 30년간 줄곧 쓰이지는 않았고, 한국 언론에서도 천황인가 일왕인가를 놓고 내부 갈등이 상당히 있었다는 사실을 여기에 소개하고자 한다.

일왕이 30년 전부터 사용된 것이 사실이라면, 그 이전에는 어땠을까? 흥미롭게도 그 전 표기는 오로지 '일황(日皇)'이었다. 필자의 한국 체험이 시작된 1970년대에는 대부분 일황이라 칭했다. 가끔 천황이 눈에 띄기는 하였으나, 일황은 '일본 천황'의 약어니까 천황 표기에 준한다고 할 수 있다. 당시 사정은 왕에 대한 호칭으로서 '왕'보다 상위 개념인 '황'을 거부하지 않았다. 왠지 천황이라는 호칭에 께름칙한 점이 있어 일황이란 약칭이 쓰이게 되었을지도 모른다.

동아시아의 전통사상에 '천제(天帝)'라는 단어가 있는 것처럼, '천(天)'이라는 글자는 이 세상을 다스리는 우주의 신(神)에 필적하는 존재로 통한다. 따라서 천황이란 '하늘(天)의 황제'라는 구극(究極)의 존칭이 되는 셈이다. 너무 어마어마한 존칭이라 동아시아의 그 누구건 함부로 쓰려면 위축되기 십상이다. 그런 의미에서 '천(天)'을 빼고 '일황'으로 경량화(輕量化)하여 사용하게 된 게 아닐까? 원래 약칭이란 이따금 상대의 무게 또는 권위를 가볍게 하여 격을 낮추는 의미를 갖기 때문이다. 어쨌든 일황으로 '황'은 남아 있었다. 당시 한국사회에는 일본통치 시대를 경험한 세대가 다수 존재했고, 천황을 경험한 세대에게 천황은 역시 천황일 수밖에 없었기 때문이다. 그리고 천황은 대단히 일본적인 호칭인지라 그 호칭에서 더욱 일본을 느낄 수도 있었다. 별 위화감 없이 일황이 매스컴이나 여론에 받아들여진 것은 아마도 그런 세대적인 배경이 있었기 때문이리라.

히로히토 천황 이후 일왕으로 바뀌다!

어느 시점을 경계로 일황 호칭이 일왕으로 바뀌었는가? 그 계기가 된 사건은 바로 1989년 히로히토 천황의 붕어(타계)였다고 할 수 있다. 당시 한국 언론에는 천황에 관한 보도가 넘쳐흘렀는데, 이를 계기로 일황 호칭이 사라지고 일왕이 그 자리를 대신했다. 호칭 변화는 분명 호칭의 격하(格下)라고 할 수 있으므로, '왕'은 '황'보다 하위 호칭이라는 판단으로 그렇게 바뀐 것이다. 그렇다면 왜 하필 이 시기에 그렇게 되었을까?

히로히토 타계에 즈음하여 한국 언론에서는 갑자기 천황에 대한 논의가 제기되었다. 당시의 천황에 대한 관심은 아마도 해방 후 처음이었을 것이다. 해방 후 한국에서는 일본 천황이 미디어의 관심 대상이 된 적이 거의 없었다. 일황으로 보도되는 경우는 가끔 있었지만 그것은 일본에서 일어난 일과 관련된 보도였다. 그것이 히로히토 타계로 말미암아 별안간 화제로 떠올랐다. 앞에서 한국의 '역사 매달리기'에 관해 언급한 바 있지만, 역사를 들추기 좋아하는 한국 언론에게 이것은 절호의 기회가 되었다. 그리고 그 배경에는 시대 분위기도 작용했다. 민주화와 내셔널리즘(애국심)의 고양이 그것이었다.

한국에서는 1987년에 전두환 정권에 항거하는 대규모 반정부 민주화 데모가 일어났고, 개헌이 이루어졌다. 대통령 직선제를 골자로 하는 정치적 자유화와 민주화가 온통 들끓던 시절이었다. 1988년에는 서울올림픽이 성공적으로 개최되어 '우리도 하면 뭐든 할 수 있다'는 자신감이 넘쳐흘렀다. 정치적 민주화와 올림픽 개최로 한국인의 민족적 자존심도 한결 높아졌다. 1988년에 출범한 노태우 정권은 '보통사람의 시대'를 정치 슬로건으로 내걸고 거기에 걸맞은 민주화 시책을 펼쳤다. 그것은 지난날 국가 중심의 권위주의 정치를 부정하고, 권력보다는 민중을 우선하는 민중사관(民衆史觀)을 보급하는 것이었다. 사회적으로는 과거 권위주의에 대한 부정과 그에 따른 일종의 하극상(下剋上) 분위기가 확산되었다.

제도적으로는 언론출판의 자유와 노동운동의 확대, 좌익사상에 대한 해금 등의 조치가 이 무렵에 이루어졌다. 일본에 비유하면 패전 직후의 이른바 전후적인 분위기와 닮았다고나 할까. 이런 사회적 분위기는 특히 언론에 커다란 영향을 미쳤다. 그것은 한국에서 언제나 중요한 관심사 중 하나인 대일(對日)관계에도 크게 영향을 미쳤다. 언론에서 호칭을 황(皇)에서 왕(王)으로 격하한 것도 이런 시대적 산물이었다. 히로히토 천황은 1989년 1월에 타계했다. 한국에서는 천황의 장례식에 조문할 특사 파견 문제가 제기되었고, 대통령이 조문 특사로 가는 데 반대하는 주장이 다음과 같이 신문 사설로도 올라올 정도였다(〈조선일보〉).

> "일왕 히로히토의 장례식에 한국 대통령이 참석하는 것은 히로히토의 죄과(罪科)를 우리 국민의 이름으로 잊고 용서하는 것을 뜻한다. 우리는 아직 그럴 수 없다. 우리는 독립 국민으로서 국민적 준칙과 국가적 원칙을 고수하지 않으면 안 된다. 우리가 사자(死者)에 대한 신의보다 그 죄를 규명하고자 하는 원칙을 고수하는 것은 일본과의 대등한 관계 정립을 위해서다."

여기서 '일왕 히로히토'라는 표현이 상당히 인상적이었다. 아마도 이 언저리가 한국 언론에서 '일왕'이라는 호칭이 퍼져나가는 시점이 되지 않았을까? 호칭의 격하는 누군가의 결정에 의한 것이 아니었다. 이 시기에 뜻밖에도 언론계에서 '황'에 대한 거부감이 생겨나고, 그 후 일왕 호칭이 자연스럽게 정착된 것이 아닐까.

당시 필자는 그렇게 된 경위를 유력 신문사 간부에게 물어본 적이 있다. 그가 답하길, 우리는 이미 일본의 식민지가 아닌데 속국처럼 일본인의 호칭을 그대로 쓸 필요가 있는가? 왕이라고 해도 좋지 않을까 하는 목소리가 취재나 편집 현장에서 대세를 이루고 있었기 때문이었다고 했다. 천황이라는 호칭을 거부하는 이유로 어느 신문사 간부는 한국이 이미 일본의 식민지도 속국도 아니라고 했고, 〈조선일보〉 사설에서도 독립 국민이나 일본과의 대등한 관계를 강조했다. 천황이나 일황의 호칭을 사용하면 마치 한국이 일본과 대등한 관계가 아니라 일본의 식민지나 속국과 같은 기분이 든다는 것이다. 따라서 독립 국민으로서 '황'을 쓰고 싶지 않고, '왕'으로도 괜찮지 않은가! 하는 논리였다. 이런 논리는 황이 왕보다 상위 호칭이며 과거 한국에 왕이 존재했으므로 일본과 대등한 의미에서 일본 천황도 왕이라 불러야 한다는 사고방식이다. 결국 황과 왕이라는 위계(位階)에 구애되는 생각으로, 일본 밑에 다시는 들어가고 싶지 않다는 심리가 깔린 게 아닐까?

김대중 시대, 잠시 동안의 천황

황과 왕의 상하관계 즉 위계질서란 저 옛날 중국에 황제가 존재하고 그 아래에 왕이 다스리는 주변국이 존재했다는 중화 문명권의 소위 화이질서를 가리킨다. 그런데 중국에는 이미 황제가 존재하지 않으며, 한국에도 왕이 없다. 따라서 화이질서는 사라진 지 오래이나 한국 언론에서 별안간 그 위계질서의 망령이 되살아나 거리를 활보하기에 이른 모양이다.

다만 역사적으로 한국에서는 황에 대한 집착이 컸고, 때로는 그것이 국가적인 재앙을 안겨주기도 했다. 앞서 언급한 것처럼 메이지유신 당시 일본이 조선으로 보낸 국서에 쓰인 '황'자 표현에 대한 조선의 반발이 그 예이다. 더 오래된 일로는 17세기 중국에 만주족인 청 왕조가 등장했을 때 전통적인 이(夷)에 해당하는 청의 황제 호칭에 반발하다가 조선은 무척 험한 꼴을 당하기도 했다.

고려 시대 초기에 '황제' 호칭을 쓴 적이 있었고, 19세기 말 청일전쟁 이후 청의 지배가 끝나면서 대한제국의 성립과 함께 '고종 황제'가 탄생하기도 했다. 한국 역사에도 이처럼 '황'이 존재했던 시대가 있었다. 한국 언론의 호칭 문제로 돌아가면, 서울올림픽 이후 강화된 민주화와 내셔널리즘 추세로 한국 언론이 19세기 이전의 화이질서를 되살렸다는 것으로 해석되므로 실로 아이러니가 아닐 수 없다.

그런데 일황 대신 일왕 호칭이 일반화된 한국 언론에서 천황 호칭으로 되돌리려는 움직임이 있었다. 그것은 국제관례에 따른 이성적 판단이었고, 잘못을 시정(是正)한다는 측면에서 보면 바람직한 움직임이었다.

일황에서 일왕으로 이행한 지 10여 년이 지나 김대중 정권이 등장한 직후인 1998년 5월의 일이었다. 당시 외교통상부 장관과 외신기자클럽 회견 석상에서 천황 방한의 전망과 관련하여 호칭 문제가 화제로 떠올랐다. 그때 외교통상부 장관은 예전부터 정부가 천황이라고 불러왔으므로 정부로서는 이미 결론이 나 있다고 발언했다.

그러자 바로 한국 언론에서 비판이 쏟아졌다. 외교적 예의를 국민의 일반 감정에 강요할 수는 없다는 제목의 〈중앙일보〉 사설이 그 대표 사례였다. 그 사설은 과거의 피지배 역사를 들면서 '천황' 호칭에 반대했다. 우리는 일본 국민처럼 일본 국왕을 특별히 존중할 수 없으며 일본 국왕을 보통명사인 '왕'으로 부르면 외국에 대한 통상적인 예의는 다하는 것이라고 생각한다는 내용이었다.

천황이란 말은 일본에 대한 특별한 존중의 뜻이니까 보통의 왕으로 불러도 상관없다는 논리이다. 이는 독립 국민의 대등한 관계로서 왕으로 충분하다고 한 10년 전 미디어의 논조 그대로다. 당시 외교통상부 장관을 비난하는 성명을 낸 야당은 일부러 천(天)이라는 글자를 넣

어서 부르는 것은 국제관례나 국민 정서에도 전혀 맞지 않는 일이라고 주장했다.

부분적으로는 이론(異論)도 있었다. 천황이라는 공식 호칭의 사용이 외교문화적으로 패배나 굴욕을 의미하는 것이 아니라든가(〈문화일보〉), 천황은 일본의 고유 명칭이므로 한국의 왕과 상하관계로 생각할 필요가 없다면서 언론의 천황 호칭 거부를 감정적이라고 비판하는 목소리(〈중앙일보〉)도 있었다. 그러나 두 신문에 실린 이론 모두 신문사의 자체 견해가 아니라, 신문에 기고한 외부 인사의 의견에 불과한 것으로 밝혀졌다.

이러한 일련의 논의는 같은 해 10월에 있었던 김대중 대통령의 일본 방문을 염두에 둔 일이었다. 김대중도 그 후 외교통상부 장관과 마찬가지로 정부의 공식 견해를 이야기했다. 이로써 언론의 절반 정도가 천황 호칭을 사용하게 되었다. 특히 〈동아일보〉는 사고(社告)까지 내면서 외교관례를 내세워 천황 호칭 사용을 선언했다. 필자 기억으로 당시 일왕에서 천황으로 호칭을 고친 언론은 〈동아일보〉, KBS 등이었고, 〈조선일보〉와 MBC를 비롯한 매스컴 등은 이에 동조하지 않았다.

이제 국제상식을 따르자!

이러한 분열 상태가 한동안 이어졌으나 노무현 정권이 들어서자 일거에 일왕 호칭으로 되돌아갔다. 그렇게 된 계기는 2005년 5월의 대통령 연두 기자회견이었다. 노무현 대통령은 천황 방한 문제와 관련된 언론 질문에 답하면서, 세계적, 보편적으로 부르는 호칭을 확인해보지 않아서 어떻게 부를지 아직 준비가 안 되었다고 대답했다. 준비가 안 되어 있다니! 참으로 묘한 발언이었다. 그는 이미 취임 직후인 2003년 6월에 일본을 국빈 방문하고, 천황과 회견한 경험이 있으며 공식적으로 분명 천황 호칭을 사용했을 텐데도 말이다.

애매한 그의 발언은 매스컴용이었으나 일단 이 문제에 대해 꽁무니를 뺀 것만은 명백했다. 젊은 세대를 지지기반으로 한 대일(對日) 분위기 탓이었는지는 알 수 없으나, 아무튼 이 무렵부터 언론은 일제히 일왕 호칭을 사용하기 시작했다. 노무현 대통령 발언에 앞서 〈동아일보〉는 이제까지의 천황 표기를 국왕 또는 일왕으로 고친다는 '알림 기사'를 게재하고, 입헌군주제 국가원수의 일반적 호칭은 국왕 또는 왕이므로 일본에 대해서만 굳이 구별할 필요가 없다는 내용을 실었다.

당시 〈동아일보〉는 필자 취재에 응하여 다른 나라 국가원수 가운데 황제가 있어도 국왕으로 표기한다고 대답했다. 결론적으로 일반론을 가장한 이러한 설명은 생떼에 가까운 핑계였다. 본심은 어디까지나 일본에 대해 천황이라는 호칭을 쓰고 싶지 않은 것이다. 일본을 떠받들고 자신을 그 밑에 두는 느낌, 이른바 한일관계 역사와 결부된 대일 악감정의 발로라 할 만하다. 천황 호칭을 쓰는 것이 일본에 대한 특별한 배려라는 주장은 민족적 콤플렉스다. 이런 특이한 대일감정은 지금도 변함이 없어 한국 언론은 여전히 일왕 표기를 포기하지 않았다. 거기에는 일왕으로 호칭을 격하함으로써 대일 콤플렉스가 다소나마 치유된다는 보상 심리가 작동하기 때문일 것이다.

앞서 소개한 2019년 여름의 〈조선일보〉 논평은 이제 일왕이라는 호칭은 그만두자는 생뚱맞은 주장을 하고 나섰다. 〈조선일보〉는 30여

년 전 '일왕 히로히토…'라면서 일왕 표기를 앞장서 부채질한 바로 그 신문이란 점에서 격세지감을 금할 수 없다. 이 논평을 뒤집어 읽어보자. 그러면 세계 속의 한국을 자랑스럽게 내세우는 한국 매스컴이 세계에서 유일하게 일왕으로 표기하면서 속이 후련해지는 자신들의 초라한(?) 모습을 깨닫고 내심 자존심이 상했는지도 모를 일이다. 천황 호칭을 둘러싼 한국 언론의 변화, 곧 호칭이 정상화 되려면 이런 초라한 모습에서 과감하게 벗어나 새롭게 출발하는 길밖에 없지 않을까. 이제 한국 언론들도 국제상식을 따를 때가 되었다.

반일 불매운동과
'일본 숨기기'의 폭로

———————————— 제재와 보복의 반작용

수출규제가 왜 침략인가?

한국에서 벌어지는 집요한 반일에 대해, 일본에서는 한국의 학교 교육에 문제가 있다는 견해가 유력하다. 자라나는 세대에 애국심이나 민족의 긍지를 심어주기 위해 역사교육에 열중하는 것은 좋은 일이다. 그런데 한국은 역사교육에서 일본을 '악한'으로 만들면서 과거 일본과 우리가 싸워서 이겼다는 식으로 가르치고, 일본에 절대로 지면 안 된다며 학생들의 원기를 북돋운다. 그 바람에 한국에서는 '반일'이 원기를 북돋우는 일종의 '원기소(元氣素)' 역할을 하고 있다.

그러나 교육을 통해 형성되는 '일본은 악한'이란 이미지가 영구히 유효할 수는 없다. 새로운 정보가 유입되면 변화가 일어나기 마련이다. 그 경계가 대개 대학 2학년 무렵인데, 그때쯤 되면 교육 정보 이외에 여러 사회 정보가 동시에 유입되기 때문이다. 사회인이 되면 미디어 정보나 직업을 통한 체험, 해외여행 등과 같은 직·간접 경험을 통해 일본의 이미지가 저절로 다양화된다. 대일 감정의 변화에는 원리주의적인 학교 교육 이후의 각종 정보가 더욱 중요하다. 특히 교과서에 바탕을 둔 학교 교육에서는 가르치지 않는, 일본에 관한 유익한 정보가 대일 감정의 변화를 촉진하게 된다. 그럼 이런 측면이 한국에서는 어떻게 일어나고 있을까? 이 장에서는 이 문제를 좀 더 깊이 다뤄보고자 한다.

2019년 여름, 한일 외교관계에서 일본이 외교 수단의 하나로 경제적 제재조치를 단행하자, 한국은 즉각 이를 경제 침략이니, 기술 침략이니, 심지어 한국경제 무너뜨리기라며 극렬하게 반발함으로써 국민의 반일 감정에 불을 질렀다. 그러나 사안이 경제문제였으므로 그 배경에는 바로 한국경제의 대일(對日) 의존도 문제가 가로놓여 있음이 드러났다. 그런 사정으로 인해 한국 측은 반일이라는 적대적 감정 하나만으로는 대응할 수 없게 되었다. 소위 제재라는 경제 침략을 당하지 않으려면, 한국은 우선 대일 경제의존에서 벗어나는 길을 찾아야만 했고, 그를 위해서는 해당 기술을 스스로 개발하거나 대외 경제관계를 다변화해야 했다.

이런 현상은 한국에서 반일 감정이 진정되는 과정에서 종종 나타나는 자조론(自助論)이며, 곧 '반일에서 극일로!'라는 패턴의 변화라고도 할 수 있다. 당초 일본의 경제제재에 대해 한국 언론은 애국 선동의 일환으로 '경제 침략론'을 들고나왔으나, 그 후 논의에서 경제문제가 모습을 감추게 된 것은 바로 이런 사연 때문이리라. 경제 측면에서의 일본 비난은 마치 어린아이가 칭얼대는 격이었고, 그것은 곧 경제적으로 일본에 의존하고 있음을 스스로 고백하는 것이나 다름없었기 때문이다.

가령 일본을 극복한다는 뜻의 '극일(克日)'이란 용어는 1980년대 초에 첫 번째 역사교과서 문제가 터졌을 때, 고조되는 반일 감정을 수습하는 말로 한 번 등장한 일이 있었다. 그 이전에는 존재하지 않던 용어였으나 그 이후 지금까지 대일 전략의 일환으로 자주 거론되기에 이르렀다. 일본의 무역관리 강화라는 외교 제재에 대해, 한국에서는 온 국민이 경제 침략이라며 격렬히 비난했다. 한국은 경제적 피해를 입기 때문에 '침략'이라고 주장하는데, 그건 아무래도 이상한 표현 아닌가? 소위 경제 침략론에 관해서는 한 가지 얘깃거리가 있다.

일본에게 제재를 당해 반일 분위기가 고조되자 국회(여당) 내에 '일본 경제침략대책 특별위원회'라는 이상한 조직이 만들어졌다. 한국정치에서 자주 나타나는, 여론에 편승한 일종의 반일 포퓰리즘 현상이라고나 할까! 아울러 위원회의 대표들이 반일을 대외적으로 어필하기 위해 서울 외신기자클럽에서 기자회견을 했다. 그 자리에서 필자는 일본의 수출규제가 일본의 경제 침략이라니 이상한 얘기 아닌가? 물건을 강제로 사라는 것도 아니고 그냥 팔지 않겠다는 것이니 오히려 그 반대가 아닌가? 좌익 시각에서는 이제까지 일본경제의 영향이 모두 침략이 아니었던가? 그렇다면 위원회 이름을 '대일 경제의존 대책 위원회'로 바꿔야 하지 않겠는가? 하며 비꼬아 주었다.

문재인 정권과 여당에는 과거 좌익 학생운동권 출신이 많은데, 그날 기자회견장에 나타난 이들도 대개 그런 부류에 속하기 때문인지, '경제 침략'이라는 낡은 좌익용어를 아무렇지 않게 남용하였다. 그 누구도 경제제재를 경제 침략이라고는 말하지 않는다. 예컨대 이란이나 북조선도 미국과 국제사회로부터 경제제재를 받았지만, 그렇다고 그걸 가지고 경제 침략이라고 부르는 일은 없었다.

  다른 한편, 일본의 제재에 대한 보복으로 일본제품 불매운동이 일어났다. 이 또한 어딘가 이상한 일 아닌가. 일본에 대해 (반도체 소재 등) 일본제품을 팔지 않는다고 불만을 터트리고 반발하면서, 다른 편으로는 자국 국민더러 일본제품을 사지 말라고 외치는 소행은 서로 모순되지 않는가? 이런 모순관계는 이윽고 일본제품 불매운동에서 그대로 드러났다. 방송에서 반일 불매운동을 끊임없이 선동하며 그 현장을 열심히 취재 보도하는 텔레비전 카메라가 모두 일본제였기 때문이다. 이내 인터넷을 중심으로 이에 대한 비난이 쏟아졌지만, 한국의 격렬한 반일 여론은 자신에 대한 그 정도 야유는 충분히 받아넘길 여유까지 구비한 모양이었다.

반도체 제조업의 대일 의존도에 경악!

불매운동의 종합적 분석은 뒤로 미루고, 우선 일본의 제재 제1탄인 '반도체 소재 3개 품목에 대한 수출관리 강화조치'가 한국경제에 큰 충격이었음은 분명했던 모양이다. 해당 품목은 일종의 소재(素材)인지라 일반인에게는 낯선 물품이었다. 고순도 불화수소, 포토레지스트, 불화폴리이미드와 같은 화학제품으로 일반인에게는 그 성격이 얼른 와닿지 않는다. 그러나 그것이 반도체 생산에 막대한 지장을 초래한다는 점에서 충격이었다.

주지하듯이, 반도체는 수출주도형 한국경제의 중추 품목이다. 관련 제품인 스마트폰을 포함하여 반도체가 한국경제를 지탱한다고 해도 과언이 아니다. 문제의 3개 품목은 일본산이 세계시장의 70~90%를 차지하고 있으며, 한국의 대일 의존도는 각각 94%, 92%, 45%에 달했다. 이러한 일본제 소재가 없어진다면, 한국의 반도체 생산이 마비된다는 의미이기도 했다.

한국 매스컴은 한국 반도체의 급소 바로 옆구리를 찔렀다고 표현했지만, 한국경제가 자랑하는 반도체가 연관된 만큼 여론은 무척 충격적으로 받아들였음이 분명했다. 이는 대일(對日) 의존도 문제로서 한국의 전체 수입품 4,227개 품목 가운데 대일 의존도 90% 이상이 48개, 50% 이상이 253개에 달한다는 한 연구소의 자료까지 공개되자 사태의 심각성은 더욱 고조되었다. 그 후 경제제재 제2탄인 '화이트리스트 국가에서 제외'에 따르면, 군사적 전용(轉用)의 관점에서 수출우대 조치에서 제외될 가능성이 있는 대상이 1천 품목 이상이었고, 한국 매스컴은 일본이 한국의 미래 산업까지 표적으로 삼는다며 위기감을 한층 부추겼다.

앞의 지적처럼, 일본의 경제제재는 어디까지나 금수(禁輸)조치가 아니었다. 모두 수출관리의 강화조치였으며, 한국에 미치는 영향은 수입절차를 밟는 데 소요시간이 좀 더 걸리는 정도에 불과했다. 더욱이 한국 측에는 단기적이지만 다행히 일정한 재고가 있었고, 품목에 따라서는 다른 나라로부터 대체수입도 가능했다. 반일 캠페인의 열기가 수그러들자, 경제적 피해 실태에 대한 관심이 급속히 줄어들었다. 일본인 관점에서는 제재조치가 의외로 다른 측면에서 많은 성과를 불러왔다고 할 수 있다. 한국인에게 숱하게 들은 이야기지만, 그동안 한국이 일본에 경제적으로 이렇게 크게 신세를 지고 있었단 말인가! 하는 탄식 아니 놀라움이 바로 그것이었다.

반도체 제조와 관련된 소재, 고작 3개 품목으로 인해 한국에서 이렇게 대소동이 벌어지다니! 그건 세계에서 으뜸가는 한국의 반도체산업에까지 일본이 대단히 영향을 미치고 있었다는 사실을 지금까지 대다수 사람이 모르고 있었기 때문이었다.

소재나 부품은 최종 상품이 아니므로 눈에 잘 뜨이지 않는다. 따라서 설령 경제인이나 지식인이라도 무관한 분야의 사람들은 일본 그림자의 실태를 잘 알 수 없다. 유력 경제인을 통해 일본의 영향력에 대해 들었을 때 필자도 놀라움을 금치 못할 정도였다. 더욱이 여론에 영향력을 행사하는 매스컴도 처음 알게 된 충격적 사실이다 보니, 반일 정서를 가진 나라 사람들의 심정이야 오죽했겠는가. 그러한 충격은 반도체가 저 정도라면 다른 분야도 마찬가지가 아닐까? 하는 의구심을 불러일으키기에 충분했다.

이런 상황에서 당시 문재인 대통령이 취한 태도가 매우 흥미로웠다. 문재인은 반도체를 비롯한 소재와 부품의 높은 대일 의존도를 어떻게든 낮춰야 한다면서 국내 재계를 상대로 쉴 새 없이 국산화 대책을 다그쳤다. 그 과정에서 소재나 부품 조달에 관해서는 이런 발언도 했다. 예컨대 국내에서 충분히 제품을 생산할 능력이 있음에도 불구하고, 기업이 일본의 협력에 안주하여 적극적으로 변화를 추구하지 않은 것 같다는 내용이었다. 한국 대통령이 기업에 대한 일본의 협력을 거론하면서 일본의 영향력을 공개적으로 인정하는 발언을 한 것은 드문 일이었다. 아마 문재인은 한국 반도체 생산에 미친 일본의 영향력이 크다는 사실을 처음 알게 되어, 자신도 모르게 그런 충격적인 발언을 하게 된 것이 아닐까.

이 발언을 다른 각도에서 해석하면 이렇게 되지 않을까? 일본의 협력이란 삼성을 비롯한 많은 한국기업에 대한 일본제 소재와 부품의 제공을 의미한다. 그리고 '안주(安住)'라는 것은 한국기업이 그 같은 일본제품을 힘들이지 않고 손쉽게 입수해왔다는 사실을 가리킨다. 결국 지금까지 한국기업과 한국경제가 일본의 협력으로 급속히 발전하여 세계에 자랑하는 수출대국이 되었다는 사실을 대통령이 간접적으로나마 인정하는 셈이 되었다.

또한 문재인은 기업에 힘을 불어넣기 위해 우리는 지금까지 경제에서 일본의 절대 우위를 극복해왔다고 자랑했다. 극복의 성과 역시 따지고 보면 반도체산업에서 드러났듯이 일본의 협력에 안주할 수 있었기에 가능했다는 엄연한 사실의 확인에 불과했다.

'일본 숨기기'가 대일 감정을 왜곡해왔다

한국의 '일본 숨기기'란 말을 필자에게 처음 가르쳐준 사람은 한국기업 사정에 정통한 지우(知友) 하야시 히로시게(林廣茂) 전 도시샤(同志社)대학 교수(마케팅 전공)였다. '일본 숨기기'는 한국기업이나 재계가 일본으로부터 받은 지원과 협력 그리고 그 영향력을 바깥으로 드러내지 않고 속으로 숨겨온 사실을 가리킨다.

'일본 숨기기'의 실태에 관해서는 제6장에서 이미 설명한 바 있지만, 한국이 그렇게 '일본 숨기기'를 좋아하는 이유와 배경은 무엇일까? 그 이유는 '숙적(宿敵) 일본!', '한 맺힌 일본, 절대로 지면 안 되는, 반드시 이겨야만 하는 일본'에게 지난날 한국이 신세를 졌다는 사실에 자존심이 심히 상한다는 민족감정에서 찾아야 한다. 내적으로는 일본에게 배워 일본을 이긴다든가 또는 일본을 이기기 위해 일본으로부터 배운다는 의미이므로 이치상으론 맞지만, 좀처럼 그런 생각을 밖으로 드러내놓지를 못한다. 왜냐하면 그것이 사실이라 하더라도 감정적으로는 그 사실을 인정하고 싶지 않기 때문이다.

필자는 오랫동안 '일본 숨기기'와 한국인의 대일 감정 사이에 상호 밀접한 관련성이 있다고 생각해왔다. 지금도 많은 한국인은 일본이 과거 식민지 지배에 대해 사죄도, 보상도, 반성도 하지 않았다고 굳게 믿고 있다. 실제로는 사죄도 보상도 반성도 무척 많이 했음에도 불구하고, 교육, 언론 그리고 정부와 민간이 하나가 되어 그런 사실을 인정하지 않으니, 국민들에게 그 사실이 정확하게 전해질 리가 만무하다. 또한 이런 이유로 경제나 기업과 관련된 일본과의 제휴, 지원, 협력의 실태도 제대로 알려지지 않았다.

만약 그런 실태가 한국에 제대로 알려지고 또 그 결과가 한국의 경제발전으로 이어졌다는 사실을 한국인이 제대로 이해했더라면, 한국인의 대일 감정에도 분명히 변화가 생겼을 것이라고 필자는 생각한다. 어디까지나 가설이지만, 만약 '일본 숨기기'가 없었다면 한국인의 대일 감정이 지금과는 근본적으로 달라졌으리라 생각한다. 그런 관점에서 일본의 이번 제재가 한국의 일본 숨기기를 뜻밖에 폭로하고, 나아가 한국인의 잘못된 대일 인식을 바로잡는 중요한 계기가 된 점에서, 그 나름의 대단한 효과가 있었다고 말할 수 있다.

한국경제의 상징이라고 할 만큼 비중 있는 반도체산업에서 일본 숨기기의 구체적인 사례가 처음으로 밝혀진 것은 매우 의미 있는 일이다. 그렇다고 일본 반도체 소재(素材)의 주요 수입원이었던 삼성그룹이 그런 사실을 의도적으로 숨겨왔다고는 보지 않는다.

한국 언론과의 대화

일본의 수출 제재조치에 의해 한국의 반도체산업에 미치는 일본의 영향력이 얼마나 컸는지 그대로 드러났다. 이를 계기로 필자는 '일본 숨기기' 문제를 어필할 좋은 찬스를 얻은 셈이다. 제재가 발표된 후 한국 매스컴과의 인터뷰에서 이 점을 거듭 강조했다. 여기 그 일부를 소개한다. CBS 라디오 「김현정의 뉴스쇼」에서 좌익 계열의 인기 여성 캐스터를 상대로 한 생방송 전화 인터뷰가 있었다. 양자 간의 논쟁이 거세게 진행된 탓에 예정시간 15분으로는 턱없이 모자라 인터뷰 시간이 두 배로 늘어났다.

인터뷰는 일본의 조치를 경제보복이라는 시각으로 보면서 일본을 비판하며 시작되었다. 필자가 일본의 조치는 징용공 보상문제의 타개를 향한 외교적 압력으로서, 핵심은 결코 경제문제가 아니라는 입장에서 화제를 징용공문제로 돌렸다. 그로 인해 대화는 1965년 국교 정상화 당시 한일 간의 조약문제로 소급되었다. 거기서 일본은 사죄도 반성도 보상도 하지 않았다는 이야기가 나왔다. 필자는 그렇지 않다.

한일 국교정상화 조약은 처음부터 한국이 스스로 개인보상을 맡겠다고 하면서 맺은 국가 간의 약속이므로 무시해서는 안 된다는 반론을 폈다. 그리고 때마침 위안부문제를 꺼낼 찬스라고 여긴 필자가 한국 언론이 무시하는 위안부 합의는 당사자의 70%가 수긍하면서 지원금을 수령했다는 사실을 일부러 지적했다.

그다음 청구권 협정에 의한 경제지원이 화제에 올랐다. 여성 캐스터는 불과 3억 달러로 한국이 부유해졌다는 주장은 인정할 수 없다며 금액이 턱없이 부족했음을 강조하면서 일본이 한국에 제공한 경제협력의 의미를 전면 부정하고 나왔다. 여기서 필자가 제기한 문제가 바로 '일본 숨기기'였다. '청구권 자금'이라는 이름으로 제공된 경제지원금이 실제로는 무상 3억 달러와 유상 2억 달러를 합쳐 5억 달러였다고 필자가 주장하자, 그녀는 무상 3억 달러만을 강조하면서 그걸 가지고 일본이 이만큼 했으니까 너희들이 잘살게 되었다고 하면 한국은 도저히 받아들일 수 없다고 주장했다. 인터뷰의 마지막 부분에서는 필자와 캐스터 사이에 이런 이야기까지 오고 갔다.

구로다 | 그게 아니다. 다들 이제 와서 그렇게 느끼는 것뿐이다. 당시 한국의 상황이나 국제환경을 감안하면, 일본이 제공한 자금이 얼마나 규모가 크고 귀중했는가를 알 수 있다. 앞서 일본이 (식민지 지배에 대해) 죄송했다는 심정으로 여러 분야에서 많은 협력을 해왔다고 말한 것 또한 그런 뜻이었다. 당시의 시대상황을 고려해야 한다. 특히 일본기업들은 과거 잘못이 있기에 한국을 돕자는 의욕이 아주 강했고, 그 대표적인 사례로 포항제철 건설을 전면 지원한 신일본제철의 이나야마(稻山) 사장의 사례가

있다.

캐스터 | 구로다 기자의 그런 이야기를 듣는 것은 기분이 상당히 나쁘다. 청취자들도 싫어한다. 일본이 한국을 도우려는 기분으로 무역을 했다는 것은 사실과 다르지 않나? 열심히 노력하고 있는 한국기업에게 상당히 모욕적이라고 본다. 그런 이야기를 듣노라면, 우리가 도와주었으니까 너희들이 잘살게 되었다는 것이 일본의 기본 입장으로 여겨진다. 그 바람에 일본의 사죄나 반성이 실현되지 않았다는 복잡한 기분이 든다.

구로다 | 그게 아니라, 현재의 젊은 세대를 비롯하여 한국 국민들이 과거를 잘 모르기 때문이다. 당시 국교정상화 이후 일본이 얼마나 한국에 협력해왔는지를 한국인들이 전혀 모르니까 군이 이런 이야기를 하는 것이다. 지금까지 한국과 일본은 서로 도움이 되는 윈윈(win-win) 전략으로 사이좋게 해왔다고 생각한다.

캐스터 | 윈윈한 경우도 있었겠지만, 한국 국민은 아베 총리가 진심으로 사죄와 반성을 해야 한다고 생각한다. 그런데 일본은 정치가 어려워지면 우리를 이용하여 망언을 되풀이하면서 문제를 일으킨다. 이런 것이 실로 불쾌하다는 사실을 분명히 말하고자 한다. 이번 사태를 초래한 것은 역시 일본의 정치고, 일본정부는 참의원 선거를 앞두고 한국을 정치적으로 이용하려는 것이다. 거기에 대해 한국인들이 화를 낸다는 사실을 일본정부에 확실하게 전달해주길 바란다.

구로다 | 일본이 무역문제를 끄집어내어 '제재'라는 강경책을 취한 배경에 대해 한국에서는 오로지 아베 정권이 참의원 선거를 앞두고 유권자 지지를 얻기 위함이라고 알려지고 있다. 한국에서는 대일 외교 즉 '반일'이 국내정치 사정에 따라 종종 이용되므로 일본도 당연히 그러려니 한다. 인터

뷰에서도 처음부터 그 이야기가 나와 일본에서는 한국문제가 선거의 표
(票)로 이어지는 일이 전혀 없다고 분명히 말했음에도, 마지막에 똑같은
이야기를 또 반복하고 있다. 한국인은 한번 먹은 마음을 절대로 바꾸지
않는 모양이다.

결론적으로 한국 언론이 일본인과 인터뷰할 때는 상대 이야기(일본
의 이야기)를 듣기보다 오로지 자기 이야기(한국의 주장)를 국내 청취자
에게 전하려는 경우가 대부분이다. 따라서 캐스터는 필자 이야기에
귀를 기울이기보다는 상대방을 부정하고 비판하는 데 몰두했다. 이래
서야 무슨 토론을 기대할 수 있겠는가!

유튜버가 구로다를 옹호하다!

필자가 라디오 인터뷰를 이렇게 제 자랑하듯 길게 소개하는 데는 그
만한 이유가 있다. 이 인터뷰를 계기로 최근 한국 언론계의 흥미로운
단면(斷面)을 한 가지 알게 되었기 때문이다. 그것은 필자에게 정말 의
외의 경험이자 소득이었다. CBS 라디오의 「김현정의 뉴스쇼」는 인기
프로그램이지만 라디오 프로에 불과하며, 방송시간도 제한되어 있어
서 큰 효과를 기대하지 않았다. 그런데 방송 후 뜻밖의 일이 생겼다.

CBS 라디오는 인터뷰 내용을 즉각 문자화하여 인터넷 뉴스로 내보
냈다. 인기 여성 캐스터 때문인지 이걸 보는 사람이 많았던 모양이다.
인터뷰 내용은 곧장 다른 미디어에 의해 '구로다 망언'으로 인용되면
서 널리 퍼져나갔다. 그중에는 JTBC도 있었는데, 뉴스시간에 필자의
과거 발언(주로 역사문제)을 포함한 내용을 얼굴 사진까지 곁들여 보도

했다. 구로다 망언집(?)인 셈이었다. 반일 무드가 거세지던 시기여서인지 안성맞춤의 화젯거리로 등장했다고나 할까!

필자는 인터넷 세대가 아니라서 평소 유튜브를 잘 챙겨보지 않는다. 그런데 아는 사람이 유튜브에 '구로다 옹호론'이 나왔다고 전해주었다. 찾아보니 어느 젊은 유튜버가 자신의 유튜브 채널에 "구로다 발언은 옳다. 그것을 과거 발언까지 왜곡하여 망언이라며 비난 방송을 한 언론사가 잘못되었다. 구로다 기자는 이 언론사를 명예훼손으로 고소해야 한다!"라는 내용의 영상을 올린 것이었다.

문재인 정권하에서 한국 언론에는 커다란 변화가 한 가지 생겼다. 기존의 미디어(특히 방송)가 정권 쪽에 기울어져 좌익적인 내용을 주로 보도하고, 보수파 때리기도 예사롭지 않게 행하고 있다. 그 결과 보수층은 텔레비전(방송)을 떠나 자신의 불만을 유튜브나 인터넷 프로그램을 통해 해소하게 되었다. 유튜브에 올라온 구로다 옹호론에도 이런 시대적 배경이 깔려 있었다.

CBS 라디오 인터뷰와 관련해서는 또 다른 화젯거리도 있다. 인터뷰 내용을 참고했다면서 이번에는 KBS 텔레비전으로부터 한 토론 프로그램에 출연해달라는 요청이 있었다. 문재인 정권이 들어선 후 첫 번째 출연 요청인 셈이었다. 「일요 진단」이라는 토론 프로그램으로, 시사 테마를 놓고 캐스터와 2명의 토론자가 30분가량 이견(異見)을 주고받는 형식이었다. 이때의 테마 역시 일본의 제재조치를 둘러싼 것으로 필자의 상대는 서울대 일본연구소의 어느 교수였다.

프로그램은 징용공 보상문제, 위안부문제, 국교정상화 조약 등 한일관계를 총괄하는 방식으로 진행되었는데, 필자는 그 자리에서도 한국의 '일본 숨기기' 문제를 제기하고, 일본의 제재 효과에 대해 언급했다. 프로그램 내용은 양측 주장을 비교적 객관적으로 소개하는 편이었다. 그 후 KBS 출연과 관련하여 더욱 흥미로운 일이 벌어졌다. 며칠 후 보수계의 어느 유력 유튜브에 출연할 기회가 주어졌다. 장시간 인터뷰 형식이었는데, 보수계이므로 무엇이든 내키는 대로 이야기해 달라고 했다. 변호사 출신의 전직 국회의원이 진행하는 유튜브 채널로 시청자 규모가 35만 명이라고 했다. 인터넷으로 연결되어 시청자 코멘트가 실시간으로 올라왔다. 일본에서 일본어 코멘트까지 올라와 그것을 한국어로 번역하여 전달하는 등 재미있는 토론회였다.

더욱 흥미로웠던 것은 방송이 나간 다음의 일이다. 방송 당일에 아는 이들로부터 잘 봤다는 연락을 10건 가까이 받았다. 앞서 있었던 KBS 텔레비전 출연 뒤에는 방송 당일에 단 한 건의 반응도 없었다. 훗날 "방송에 나오셨더군요."라는 인사를 몇 번 받기는 했지만 ……. 필자 주변의 반응이라 하더라도, 위 두 방송에 대한 반응이 너무나 대조적이어서 놀라움을 금치 못했다. 필자가 알고 지내는 이들의 대다수가 보수파라 할 수 있어서 그랬는지도 모른다. 그들은 텔레비전보다 유튜브 쪽을 더 많이 보기 때문이라고도 할 수 있다. 그 후 활자 매체인 어느 잡지사의 인터뷰 요청이 있었는데, 담당 기자도 그 유튜브 방송을 보았다고 했다. 〈조선일보〉 계열의 이 주간지는 '일본 숨기기'를 포함한 내용을 무려 4페이지에 걸쳐 길게 실었다.

일본으로 날아온 제재 청구서

반도체 소재의 수출규제 문제로 되돌아가 보자. 이를 계기로 한국은 정치적인 '반일=애국 캠페인'을 더욱 강렬하게 펼치는 한편, 관련 소재나 부품의 대일 의존도를 낮추기 위한 경제적 대응전략으로 극일운동에 나섰다고나 할까! 대일 의존도가 높은 소재, 부품, 장비 등의 강력한 국산화 추진과 함께 수입국의 다변화 조치 등을 서둘렀다.

이번 일로 한일관계의 정치, 외교적 리스크를 실감한 한국기업은 앞날을 내다본 리스크 분산이 절실해졌다. 표현을 달리하면 경제에서 '일본 벗어나기'의 움직임이 시작되었다고 할 수 있다. 다른 한편 지금까지 한국을 고객으로 삼아온 일본기업에게는 큰 타격이 되었다. 한국에 진출한 일본기업이 이를 염려하는 목소리를 내기 시작했다. JETRO(일본무역진흥기구) 서울사무소 자료에 의하면, 아시아·태평양 지역에 진출한 일본기업의 업적 조사에서 '흑자'인 기업이 가장 많은 나라는 한국이었고, 이는 계속 이어지고 있었다. 즉 일본은 한국에서 돈벌이를 잘해온 셈이었다. 그러나 일본정부의 이번 제재조치는 여기에 찬물을 끼얹은 격이었다.

일본도 당연히 예상하고 각오한 일이겠지만, 그것은 한국과의 외교에서 겪은 첫 경험이었다. 이번 조치에 대한 손익계산서는 아직 나오지 않았지만, 향후 한국에 대한 외교방침 수립에서 더 철저한 검증이 이루어져야 함을 지적해둔다.

이번 제재조치로 말미암아 그간 한국경제에서 오랫동안 감춰온 '일본 숨기기'가 백일하에 드러난 것, 이것이야말로 제재로 말미암은 뜻밖의 소중한 이득으로 평가되어야 한다는 생각이다. 그런가 하면, 제재에 대한 보복 수단으로 한국에서는 거국적인 일본제품 불매운동이 일제히 일어났다. 예상된 반일운동의 일환이었지만, 예년에 비해 그 정도가 심각하게 확산하는 모습에 놀랐다. 이에 대한 손익계산서도 확실히 해두어야 할 사항이다.

대대적인 불매운동으로 일본이 받은 타격은 결코 별것 아닌 수준이 아니었다. 한국에 대한 경제적 압력이 그만큼 커다란 경제 손실로 되돌아왔다. 한일관계에서는 지금까지 반일 감정이 높아지면 그 일환으로 불매운동, 즉 일본제 보이콧 운동이 종종 일어났으나, 이번처럼 장기적으로 광범위하게 불매운동이 펼쳐지면서 일본에 막대한 타격을 입힌 일은 없었다.

과거 불매운동의 사례는 일본제 담배인 '마일드세븐' 안 피우기, 일본요리 안 먹기, 상점에서 일본인 고객 안 받기 등 극히 소박한 것들이었다. 언론에서는 일본인 고객의 거절에 주로 관심을 기울여 보도했다. 일본인 관광객이 많은 남대문시장이나 명동의 상점에 일본인 출입 금지를 써 붙이거나, 일본인 승차를 거부하는 택시 등이 더러 있을 정도였다. 택시를 타고 가는 도중에 승객이 일본인이라는 걸 알게 된 기사가 승객을 억지로 내리게 했다는 조금 심한 이야기도 들려오긴 했으나, 이번처럼 이렇게 오래가지는 않았다.

언젠가 이런 일도 있었다. 명동의 의류가게에 '일본인 출입 금지'라고 쓴 종이가 붙어 있는 풍경을 한국 매스컴이 보도했다. 반일적인 영상을 찾고 있던 일본 매스컴이 '얼씨구 좋아라!' 하며 취재를 위해 재빨리 달려갔더니 막상 현장에는 그런 종이가 붙어 있지 않았다. 가게 주인은 한국 언론의 자작극이었다고 말해주었다.

이런 식의 연출(자작극)이 필요할 만큼 사실상 그간에는 일본제 불매운동이 그렇게 심하게 달아오르지 않았다. 그래서 이번에 이렇게까지 불매운동이 확산하리라고는 전혀 예상하지 못했다. 이런 현상을 어떻게 봐야 할까? 우선 한국사회에 일본제품이 과도하게 침투하고 정착했다는 사실의 반영이 아닐까? 아이러니하지만 한국인은 왜 그렇게 일본제품을 좋아하는 것일까! 특별한 이유 없이 어느 틈에 그렇게 된 모양이다.

당연한 일이지만 불매운동이나 보이콧이 세상의 관심을 끌고 크게 화제가 되어 퍼져나가려면, 그만큼 상품의 보급(수요)과 소비자의 높은 관심(애정)이 서로 잘 들어맞아야 하지 않을까. 일례로 이번의 불매운동을 통해 일본 관광여행을 포함하여 그동안 한국인들이 얼마나 일본에 관심이 높고 일본을 좋아했는가 하는 숨겨진 실상이 여실히 드러났다. 이는 반일 불매운동의 역설적인 면으로, 어떤 의미에서는 한국사회의 '일본 숨기기' 현상이 예상 밖으로 백일하에 폭로되었다고 볼 수 있다.

일본제품의 한국 침투와 정착은 이번 불매운동의 상징적 표적이 된 아사히맥주, 유니클로, 도요타 등과 같은 식품류, 패션, 자동차 등으로 표면화되었다. 그래서인지 과거를 잘 아는 코리아 워처가 가진 첫인상은 한국도 이제 무척 잘살게 되었다는 강렬한 느낌이었다. 위의 몇 가지 물품도 그렇지만, 아무래도 이번 반일 불매운동에서 가장 크게 타격을 입은 곳은 일본 여행업계가 아니었을까? 일본 관광여행이 반일의 타깃이 되는 것을 과거에는 상상도 할 수 없었다. 그만큼 한국인의 일상생활에서 해외여행, 그중에서도 일본여행이 일상화되었다는 뜻이며, 그것은 그야말로 풍요로워진 한국인의 상징과도 같다.

일본의 한국인 방문객은 2018년에 754만 명으로 한국 인구의 15%에 이르는 엄청난 수치였고, 일본 방문 외국인 총수의 4분의 1을 차지할 정도였다. 한국은 코로나 사태 이전까지 일본여행 붐이 계속 이어지고 있었다. 필자가 택시를 이용할 때도 택시운전사가 승객이 일본인임을 알아차리면, 반드시 자신의 일본여행 이야기를 들려주면서 일본을 칭찬하곤 했다.

한국 여행업계에 따르면 일본여행은 비용 대비 효과 면에서 가장 만족도가 높다고 한다. 그러나 2019년 여름 이후에는 반일 불매운동으로 한국인 여행객이 558만 명으로 줄어들었다. 업계에 따르면, 인터넷에서 횡행하는 반일 압력으로 일본 관광 상품을 내놓을 수조차 없게 되고, 일본여행을 하고 싶은 사람도 주변의 이목을 의식해 가지 못하는 상황이 되었다고 한다.

거센 반일 불매운동이 가능했던 이유

반일 불매운동을 주도한 SNS를 비롯한 인터넷 세계에서는 보이콧 대상으로 열심히 찾아낸 각종 일본상품의 이름이 열거되었다. 그러고 보니 이제 일본제품 가운데 한국에 없는 것이 없는 시대가 되었다. 어린이들이 애용하는 문방구도 그중 하나였다. 문방구와 관련하여 재미있는 에피소드를 하나 소개하고자 한다. 반일 불매운동을 연일 국민에게 열심히 선동하던 TV 방송 뉴스캐스터가 손에 쥐고 있던 볼펜이 일제가 아니냐는 의혹이 제기되었다. 그로 인해 캐스터가 생방송 뉴스시간에 이것은 일본제가 아니라 국산이라면서 변명하는 장면까지 방송된 일이 있었다.

일본관광 보이콧 외에 특별히 기억에 남는 것은 TV 방송의 반일 선동이었다. 주부 대상 아침뉴스 프로그램에서 여름휴가가 시작되자 이런 영상을 내보냈다. 일본여행 대신 제주도를 찾았다는 가족을 등장시켜, 유치원생으로 보이는 어린이에게 "일본에는 가지 않아요!"라고 말하게 만든 장면이었다. 명백한 연출이었다. 이래서야 흡사 북조선 방송과 다를 게 뭐가 있겠는가! 한국 언론의 이런 태도는 마치 '반일'이라면 그게 뭐든 개의치 않겠다는 것과 다름없지 않은가.

이번의 반일 불매운동이 특히 열기를 띠게 된 데에는 종래와 다른 몇 가지 사유가 있는 것 같다. 우선 일상생활에서 일본제품이 광범위하게 침투, 정착했기 때문에 이전보다 한국이 소비생활을 통해 일본과 매우 가까워졌다는 점, 둘째 인터넷 시대여서 젊은 세대를 중심으로 SNS를 통해 손쉽게 '반일 애국 퍼포먼스'에 참여할 수 있었다는 점, 셋째 무슨 일이건 얘깃거리와 관심이 한꺼번에 한 곳으로 집결하는 한국사회의 높은 집중도, 넷째 세상사 흐름이나 분위기에 민감한 한국적 동조(同調) 현상을 꼽을 수 있다. 이런 요소들이 최근 발달한 SNS에 의해 가일층 증폭된 것이 아닐까?

게다가 노조와 시민단체를 위시한 현 정권 지지 세력이나 방송이 정권의 반일 캠페인에 편승하여 불매운동을 부채질하고, 때마침 그해가 '3·1운동 100주년'이라는 사실이 반일애국 무드를 더욱 고조시켰다고도 할 수 있다. 필자는 거창한 3·1운동 100주년 행사의 영향이 의외로 컸다고 생각한다. 당시 사회적 분위기는 반일 불매운동을 마치 '100년 만의 3·1운동' 그 자체로 여기는 듯했기 때문이다.

실제로 매스컴에서는 과거 선열(先烈)의 항일운동 정신으로 불매운동을 전개하라는 투의 얘기가 자주 등장했다. 불매운동을 벌이는 젊은이에게 "3·1운동의 정신을 잊지 말고 밀고 나갑시다!"라고 말하게 만드는 장면도 있었다. 반일 불매운동을 3·1운동과 동렬에 놓고, 현실의 불매운동이 자랑할 만한 민족정신의 재현인 듯 부추겼다고나 할까!

세계에 유례없는 처량한 반일 불매운동

한낱 외교문제를 가지고 특정 국가의 제품을 절대 사지 말라는 불매운동을 거국적으로 펼치는 나라가 한국 말고 또 어디 있을까? 무역마찰로 심각한 경제제재와 보복조치를 일삼는 미-중(美-中) 경제전쟁(?) 중에도, 중국에서 미국제품에 대한 불매운동을 펼친다는 얘기는 듣지 못했다. 오히려 중국에 진출한 미국계 대형 슈퍼마켓이 문을 열자마자 중국인이 쇄도하여 서로 빼앗듯이 물품을 사가는 진풍경을 뉴스에서 본 일은 있다. 또한 미국에게 경제제재를 당하는 이란에서 가끔 일어나는 반미 시위를 보면, 성조기를 불태우고 코카콜라 캔을 발로 차는 광경은 있을지라도, 매스컴을 동원하여 온 국민이 미제(美製) 상품 불매운동을 벌인다는 이야기는 듣지 못했다.

한국의 반일 불매운동은 세계 어디에서도 찾아볼 수 없는 특이한 풍경이라 할 수 있고, 그 자체만 놓고 보면 무척 가엾은 현상이라 할 만하다. 한국 사람들이 그토록 일본제품을 좋아하면서도 한편으론 나라가 펼치는 불매운동에 무조건 동참해야 하는 처지라니 이 얼마나 처량한 일인가? 여기에는 이런 해석도 가능할지 모른다. 사람들이 일본제품을 너무나 좋아한 나머지 일본제품이 일상생활에 널리 침투하여 정착했다는 사실, 바로 그것이 불매운동을 불러일으키는 진짜 촉진제로 작용하고 있다는 설명이 그것이다.

이 점이 바로 중국이나 이란과는 확연히 다른 한국만의 특수 사정일지도 모른다. 이런 사정을 알게 되면 일본인의 화난 기분은 어느 정도 가라앉을 것이다. 마지막으로 반일 불매운동이 한창 들끓는 가운데, 문재인 대통령이 8·15 광복절 기념식에서 행한 연설의 한 구절을 여기 소개한다.

> "오늘의 우리는 과거의 우리가 아니다. 오늘의 한국은 수많은 도전(挑戰)과 시련을 극복하여 보다 강해지고 보다 성숙해진 대한민국이다. (중략) 우리 국민이 일본의 경제보복에 성숙한 대응을 보이는 것도 (중략) 역시 두 나라 국민의 우호가 손상되기를 바라지 않는, 수준 높은 국민의식이 있기 때문이다."

글쎄다! 성숙하고 수준 높은 국민의식을 갖춘 나라 중에서 특정 국가의 제품에 대한 불매운동을 대놓고 벌이며, 그것이 훌륭한 민족적 집단행동이라며 자랑스럽게 떠받드는 나라가 한국 말고 또 있을까? 그것에 대해 국민의 성숙한 대응을 운운하며 자신감을 보이는 대통령의 연설 또한 듣기에 무척 애처롭다고나 할까?

일본에게 한반도는 블랙홀

해협을 낀 갈등의 역사

제10장에서 한반도 개화기의 지사 김옥균과 갑신정변을 소개한 바 있다. 김옥균 사후 100년이 되는 1994년 한국에서 그를 기리는 기념 세미나와 심포지엄이 열린 일이 있다. 필자도 방청했는데, 그때 어느 한국 학자의 연구발표에서 나온 발언이 지금도 인상에 남아 있다. 김옥균이 메이지유신으로 먼저 근대화에 앞장선 일본을 염두에 두고 이런 말을 남겼다고 한다. "일본이 동양의 영국이 된다면, 한국은 동양의 프랑스가 될 수 있지 않을까?" 참으로 듣기에 멋진 말이다. 지금으로부터 백수십 년 전의 한국에 그런 원대한 뜻을 품은 인물이 존재했다는 사실은 앞으로도 오래오래 기억되어야 할 것으로 믿는다.

　그러나 그로부터 100년 이상의 세월이 흐른 지금까지 그의 뜻은 아직 실현되지 않았다! 아니 실현될 기미조차 보이지 않는다고나 할까. 굳이 한마디 더 보탠다면, 일본의 영국화(化)는 가능할지 모르나 한국의 프랑스화(化)는 아직 떠올리기조차 어렵다고 해야 하리라! 한국과 일본이 '동양의 영-불'이 되지 못할 가장 큰 원인은 아마도 한일관계 배후에 '중국'이라는 거대한 존재가 엄존하고 있다는 사실이 아닐까? 서유럽에 위치한 영국과 프랑스 주변에는 중국에 맞먹는 거대한 존재가 없지 않은가. 다시 말해 한국과 일본, 영국과 프랑스는 지정학적 환경이 너무나 달라서 그렇게 되기가 무척 어렵다는 얘기와 다름없다 (물론 그렇게 되지 말라는 법은 없겠지만!).

　당시에 김옥균이 꿈에 그린 한반도는 하나였고, 지금처럼 남-북한으로 갈라져 있지 않았다. 그러나 언젠가 있을 남북통일 후의 한국을 염두에 두면 '동양의 영·불'이 가능할까? 다른 것은 몰라도 한국이 100년 전과 비교할 수 없을 정도로 덩치가 커져 있을 것은 분명하다. 그동안 중국에 어떤 변화가 일어날 수 있다고 전제하면, 한국과 일본이 '동양의 영·불'이 되는 것이 그리 불가능한 일은 아닐지도 모른다는 가상(假想)도 해봄직하지 않은가? 이를 두뇌운동의 일환으로 생각하면서 머리를 한번 굴려볼 만하지 않은가. 한국도 일본도 그런 꿈과 희망을 가지고 살아가면 정신건강에 더없이 좋은 일이 되리라.
　여담이지만 김옥균에 빗대어 영국과 프랑스의 역사를 되돌아보면, 어딘가 한일관계와 닮은 구석이 있음을 발견할 수 있다. 가령 영국 왕가의 출발은 프랑스 노르만 지방 사람들이 세운 노르만 왕조(Norman dynasty)였다. 실로 영국의 왕이 프랑스 사람이었다. 이것은 일본에서

2001년 당시에 아키히토 천황이 역사서 《쇼쿠니혼기(續日本記)》를 인용하며 고대사에서 일본 천황가(家)와 백제 왕가와의 혈연관계에 대해 언급한 사실과도 어느 정도 유사한 얘기가 아닌가.

또 한 가지, 한·일 간에는 원나라의 일본 정벌이나 도요토미 히데요시의 임진왜란, 나아가 한반도를 무대로 한 청일전쟁, 러일전쟁, 한일병합에 의한 지배 등 전쟁과 대립, 항쟁의 오랜 역사가 있다. 이것은 영국과 프랑스도 마찬가지다. 유명한 잔 다르크가 나오는 '백년전쟁'이라는 엄청난 대립과 항쟁의 역사가 있지 않았는가.

일본은 대륙과 해협을 사이에 둔 섬나라다. 따라서 일본을 영국에 비견하는 것은 이해가 되지만, 김옥균은 어째서 한국을 프랑스에 빗댄 것일까. 한국은 지리적으로 프랑스처럼 대륙국가가 아니라, 대륙에서 뻗어 내린 반도국 아닌가. 그럼에도 불구하고 프랑스를 연상한 것은 아마도 영국과 프랑스의 건국이나 영·불 간의 백년전쟁 등 두 나라의 역사를 알고 있었기 때문이리라. 혹은 그에게 평소 대륙에 대한 깊은 향수가 잠재의식으로 남아 있었던 것은 아닐까.

지혜로운 자의 고자질 외교

국제관계에서는 영원한 친구도 영원한 적도 없다는 말이 있다. 나라 간 동맹도 영원히 지속될 수 없고, 때로는 어제의 동맹이 내일의 적이 되기도 한다는 의미다. 특히 한국인은 이 말을 매우 좋아하는 듯하다. 매스컴이나 지식인들의 외교나 국제관계 논평에서 이 말이 자주 등장하니 말이다.

역사를 되돌아보면 국가 간에는 분명히 그런 측면이 없지 않다. 그러나 그런 말을 함부로 남발하면 동맹이나 우호적인 상대국이 "뭐야, 그럼 우리를 진심으로 신뢰하지 않는단 말인가? 그럼 언제 배신할지 모르잖아!" 하고 생각하기 십상이다. 한국인이 그런 말을 자주 사용한 다는 것은 역사적으로 그런 경험을 많이 겪었기 때문일 것이다. 일본 역시 그런 경험이 없는 것은 아니다. 일본 근현대사에서 영일동맹으로 영국에 신세를 지고도 나중에 영국에 선전포고 했는가 하면, 일본이 패전하기 직전에 소련이 갑자기 일본과의 불가침조약을 파기하고 일본에 쳐들어오기도 했다.

한국의 경우 여러 민족, 여러 국가 간의 공방(攻防)과 영고성쇠(榮枯盛衰)가 반복되는 대륙에 이어진 반도국으로서, 국제관계에서의 경험이 섬나라 일본 이상이었을지도 모른다. 한국은 반도국이라는 지정학적 조건에서 스스로 살아남기 위하여 주변국을 최대한 이용하면서 서로 속고 속이는 '줄타기 외교'를 펼쳐왔다고 할 수 있다.

영원한 친구도 영원한 적도 없다는 원리의 국제관계론을 좋아하는 경우, 좋게 말하면 외교적으로 상당히 지혜로운 편이라 할 수 있고, 나쁘게 말하면 국제적으로 닳고 닳은(진부한) 편이라고도 할 수 있다. 위안부문제를 국제사회에서 떠들고 다니는 한국의 '고자질 외교'가 그 전형이다. 그런 테마를 가지고 그런 식으로 외교를 펼치는 것은 일본은 도저히 상상조차 할 수 없다.

일본을 끌어들이는 블랙홀

그러한 한국(내지 북조선)에 일본은 지금까지 무척 휘둘려왔다고 할 수 있다. 북조선에 의한 일본인 납치사건이나, 한국과의 사이에서 벌어지는 위안부문제 등이 바로 그러한 사례에 해당한다. 필자는 역사적으로 두 사건 모두 과거 일본의 한반도 지배로부터 파생되었다는 견해를 갖고 있다. 위안부문제는 금방 수긍이 가겠지만, 전자의 납치문제는 성격이 다르다고도 할 수 있다. 하지만 따지고 보면 전자도 역시 사건의 배경에는 일본을 무대로 한 남-북한의 격렬한 정치적 각축(角逐)이 존재하고, 일본은 거기에 이용당했다고 봐야 한다.

북조선은 왜 일본인 납치사건을 일으켰을까? 이 문제가 이상하게도 일반에 잘 알려지지 않았지만, 납치의 목적은 한국에 잠입시키는 북조선 공작원(스파이)을 일본인으로 위장시키기 위해서였다. 비밀교육을 하기 위해 원어민 일본인이 필요했기 때문이다. 이처럼 한반도의 남북대립 관계가 어쨌든 일본을 그 속으로 끌어들이는 것 또한 일본의 식민지 지배 역사에 대한 일종의 대가(청구서)라고도 할 수 있다. 그것은 한반도가 일본 지배를 받으면서 일본에 대한 국경의식이 매우 희박해져서 가능하게 되었다고 해석할 수도 있기 때문이다. 그렇다면 일본은 왜 한반도를 지배, 통치하게 되었는가 하는 문제가 당연히 제기된다.

돌이켜보면 일본의 한반도 통치는 너무 '깊숙이 들어가기', 곧 과잉개입의 산물이었다는 해석이 가능하다. 시대적 배경으로는 한때 일본의 민족적 에너지가 외부로 과도하게 분출된 결과라고도 할 수 있다. 아니면 전통적인 북방 대륙세력의 남하 위협으로부터 일본을 지킨다는 안전보장 의식의 산물이라고도 할 수 있다. 또는 메이지유신으로 시작되는 일본 근대국가의 수립방식에 이웃 나라에 대한 지배와 통치가 필요했다는 등의 견해도 있을 수 있다. 그러나 필자는 '과잉 개입'

의 다른 측면으로 일본이 어쩔 수 없이 말려들어 갔다는 견해가 가능하다고 본다. 김옥균과 일본의 관계를 비롯하여 1910년의 한일병합에 이르기까지 일본은 자신도 모르는 사이에 점차 한반도로 깊숙이 끌려들어 갔다는 얘기다.

청으로부터 한반도의 독립, 내정 개혁, 근대화, 산업 개발, 심지어는 소위 황민화(皇民化) 정책에 의한 한국인의 일본인화(化) 시책에 이르기까지 일본은 구미의 어느 식민지정책에서도 찾아볼 수 없는 쓸데없는 짓거리까지 벌였다. 그러면서 '일선동조론(日鮮同祖論)'이라는 근사한 슬로건을 앞세워, 원래 두 나라는 민족의 뿌리가 하나였다는 주장으로 민족동화정책까지 추진하기에 이르렀다.

두고두고 악명이 높은 한일병합도 한국으로서는 마지막 국면에서 '러시아냐 일본이냐' 하는 선택의 기로에서 어쩔 수 없이 일본을 택할 수밖에 없던 일이라고 할 수 있다. 결국 일본은 한국과의 병합에 피치 못해 끌려 들어갔다. 다시 말해 그들은 언제나 자신의 이익을 위해 주변국을 끌어들여 이용하려고 했다고 설명할 수 있다.

여기서 이 문제를 더 이상 깊이 다룰 여유는 없지만, 역사적으로 일본은 한반도에 휘말려 필요 이상으로 발을 깊숙이 들이밀고 말았다. 한반도에는 일본을 끌어들이는 무슨 마력(魔力)이라도 작용하고 있었는가? 한국의 능숙한 외교수완이나 국제관계론이 일본을 한층 더 끌어들이는 방향으로 작용한 것은 아닌가? 아무튼 한국인은 일본을 끊임없이 자기에게 끌어들이려고 애를 썼다고 해도 과언 아니다. 아직 가설 단계이나, 이상의 설명을 종합해보면 한반도는 일본에게 '블랙홀'이라는 주장이 충분히 가능하다.

'과잉 간여는 금물'이 역사의 교훈

국제관계에서 '적과 동지'는 가변적이지만, 유일하게 변하지 않는 게 있다면, 그것은 바로 지리적 환경조건이다. 동북아 지역의 경우, 한국은 대륙에서 뻗어 나온 반도국이고, 일본은 대륙과는 바다로 격리된 섬나라라는 사실이 그것이다. 뭐니 뭐니 해도 이 사실만은 영원히 변하지 않는다. 또한 변치 않는다는 점 때문에 이 사실은 매우 중요하다. 지리적 환경을 경시하거나 무시하면 지독한 되치기를 당하게 된다.

7세기의 한반도에서 나당(羅唐) 연합군과 싸우는 백제를 지원하기 위해, 일본이 해협을 건너 대군(大軍)을 파병했다가 참패를 당한 일이 있다. 백강전투가 그것이다. 항간에 떠도는 식으로는 도와달라고 하여 갔다가 그런 참패를 당하고 만 셈이었다. 이를 지금의 안보상황과 결부시키면, 한반도 유사시의 대응에서 안보 법제화는 최고의 교훈으로 삼아야 할 사안이라 할 수 있다. 그 후 16세기에 도요토미 히데요시에 의한 대륙 진출 야망과 임진왜란도 그러했다. 또 근대 일본의 한반도 및 대륙에 대한 관심과 대응 그리고 실패의 역사도 하나같이 지리적 환경을 경시한 마이너스의 귀결이었다고 해야 한다.

일본에서는 대륙 사이에 있는 해협이 대단히 중요한 의미를 지닌다. 지금까지 대륙과 떨어져 있다는 것이 일본이라는 나라의 형상(形狀)을 만드는 배경이 되었다. 일본의 역사와 문화는 대륙과 반도의 영향을 받기는 하였으나, 기본적으로는 해협의 건너편에서 독자적이고 독특한 모습으로 형성되었다고 해야 한다. 결코 대륙문화라고 할 수 없다. 이것이 바로 일본이 반드시 알아야 할 자기 분수다.

해양국가인 일본은 그 해협을 경솔하게 건너서는 안 된다. 건널 때는 신중에 신중을 거듭해야 한다. 특히 반도가 더 위험하다는 점, 반도는 삼면이 바다에 둘러싸여 우리 편이라 착각하기 쉽지만, 반도는 어디까지나 대륙의 한 끝부분이라는 점을 명심해야 한다. 한반도는 일본에게 무서운 '블랙홀'이다. 쉽게 끌려들어 가서도 깊숙이 발을 들여놓아서도 안 된다. 그래서 과잉 간여는 금물이다. 일본에게 이는 엄중한 역사의 교훈이다.

누가 역사를 왜곡하는가

반일과 혐한의 기원

초판 1쇄 인쇄일 2022년 7월 28일
초판 1쇄 발행일 2022년 8월 10일

지은이 구로다 가쓰히로
펴낸이 이민화
펴낸곳 도서출판 7분의언덕
주소 서울시 서초구 서초중앙로5길 10-8 607호
전화 (02)582-8809
팩스 (02)6488-9699
등록 2016년 9월 6일(제2020-000241호)
이메일 7minutes4hill@gmail.com

ISBN 979-11-977048-3-3 (03340)